LA MENTE DEL NIÑO

MARIA

Montessori

LA MENTE DEL NIÑO

Un análisis del desarrollo físico y psicológico
durante los primeros seis años de vida

Urano

Argentina – Chile – Colombia – España
Estados Unidos – México – Perú – Uruguay

Título original: *La mente del bambino*
Editor original: Bur Rizzoli
Traducción: Martín Eugenio Raimundo

1.ª edición Mayo 2024

Plaza de los Reyes Magos, 8, piso 1.º C y D – 28007 Madrid
www.edicionesurano.com

ISBN: 978-84-18714-52-8
E-ISBN: 978-84-10159-06-8
Depósito legal: M-5.586-2024

Fotocomposición: Urano World Spain, S.A.U.

Impreso por: Rotativas de Estella – Polígono Industrial San Miguel
Parcelas E7-E8 – 31132 Villatuerta (Navarra)

Impreso en España – *Printed in Spain*

ÍNDICE

INTRODUCCIÓN

de Daniele Novara

Maria Montessori es la pedagoga más importante de los tiempos modernos. No solo por lo que creó —el método que lleva su nombre— sino porque representa la pedagogía moderna en su máximo esplendor, en su cualidad específica, en su esencia científica. En sus descubrimientos condensa el sentido mismo de la pedagogía como ciencia práctica y operativa. El mismísimo Jean Piaget, al ser preguntado sobre cuestiones pedagógicas, afirmó:

> No tengo ninguna opinión sobre la pedagogía. El problema de la educación me interesa mucho, ya que tengo la impresión de que las cosas que deben ser transformadas y reformadas son infinitas, pero creo que el rol del psicólogo consiste, sobre todo, en ofrecer al pedagogo hechos que él pueda utilizar, y no en tratar de sustituirlo dándole consejos.[1]

Maria Montessori no supone una ruptura, sino una puesta en práctica creativa y orgánica de los recursos de una ciencia históricamente considerada como rehén de la filosofía. Con la eficacia de su trabajo y de su método, Maria Montessori demuestra que la pedagogía es otra cosa, la lleva a su máximo desarrollo, pero no agota su potencial.

---

1. Bringuier, Jean-Claude (editor), *Jean Piaget. Intervista su conoscenza e psicologia*, Laterza, Roma-Bari, 1978, p. 125.

Trataremos, por lo tanto, de volver a recorrer este viaje y de presentarlo de manera adecuada.

Todo empieza con Jean-Jacques Rousseau, filósofo profundamente ilustrado, pero, como sucede a menudo, con un interés muy personal en estas cuestiones. Antes de ser famoso, rico y valorado por la sociedad de su tiempo, se vio obligado a abandonar a cuatro de sus hijos en un orfanato. En el siglo XVIII aún no existía un sistema de reagrupación familiar que permitiera reunir a los niños con sus progenitores; algo que no sucederá hasta la segunda mitad del siglo XIX. Esto supuso una herida devastadora que, en cierto modo, encaminó el trabajo de Rousseau hacia la que se transformó en su obra más famosa: *Emilio, o De la educación*. Un texto disruptivo que echa por tierra la idea de educación dominante desde Tertuliano a Comenio, que ensalzaba la figura de los preceptores, como Victorino de Feltre en la corte de los Gonzaga de Mantua. Rousseau invierte los términos de la tradición: ya no se trata de inculcar en los niños los conocimientos, las virtudes y los comportamientos necesarios, sino más bien de ponerse al servicio de la libertad del crecimiento infantil. En las primeras páginas de *Emilio* encontramos un durísimo ataque contra la práctica del fajado o vendaje de los recién nacidos, algo que hoy ni se discute, pero que fue toda una revolución en su momento. No olvidemos que, hasta el siglo XVIII, la iconografía de la Natividad mostraba al niño Jesús fajado en la cuna. Una costumbre, según Rousseau, inhumana.

> El hombre civilizado nace, vive y muere esclavo: al nacer se lo aprieta con fajas [....].
>
> Se dice que muchas comadronas pretenden dar una forma más conveniente a las cabezas de los recién nacidos vendándolas, ¡y esto se consiente! Al parecer, nuestras cabezas están mal hechas por el Autor de nuestra existencia: deben ser modeladas por fuera por las comadronas, y por dentro por los filósofos.[2]

---

2. ROUSSEAU, JEAN-JACQUES, Emilio, Edizioni Laterza, Roma-Bari, 2016, p. 61.

Se crea así una primerísima y excepcional contribución al trabajo científico de Maria Montessori, que pone la libertad de movimiento de las manos de los recién nacidos en la base misma de su método y que convierte la sensorialidad en su punto de partida y de desarrollo.

Al principios del siglo XIX, dos médicos franceses, Jean Marc Gaspard Itard y Édouard Séguin, trataron de aplicar las teorías filosófico-pedagógicas de Rousseau a un segmento de población que era prácticamente irrelevante hasta entonces: los niños con retraso, señalados en esa época con el término «deficientes». Itard llevó a cabo el famosísimo experimento con el «niño salvaje» (Víctor, encontrado abandonado en el bosque de Aveyron). No obtuvo el resultado esperado, pero su experimento señaló un camino en las ideas sobre la educabilidad de los niños al demostrar la importancia del ambiente en el que crecen. Su alumno Séguin, recordado por los materiales que llevan su nombre, crea herramientas concretas para la gestión de los niños con retraso mental. Casi un siglo después, Maria Montessori adaptó estas herramientas, las recuperó y rescató del olvido y construyó, en su momento, un sistema metodológico que inicialmente tuvo el objetivo de liberar a los niños llamados «deficientes» de la discriminación, al demostrar que el ambiente es decisivo para su recuperación. Maria Montessori pudo llevar a cabo esta operación revolucionaria porque, después de Jean-Jacques Rousseau, otros pioneros se movieron en la dirección correcta.

Al principios del siglo XIX, el gran pedagogo suizo Johan Heinrich Pestalozzi comienza a valorar el intercambio social entre los alumnos y la potencia de la enseñanza mutua, es decir, de la reciprocidad —como la llamaríamos hoy—, en el trabajo escolar. La falta de personal en su instituto de Stans (1798-1799) le inspira esta intuición, increíblemente rousseauniana, que se transforma en la piedra angular de la pedagogía moderna: el mayor recurso de los alumnos son los propios alumnos.

> El número y la desigualdad de los jóvenes facilitaban mi tarea. Así como un hermano y una hermana mayores, bajo la supervisión de su madre, muestran al más pequeño todo lo que saben y se alegran y enorgullecen de ocupar así el lugar de la mamá, del mismo modo mis muchachos se alegraban de enseñar a los demás lo que habían aprendido.
>
> Se sentían honrados y aprendían el doble al hacer repetir a otros lo que ellos mismos repetían. Así conseguí tener enseguida ayudantes y colaboradores entre mis propios muchachos.
>
> Los primeros días, los hacía ejercitar de memoria alguna palabra muy difícil; en cuanto uno de ellos aprendía una, reunía a su alrededor a niños que no la sabían para enseñársela.
>
> De este modo formé a mis ayudantes desde el principio. Enseguida tuve entre mis muchachos a unos colaboradores que, en el arte de enseñar a los más débiles aquello que estos aún no sabían, y confirmando nuestra institución, demostraron ser sin duda más útiles, o en muchos sentidos más útiles para las necesidades momentáneas de dicha institución, que maestros empleados especialmente para tal fin. Yo mismo aprendía con ellos.[3]

Maria Montessori recoge este mensaje y toma la impronta sensorial de Itard y de Séguin, pero también de un pedagogo del ámbito alemán, Friedrich Fröbel, que inventa los jardines de infancia siguiendo una lógica de descubrimiento y de exploración sensorial. Aunque sin salirse de los límites de una pedagogía alemana aún profundamente marcada por las teorías de Herbart, el teórico de la *tabula rasa*, Fröbel, plantea una propuesta extremamente innovadora sobre modelo religioso de los parvularios.

> El juego en esta etapa no es solo un pasatiempo, sino que implica una gran seriedad y un significado profundo. Los juegos de

3. Ver Pestalozzi, Johann Heinrich, *Lettera ad un amico sul proprio soggiorno a Stans*, La Nuova Italia, Florencia, 1951, Ernesto Codignola (ed.), pp. 35-36.

> esta edad son el germen de toda la vida futura, porque en ellos se desenvuelve y se muestra todo el ser humano en sus disposiciones más delicadas, en su sentimiento íntimo. Toda la vida futura del ser humano, desde ahora hasta su fin, tiene su origen en este periodo y de esto dependerá que dicha vida sea serena o perturbada, tranquila o tempestuosa, activa u ociosa, rica o pobre de acciones.[4]

Pero, sin duda, la inspiración más fuerte de Maria Montessori se enmarca en la gran época del activismo pedagógico que surgió al mismo tiempo que los grandes movimientos de renovación de principios de siglo. El primero de todos, el movimiento de liberación de la mujer, es decir, el protofeminismo del que Maria Montessori es una representante calificadísima, aunque temprana, y muy reconocida. Pero también el primer movimiento ambientalista que se difunde en toda Europa sobre la ola del Modernismo, movimiento artístico que recibió el nombre de Liberty en Italia, y que encuentra un punto de referencia en las ideas políticas de León Tolstói. Los inicios del siglo XX son años increíbles desde el punto de vista cultural y social. En la moda aparecen, precisamente en esta época, las primeras minifaldas; el nudismo y la liberación sexual comienzan a imponerse. Se impone un dinamismo de ideas y de cultura que alcanza su apogeo con el descubrimiento del niño, como el famoso libro de la feminista sueca Ellen Key.[5] El descubrimiento de los niños, de su fuerza, de su potencia y de su creatividad forma parte de este conjunto de ideas más amplio en que Maria Montessori, liberada de complejos académicos, participa con grandes aportaciones y protagonismo. El activismo pedagógico encuentra en John Dewey, el gran filósofo y pedagogo estadounidense, su punto de referencia inequívoco. Su libro *La escuela y la*

---

4. Fröbel, Friedrich, *L'educazione dell'uomo*, La Nuova Italia, Florencia, 1993.

5. Key, Ellen, *Il secolo dei fanciulli*, Bocca, Turín, 1906.

sociedad[6] sigue siendo una absoluta obra maestra de la pedagogía, mientras en todo el mundo se desarrollan todo tipo de experiencias.

> La educación es, por tanto, un proceso de vida y no una preparación para una vida futura.[7]

El activismo sostiene que, en la escuela, los alumnos deben experimentar, ya no deben limitarse a escuchar a los maestros, sino que deben vivir situaciones activas, sobre todo en grupo.[8] Maria Montessori se suma a este impulso y se transforma en uno de sus puntos de referencia.

Las dos guerras mundiales frenan en parte, aunque no del todo, esta ola de renovación. La emergencia de sistemas políticos dictatoriales en distintas partes del mundo descarta la posibilidad de identificar la pedagogía con la libertad, es decir, con métodos como los de Montessori y de todos los inspirados en Jean-Jacques Rousseau. Pero con el fin de la Segunda Guerra Mundial se asiste a un renacimiento: en Francia surge el modelo freinetiano y, en Sudamérica, Paulo Freire se aproxima mucho a esas ideas de libertad. Tras los sucesos de 1968, los sistemas educativos europeos se reordenan y reforman progresivamente a la luz de las nuevas ideas que encuentran en el eje Rousseau-activismo-Montessori su terreno más fértil. Maria Montessori se convierte de nuevo en punto de referencia de todos los educadores que creen en la pedagogía como ciencia de la libertad, del cambio, del crecimiento basado en el desarrollo de los recursos de los niños, jóvenes, alumnos y en cierto modo también de los progenitores. Nos definimos todos como

---

6. Dewey, John, *La scuola e la società*, F. Battiato Editor, Catania, 1915.

7. Dewey, John, *Il mio credo pedagogico. Antologia di scritti sull' educazione*, La Nuova Italia, Florencia, 1952, Lamberto Borghi (ed.).

8. Ver Cousinet, Roger, *Un metodo di lavoro libero per gruppi*, La Nuova Italia, Florencia, 1975.

montessorianos aun sin sentirnos parte de un movimiento concreto. No es necesario. Maria Montessori preside la ciencia que hoy, en su materialización, puede revelarse como una solución inesperadamente sencilla para afrontar y resolver problemas cada vez más complejos que nos plantea la sociedad y evitar los solipsismos de la educación hazlo-tú-mismo, el aislamiento digital, el paroxismo narcisista, el idealismo magistral. Es necesario volver a empezar desde Maria Montessori y dar una nueva oportunidad a su ciencia, reconociéndonos en ella como operadores de una educación liberadora y creativa que, sin levantar barricadas ni disparar proyectiles, busca cambiar el mundo de verdad.

NOTA DEL EDITOR ORIGINAL

La mente del niño es uno de los últimos textos de Maria Montessori. Como casi todos sus libros, es una recopilación de conferencias que profundizan, puntualizan y concretan su método en relación con la vida y el crecimiento infantil. En este libro importantísimo parece interesada en aclarar de forma adecuada una serie de pasajes científicos y de motivos psico-evolutivos que refuerzan las razones y la eficacia de sus propuestas. He considerado necesario, por lo tanto, dejar el texto exactamente como aparece en su redacción en lengua italiana. Cualquier otra decisión habría sido, desde mi punto de vista, absolutamente arbitraria. El libro tiene una organicidad y una naturaleza propia precisas. No se pueden seleccionar páginas concretas sin desordenar la diacronía del texto.

La actualidad de estas páginas no reside tanto en su alineamiento científico-técnico respecto a las inevitables actualizaciones que el pensamiento y la investigación científica han producido a lo largo del tiempo, como en la vigencia de sus intuiciones profundas, que han trazado el camino para quienes vinieron tras ella. En estos ochenta años nadie ha desmentido significativamente lo que ella afirmaba, sino que más bien el progreso ha permitido algunas profundizaciones. Añadir notas y comentarios al texto lo habrían recargado, e incluso habrían resultado una interferencia inútil e indebida.

Así que, buena lectura, siempre es muy emocionante «escuchar» la voz de esta gran científica y pedagoga.

EL NIÑO EN LA RECONSTRUCCIÓN DEL MUNDO

Este libro es un eslabón en el desarrollo de nuestro pensamiento y obra en defensa de las grandes fuerzas de la infancia.

Hoy, mientras el mundo está dividido y se empiezan a formular planes para una futura reconstrucción, todos consideran la educación uno de los medios más eficaces para esta reconstrucción, dado que es indudable que, desde el punto de vista psicológico, el género humano está por debajo del nivel que la civilización dice haber alcanzado.

También yo pienso que la humanidad está lejos del grado de preparación necesario para la evolución a que aspira tan ardientemente: es decir, la construcción de una sociedad pacífica y armoniosa, y la eliminación de las guerras. Los hombres no son todavía capaces de controlar y dirigir los acontecimientos, y se convierten, más bien, en sus víctimas.

Aunque la educación se reconoce como uno de los medios adecuados para elevar a la humanidad, se considera aún solo como educación de la mente, según viejos conceptos, sin pensar en obtener de ella una fuerza renovadora y constructiva.

No dudo de que la filosofía y la religión deban contribuir inmensamente a la renovación. Pero ¿cuántos filósofos hay en el mundo ultracivilizado de hoy, y cuántos hubo antes y cuántos habrá en el futuro? Ideas nobles y sentimientos elevados han existido siempre, y siempre han sido transmitidos mediante la enseñanza, pero las guerras no han cesado nunca. Y si la educación fuese concebida siempre según los antiguos esquemas de transmisión del saber, no habría nada más que esperar para el futuro del mundo. ¿Qué importa la transmisión del saber si se descuida la forma general misma del ser humano? Existe, ignorada, una entidad psicológica, una personalidad social, inmensa por la multitud de individuos, una potencia del mundo que deber ser tenida en cuenta; si existe una posible ayuda y una salvación, estas vendrán solamente del niño, porque el niño es el constructor del hombre.

El niño está dotado de poderes desconocidos que pueden conducir a un futuro luminoso. Si realmente se quiere apuntar a una reconstrucción, el desarrollo de las potencialidades humanas debe ser el objetivo de la educación.

En los tiempos modernos, la vida psicológica del recién nacido ha suscitado un gran interés, y algunos psicólogos se han centrado en la observación del desarrollo infantil desde las primeras tres horas después del nacimiento. Otros, tras haber estudiado cuidadosamente este tema, han llegado a la conclusión de que los primeros dos años de vida son los más importantes en el desarrollo del ser humano.

La grandeza de la personalidad humana comienza con el nacimiento. Esta afirmación singularmente mística lleva a una conclusión que podría resultar extraña: la educación debería comenzar desde el nacimiento. Pero, en términos prácticos, ¿cómo se puede educar a un niño recién nacido o en el primer o segundo año de vida? ¿Cómo dar clases a una criaturita que no entiende nuestras palabras y ni siquiera sabe moverse? ¿Tal vez cuando hablamos de la educación de niños pequeñitos nos referimos solamente a la higiene? Lo cierto es que no.

Durante este periodo la educación debe ser entendida como una ayuda en el desarrollo de los poderes psicológicos innatos en el individuo humano; y vale la pena puntualizar que no se puede usar la forma habitual de enseñanza, que emplea la palabra.

Riqueza no utilizada

Observaciones recientes han demostrado ampliamente que los pequeños están dotados de una naturaleza psicológica propia y particular, y esto nos indica un nuevo camino para la educación; una forma distinta, que concierne a la humanidad misma y que hasta ahora no se había valorado. La verdadera energía constructiva, vital y dinámica de los niños fue ignorada durante milenios; del mismo modo que los hombres primero pisaron la tierra y a continuación cultivaron su superficie, sin conocer ni preocuparse por las inmensas riquezas que yacen escondidas en sus profundidades, igual el hombre moderno progresa en la civilización sin conocer los tesoros que yacen escondidos en el mundo psicológico del niño.

Desde el primer inicio de la humanidad, el ser humano ha estado reprimiendo y anulando estas energías de las que solamente hoy algunos han empezado a intuir su existencia. Así, por ejemplo, Carrel escribe: «El tiempo de la primera infancia es indudablemente el más rico. Este debe ser utilizado en todos los modos posibles e imaginables mediante la educación. En vez de descuidar los primeros años de vida, es nuestro deber cultivarlos con la máxima atención».[9]

La humanidad comienza a tomar conciencia de la importancia de esta riqueza todavía no aprovechada; algo más valioso que el oro: el espíritu mismo del ser humano.

Los dos primeros años de vida abren un nuevo horizonte, revelan leyes de construcción psicológica que hasta hoy permanecían ignoradas. El niño mismo nos ha regalado esta revelación; nos ha hecho conocer un tipo de psicología totalmente diferente de la del adulto. ¡He aquí la nueva vía! No es el profesor quien aplica la psicología a los niños, sino que son los niños quienes revelan su psicología al estudioso.

---

9. Carrel, Alexis, *L'homme, cet inconnu*, Librairie Plon, París, 1935, p. 222.

Todo esto puede parecer oscuro, pero se volverá inmediatamente claro si profundizamos en sus particularidades: el niño tiene una mente capaz de absorber conocimientos y tiene el poder de instruirse a sí mismo; basta una observación superficial para demostrarlo. El niño habla la lengua de los padres; ahora bien, el aprendizaje de una lengua es una gran conquista intelectual, nadie ha enseñado al niño y, sin embargo, él sabe usar a la perfección el nombre de las cosas, los verbos, los adjetivos.

Seguir al niño en el desarrollo del lenguaje es un estudio de un inmenso interés y todos los que se han dedicado a él coinciden en reconocer que el uso de palabras y nombres, de los primeros elementos del lenguaje, sucede en un periodo de la vida determinado, como si una precisa regla de tiempo supervisase esta manifestación de la actividad infantil. El niño parece seguir fielmente un rígido programa impuesto por la naturaleza, y con tal exactitud que ninguna escuela, por más que esté sabiamente dirigida, la superaría. Siguiendo siempre este programa, el niño aprende las irregularidades y las construcciones sintácticas del lenguaje con impecable diligencia.

Los años vitales

En el interior de cada niño hay, por así decir, un maestro atento que sabe obtener los mismos resultados en todos los niños, da igual en qué país se encuentre. El único lenguaje que el ser humano aprende perfectamente es, sin duda, el adquirido en el primer periodo de la infancia, cuando nadie puede impartir enseñanzas al niño; y no solo esto, sino que si un niño ya crecido, tiene que aprender una nueva lengua, ninguna ayuda de un maestro servirá para que hable esta nueva lengua con la misma exactitud con que habla la lengua adquirida en la primera infancia. Existe, por lo tanto, una fuerza psicológica que ayuda al desarrollo del niño. Y no solo en relación con el lenguaje; a los dos años el niño será capaz de reconocer a todas las personas y todas las cosas de su ambiente.

Si reflexionamos sobre esto, resulta evidente que la construcción que lleva a cabo el niño es imponente y que todo lo que nosotros poseemos ha sido construido por el niño, por ese niño que fuimos en nuestros dos primeros años de vida. El niño no solo reconoce lo que tiene alrededor o comprende y se adapta al ambiente, sino que más bien, en un periodo en el cual nadie puede hacerle de maestro, forma el conjunto de lo que será su inteligencia y sienta las bases de su sentimiento religioso y sus sentimientos nacionales y sociales propios. Es como si la naturaleza hubiese protegido a los niños de la influencia de la inteligencia humana para priorizar al maestro interior que los inspira; para poder edificar una construcción psicológica completa antes de que la inteligencia humana entre en contacto con su espíritu e influya en él.

A los tres años, el niño ya ha sentado las bases de la personalidad humana y necesita la ayuda concreta de la educación escolar. Las conquistas alcanzadas son tales que se puede decir que el niño que entra a la escuela a los tres años es ya un hombre gracias a ellas. Los psicólogos afirman que, si comparásemos nuestras habilidades de adultos con las de los niños, necesitaríamos sesenta años de duro trabajo para alcanzar lo que el niño ha logrado en sus primeros tres años de vida; y lo expresan con las mismas palabras que yo he usado: «a los tres años el niño es ya un hombre», aunque esta facultad peculiar de absorber del ambiente no se ha agotado del todo en este periodo inicial.

En nuestras primeras escuelas, los niños llegaban con tres años; nadie podía enseñarles, porque no eran receptivos, pero ellos daban muestras sorprendentes de la grandeza de la mente humana. La nuestra es más una «casa de niños» que una verdadera escuela; es decir, un ambiente especialmente preparado para el niño, en el que asimila cualquier cultura difundida en el ambiente sin necesidad de enseñanzas. Los niños de nuestras primeras escuelas pertenecían a las clases populares más humildes y sus padres eran analfabetos. Sin embargo, estos niños, a los cinco años ya sabían leer y escribir, sin que nadie les hubiese enseñado directamente. Si los visitantes de la escuela preguntaban: «¿Quién te ha enseñado a escribir?», los niños, sorprendidos, a menudo respondían: «¿Enseñado? Nadie me ha enseñado».

Entonces parecía un milagro que niños de cuatro años y medio supiesen escribir y que hubiesen logrado tanto sin tener la impresión de haber recibido una educación.

La prensa empezó a hablar de «conquista espontánea de cultura»; los psicólogos se preguntaban si esos niños eran distintos de los demás y nosotros mismos permanecimos perplejos durante mucho tiempo. Solo después de repetidos experimentos nos convencimos de que todos los niños, sin distinción, tienen esta capacidad de «absorber» la cultura. Si las cosas son así —nos hemos dicho en ese entonces—, si la cultura puede ser adquirida sin esfuerzo, pongamos al niño en condiciones de «absorber» otros elementos de cultura. Vimos entonces al niño «absorber» mucho más que la lectura y la escritura: la botánica, la zoología, la matemática, la geografía, y con igual facilidad, espontáneamente, sin esfuerzo.

Descubrimos así que la educación no es lo que el maestro da, sino que es un proceso natural, que se desarrolla espontáneamente en el individuo humano; que no se adquiere solo escuchando palabras, sino por virtud de experiencias efectuadas en el ambiente. La tarea del maestro no es hablar, sino preparar y disponer una serie de actividades culturales en un ambiente especialmente preparado.

Mis experiencias llevadas a cabo en diferentes países han durado más de cuarenta años y a medida que los niños crecían los padres me pedían que continuase la educación de niños que ya estaban creciditos. Descubrimos así que la actividad individual es la facultad que por sí sola estimula y produce el desarrollo, y que esto vale tanto para los pequeños en edad escolar, como para los niños de las escuelas primarias y más avanzadas.

Surge el «Hombre Nuevo»

Ante nuestros ojos apareció una nueva imagen; no la de una escuela o la de un sistema educativo. Lo que surgía era el «Hombre», el cual revelaba su verdadero carácter en su desarrollo libre; que demostraba su grandeza cuando ninguna opresión mental limitaba su trabajo interno ni pesaba sobre su alma.

Yo sostengo, por lo tanto, que cualquier reforma de la educación debe basarse en el desarrollo de la personalidad humana. El ser humano mismo debería llegar a ser el centro de la educación, y hay que tener presente que el hombre no se desarrolla en la universidad, sino que comienza su desarrollo mental desde el nacimiento y que lo lleva a cabo con mayor intensidad en los primeros tres años de vida; hay que dar un cuidado atento a esta etapa más que a cualquier otra. Si nos comportamos siguiendo este imperativo, el niño, en vez de imponernos un esfuerzo, se nos revelará como la más grande y gratificante maravilla de la naturaleza. Nos encontraremos frente al niño y ya no lo consideraremos un ser sin fuerza, casi un recipiente vacío que debe ser llenado con nuestra sabiduría; sino que su dignidad surgirá ante nuestros ojos a medida que lo veamos como constructor de nuestra inteligencia, como el ser que, guiado por un maestro interior, trabaja infatigablemente en medio del placer y de la felicidad, según un preciso programa, en la construcción de esa maravilla de la naturaleza que es el ser humano. Nosotros, docentes, podemos solo ayudar a la obra ya completada como los colaboradores ayudan a su jefe. Seremos entonces testigos del desarrollo del ánimo humano; del surgimiento del «Hombre Nuevo», que no será una víctima de los acontecimientos sino que, gracias a la claridad de su visión, será capaz de dirigir y plasmar el futuro de la sociedad humana.

LA EDUCACIÓN PARA LA VIDA

La escuela y la vida social

Debemos desde el principio una idea de lo que entendemos como educación para la vida a partir del nacimiento, y debemos adentrarnos en las particularidades del problema. Recientemente, el líder de un pueblo, Gandhi, anunciaba la necesidad no solo de extender la educación a todo el transcurso de la vida, sino también de hacer de la «defensa de la vida» el centro de la formación. Es la primera vez que un líder político y espiritual hace una afirmación así. La ciencia, en cambio, no solo ha expresado ya esta necesidad, sino que también desde el inicio de nuestro siglo ha demostrado que la idea de extender la educación a toda la vida puede llevarse a cabo con certeza de éxito. Sin embargo, esta idea de educación no ha entrado aún en el campo de acción de ningún ministerio de instrucción pública.

La educación es hoy rica en métodos, objetivos y finalidades sociales, pero no obstante se puede decir que no tiene en cuenta la vida en sí. Entre los muchos métodos oficiales de educación de diversos países, ninguno se propone ayudar al individuo desde el nacimiento y proteger su desarrollo. La formación tal y como se concibe hoy en día prescinde de la vida biológica y social. Todos los que entran en este mundo son aislados de la sociedad. Se obliga a los estudiantes a seguir las reglas establecidas por la institución de la que son alumnos y a uniformarse según los programas recomendados por los ministerios de instrucción pública. Se puede decir también que, en el pasado más reciente, las condiciones sociales y físicas de los estudiantes no se tenían en cuenta como un hecho que pudiese interesar mínimamente a la escuela en sí. De este modo, si el estudiante estaba desnutrido, o si tenía defectos en la vista o en la audición que reducían sus posibilidades de aprendizaje, recibía bajas calificaciones con total seguridad. Los defectos físicos se tomaron en cuenta más tarde, pero solo desde el punto de vista de la higiene física, mientras nadie considera, aún hoy, que la mente del estudiante pueda estar amenazada y sufrir daños por parte de métodos educativos defectuosos y poco aptos. La orientación de la Nueva Educación que interesó a Claparède tiene en cuenta la cantidad de disciplinas incluidas en los programas, y apunta a reducirlas para evitar la fatiga mental. Pero no aborda el problema de cómo podrían enriquecerse de cultura los alumnos sin agotarse. En la mayoría de las escuelas oficiales dirigidas por el Estado lo que importa es que se desarrolle el programa. Si bien el espíritu de los jóvenes universitarios está atravesado por las deficiencias sociales y las cuestiones políticas que suscitan verdades apasionantes, la orden es que el joven no se debe ocupar de política, sino que debe dedicarse a sus estudios hasta que los haya terminado. Sucede así que el joven, al salir de la universidad, tendrá una inteligencia tan limitada y sacrificada como para no ser capaz de identificar ni evaluar los problemas de la época en la que vive.

Los mecanismos educativos son ajenos a la vida social contemporánea tanto como esta última parece estar excluida, con sus problemas, del campo educativo. El mundo de la educación es una especie de isla en la que los individuos, separados del resto del mundo, se preparan para la vida permaneciendo ajenos a ella. Puede suceder, por ejemplo, que un estudiante universitario se contagie de tuberculosis y muera a causa de ello; ¿no es triste que la universidad, la escuela donde él vive, ignore que está enfermo, mientras que luego aparecerá de improviso con una representación oficial en su funeral? Hay individuos extremadamente nerviosos que cuando entren en el mundo serán inútiles para sí y causa de pesares para su familia y sus amigos. Sin embargo, no se considera que la autoridad educativa deba interesarse por los casos particulares de psicología, y tal dejación se justifica plenamente mediante los reglamentos que asignan a la escuela la tarea de ocuparse solo de estudios y de exámenes. Quien los supera recibe un diploma o un título universitario. He aquí la meta de la escuela en estos momentos. Los estudiosos de los problemas sociales revelan que los graduados de escuelas y universidades no están preparados para la vida; no solo eso, sino que en la mayor parte de los casos han visto reducidas sus posibilidades de éxito. Las estadísticas revelan un impresionante aumento de locos, de criminales, de individuos considerados «extraños». Los sociólogos piden a la escuela un remedio para tanto mal; pero la escuela es un mundo en sí misma, un mundo cerrado a los problemas sociales; no se le exige que tenga en cuenta y conozca dichos problemas. Es una institución social de una tradición demasiado antigua como para que sus reglamentos puedan modificarse con medios burocráticos; solo una fuerza que actúe desde el exterior podrá modificarla y renovarla, y remediar las deficiencias que la acompañan en todos sus niveles, así como lamentablemente acompañan también la vida de quienes van a la escuela.

La edad preescolar

¿Qué es de la vida del niño desde el nacimiento hasta los seis o siete años? La escuela propiamente dicha no se interesa por esto, de modo que esta etapa se denomina preescolar, como si fuera ajena al campo de la enseñanza oficial. ¿Y qué podría hacer la escuela con los recién nacidos? Allí donde han surgido instituciones para niños de edad preescolar, estas dependen en contadas ocasiones de la autoridad central o del ministerio de la educación. Generalmente están controladas por los ayuntamientos o por instituciones privadas, que a menudo persiguen fines benéficos. El interés por la protección de la vida psicológica de los pequeños, como problema social, no existe; la sociedad afirma, por otro lado, que los pequeños pertenecen a la familia, no al Estado.

La importancia nueva que se da a los primeros años de vida no ha suscitado medidas concretas; se piensa solo en modificar la vida de la familia, en el sentido de que ahora se considera necesaria la educación de la madre. Pero la familia no forma parte de la escuela, sino de la sociedad. El resultado de esto es que la personalidad humana, o el cuidado de la personalidad humana, queda fragmentado: de un lado, la familia, que forma parte de la sociedad, pero que está aislada de ella porque dicha sociedad la descuida o ignora; del otro lado, la escuela, que también está apartada de la sociedad, y luego la universidad. No existe una idea unitaria, una preocupación social por la vida, sino fragmentos que se ignoran recíprocamente y que se remiten sucesiva o alternativamente a la escuela, a la familia y a la universidad concebida como escuela, que se encarga de la última parte del periodo educativo. También las nuevas ciencias que revelan las consecuencias negativas de este aislamiento, como la psicología social y la sociología, están aisladas de la escuela. No existe, por tanto, un verdadero sistema que ayude al desarrollo de la vida. La idea de educación entendida de este último modo no es nueva para la ciencia, como ya he dicho, pero en el campo social aún no se ha materializado. Y este es el paso que debe dar cuanto antes la civilización: el camino está indicado, la crítica ha señalado los errores de las condiciones actuales, otros han aclarado los remedios que hay que aportar en las diferentes fases de la vida, hoy todo está listo para pasar a la construcción. Las contribuciones de la ciencia pueden ser comparadas a las piedras ya talladas, destinadas a esta construcción; es necesario encontrar quien las tome y las apile para erigir el nuevo edificio necesario para la civilización.

La tarea de la educación y la sociedad

El concepto de una educación que asuma la vida como centro de la propia función altera todas las ideas educativas precedentes. La formación ya no debe estar basada en un programa preestablecido, sino en el conocimiento de la vida humana. A la luz de esta convicción, la educación del recién nacido adquiere de golpe una gran importancia. Es verdad que el recién nacido no puede hacer nada, que no se le puede enseñar nada en el sentido habitual de la palabra, y que solo puede ser objeto de una observación y de un estudio orientados a iluminar las necesidades vitales; hemos hecho dichas observaciones para descubrir cuáles son las leyes de la vida, dado que, si deseamos ayudarla, la primera condición es conocer las leyes que la gobiernan: y no solo conocerlas, porque si nuestra finalidad fuera solo esta, nos quedaríamos en el campo de la psicología y no nos adentraríamos en el de la educación.

Este conocimiento del desarrollo psicológico del niño debe ser ampliamente difundido; solo entonces la educación podrá adquirir una nueva autoridad y decir a la sociedad: «Estas son las leyes de la vida, no se pueden ignorar y se debe actuar conforme a ellas, porque señalan *derechos humanos* que son comunes a la humanidad entera».

Si la sociedad considera necesario impartir una educación obligatoria, esto significa que debe darse de un modo práctico, y si se admite que la formación debe comenzar desde el nacimiento, entonces es necesario que la sociedad conozca las leyes del desarrollo infantil. En vez de permanecer ignorada por parte de la sociedad, la educación debe adquirir autoridad sobre aquella, y el mecanismo social deberá adaptarse a las necesidades inherentes a la nueva idea: que la vida debe ser protegida. Todos están llamados a colaborar, padres y madres deben asumir su responsabilidad; pero cuando la familia no disponga de posibilidades suficientes, la sociedad será responsable no solo de impartir la instrucción, sino también de dar los medios necesarios para criar a los niños. Si la educación significa cuidar al individuo, si la sociedad reconoce que hay medios necesarios para el desarrollo del niño que la familia no está en condiciones de ofrecer, corresponde a la sociedad misma proveerlos, corresponde al Estado no abandonar al niño.

La educación se comprometerá, en consecuencia, a imponerse con autoridad sobre la sociedad de la que había quedado apartada. Si es evidente que la sociedad debe ejercer un control beneficioso sobre el individuo humano, y si también es cierto que la educación debe ser considerada como ayuda para la vida, este control nunca deberá ser constricción y opresión, sino ofrecer un sostén físico y psicológico. Es decir, que el primer paso que la sociedad debe dar es dedicar recursos más amplios a la educación.

Las necesidades del niño durante los años de desarrollo han sido estudiadas y los resultados de estos estudios han sido divulgados en la sociedad, que debe asumir ahora con conciencia la responsabilidad de la formación, mientras que la educación dará por su parte a la sociedad los bienes adquiridos durante su progreso. La formación así entendida no concierne solamente al niño y a sus padres, sino también al Estado y a la economía internacional; se convierte en un estímulo para cada miembro del cuerpo social, el mayor para la renovación de la sociedad. ¿Hay algo más inmóvil, estancado e indiferente que la educación actual? Cuando un país debe ahorrar, la educación es sin duda la primera víctima. Si se le pregunta a un hombre de Estado qué opina sobre la educación, responderá que el tema no es de su competencia, que él ha confiado a su esposa la formación de sus hijos para que ella, a su vez, la confiase a la escuela. Y bien: en el futuro será absolutamente imposible para un hombre de Estado formular semejante respuesta y dar muestras de tal indiferencia.

El niño constructor del hombre

Tomemos en consideración los informes de diferentes psicólogos que han estudiado al niño desde el primer año de vida. ¿Qué se deduce de ello? Que el crecimiento del individuo, en vez de ser confiado al azar, debe guiarse científicamente con el mayor cuidado; lo que permitirá alcanzar un mejor desarrollo del individuo. La idea en la que todos coinciden es que el individuo más cuidado y asistido está destinado a crecer más fuerte, más equilibrado mentalmente y con un carácter más enérgico. En otras palabras, la conclusión es que el niño deberá ser protegido no solo mediante la higiene física, sino también la mental. La ciencia ha hecho otros descubrimientos sobre el primer periodo de la vida: se han manifestado en el niño energías mucho mayores a las imaginadas. Al nacer, hablando desde el punto de vista psicológico, el niño no es nada; y no solo psicológicamente, dado que al nacer es incapaz de realizar movimientos coordinados y la casi inmovilidad de sus miembros no le permite hacer nada; ni siquiera puede hablar, aunque sí ve lo que sucede a su alrededor. Después de un tiempo, el niño habla, camina y pasa de una conquista a otra, hasta construir el hombre en toda su grandeza e inteligencia. Aquí surge una verdad: el niño no es un ser vacío, que nos debe todo lo que sabe, pues lo hemos llenado de contenido. No, el niño es el constructor del hombre, y no existe ningún adulto que no haya sido formado por ese niño que fue en su momento. Las grandes energías constructivas del niño, de las que ya hemos hablado mucho, y que han atraído la atención de los científicos, han permanecido hasta ahora escondidas bajo un conjunto de ideas formadas en torno a la maternidad; se decía: la madre ha formado al niño, ella le enseña a hablar, a caminar, etc. Pero todo esto no es, en absoluto, obra de la madre, sino una conquista del niño. Lo que la madre crea es el recién nacido, pero es el recién nacido quien crea al adulto. Si la madre muere, el infante crece igual y construye al hombre. Un niño indígena llevado a Estados Unidos y entregado al cuidado de estadounidenses aprenderá la lengua inglesa y no la indígena. No es de la madre, en consecuencia, de donde procede el conocimiento de la lengua, sino que es el niño quien se apropia del lenguaje, así como de los hábitos y costumbre de la gente con quien convive. No hay, pues, nada hereditario en estas adquisiciones, sino que es el infante quien, al absorber el ambiente que lo rodea, plasma por sí mismo el hombre futuro.

Reconocer esta gran obra del infante no significa disminuir la autoridad de los padres; cuando ellos se convenzan de que no son los constructores, sino simples colaboradores de la construcción, cumplirán mejor con su deber y ayudarán al niño con una perspectiva más amplia. Solo si esta ayuda se da de forma adecuada, el niño llevará a cabo una buena construcción; de modo que la autoridad de los padres no se basa en una autoridad autosuficiente, sino que se sustenta sobre la ayuda que estos dan a sus hijos, y esa es la auténtica y enorme autoridad de los padres.

Pero observemos también al niño desde otro punto de vista en la sociedad humana.

La teoría marxista dibujó la figura del trabajador tal como la entiende nuestra consciencia moderna: un obrero productor de bienestar y riqueza, colaborador esencial en la gran obra de la vida civil, reconocido como tal por la sociedad según sus valores morales y económicos, poseedor de derechos morales y económicos a ser provisto de los medios y materiales necesarios para realizar su trabajo.

Ahora traigamos esta idea a nuestro terreno. Tomemos conciencia de que el niño es un trabajador y de que el fin de su trabajo es producir al ser humano. Los padres proveen a este obrero, es cierto, de los medios esenciales para la vida y el trabajo constructivo, pero el problema social con la infancia debe considerarse algo de mayor importancia, porque la labor de los infantes no produce un objeto material, sino que crea la humanidad misma: no una raza, una casta, un grupo social, sino la humanidad entera. Si se valora este hecho, queda claro que la sociedad debe tomar en consideración al niño, reconocer sus derechos y proporcionarle lo que necesite. Cuando el objeto de nuestra atención y nuestro estudio sea la vida misma, podremos llegar a rozar el secreto de la humanidad y tendremos en nuestras manos el poder de gobernarla y ayudarla. También nosotros, cuando hablamos de educación, predicamos una revolución, en cuanto así cada cosa que hoy conocemos será transformada. Yo considero que esta es la revolución última: una revolución pacífica, y menos aún cruenta, que excluye la más mínima violencia, pues si hubiese la menor sombra de ella, la construcción psicológica del niño resultaría herida de muerte.

Debemos defender la construcción de la normalidad humana. ¿O todos nuestros esfuerzos no han apuntado a eliminar los obstáculos en el camino del desarrollo del niño y a alejar los peligros y las incomprensiones que lo rodeaban?

Esta es la educación entendida como ayuda para la vida; una formación desde el nacimiento, que alimente una revolución libre de toda violencia y que reúna a todos en pos de un fin común y los atraiga hacia un solo centro. Madres, padres, hombres de Estado, todos convergerán en respetar y ayudar en esta construcción delicada, elaborada en condiciones psicológicamente misteriosas, bajo la guía de un nuevo maestro. Esta es la nueva y luminosa esperanza de la humanidad. No una reconstrucción, sino ayudar a construir lo que el alma humana está llamada a erigir, una construcción entendida como el desarrollo de las inmensas potencialidades de las que el niño, hijo del hombre, está dotado.

LOS PERÍODOS DEL CRECIMIENTO

Según algunos psicólogos que han seguido el desarrollo del infante y el joven desde el nacimiento hasta la edad universitaria, este tiene distintos períodos. Esta idea, derivada de W. Stern, fue adoptada rápidamente por otros, en concreto por C. Bühler y sus seguidores, y se puede decir que, desde otro punto de vista, la escuela freudiana la desarrolló notablemente. Es una idea distinta de la que se había seguido antes, según la cual el individuo humano tiene en los primeros años de vida un contenido muy pobre, que se enriquece con su crecimiento; así, el individuo es algo pequeño en vías de desarrollo, algo pequeño que crece, pero que conserva siempre la misma forma. Al abandonar esta vieja idea, la psicología ha llegado hoy a reconocer que existen diversos tipos de psiquis y de mente en los distintos períodos de la vida.[10] Estos períodos son claramente diferentes entre sí y es curioso constatar que coinciden con las diversas fases del desarrollo físico. Psicológicamente hablando, los cambios son de una magnitud tal que, algunos psicólogos, al tratar de aclararlos, han exagerado tanto como para expresarse en los términos siguientes: «El desarrollo es una sucesión de nacimientos». En un

---

10. Para más información sobre este tema y sobre los puntos de vista arriba mencionados, véase: STERN, WILLIAM, *Psychology of Early Childhood: Up to the Sixth Year of Age*, Taylor & Francis, Oxfordshire, 2017 (primera edición alemana, 1914); BÜCHER, CHARLOTTE, *Kindheit und Jugend*, Verlag der Psychologie, Göttingen, 1967; JONES, ERNEST, *Some problems of adolescence*, British Journal of Psychology, Londres, 1922. Para un punto de vista biológico más profundo consultar las obras del doctor Arnold Gesell.

determinado periodo de la vida, una individualidad psicológica cesa y nace otra. El primero de estos períodos va desde el nacimiento hasta los seis años. En esta etapa, que se manifiesta, no obstante, de formas muy diferentes, el tipo mental permanece igual. El periodo de cero a seis años tiene dos subfases: la primera, desde los cero hasta los tres años, revela un tipo de mentalidad a la que el adulto no puede avecinarse, sobre la cual no puede ejercer una influencia directa; de hecho, no existe una escuela para estos niños. Sigue otra subfase: desde los tres a los seis años, en la cual el tipo mental es el mismo, pero el infante comienza a ser especialmente influenciable. Este periodo se caracteriza por las grandes transformaciones que tienen lugar en el individuo. Para convencerse de esto basta pensar en la diferencia que hay entre un recién nacido y un niño de seis años. De momento no nos interesa cómo sucede esta transformación, sino que a los seis años el individuo, según la expresión común, llega a ser lo suficientemente inteligente como para ser admitido en la escuela.

El siguiente periodo va desde los seis a los doce años y es un periodo de crecimiento, pero sin transformaciones. Es una etapa de calma y serenidad y, psicológicamente hablando, es un periodo de salud, de fuerza y de estabilidad. «Esta estabilidad, física y mental —dice Ross escribiendo sobre los niños de esta edad—, es la característica más destacada de la niñez más avanzada. Un ser de otro planeta, que no conociese la raza humana, podría fácilmente tomar por adultos de la especie a estos pequeños seres de diez años, si no tuviese ocasión de ver a los verdaderos adultos».[11]

En el aspecto físico, existen signos que parecen marcar los límites entre estos dos períodos psicológicos. La transformación que tiene lugar en el cuerpo es bien visible; citaré solo el hecho de que el niño pierde su primera dentadura y empieza a salir la segunda.

11. Ross, James, *Groundwork of educational psychology*, George G. Harrap & Co, Londres, 1944, p. 144.

El tercer periodo va desde los doce a los dieciocho años, y es un periodo de transformaciones que recuerdan las del primero. Este periodo se puede subdividir en dos fases: una que va desde los doce a los quince años y la otra, desde los quince a los dieciocho. Esta etapa se caracteriza también por transformaciones del cuerpo, que alcanza la madurez de su desarrollo. Después de los dieciocho años, el ser humano puede considerarse completamente desarrollado y no vive ninguna otra transformación notable más. Solo crecerá en edad.

Es curioso que la educación oficial reconozca estas etapas psicológicas. Es como si hubiera tenido una oscura intuición. El primer periodo, desde el nacimiento hasta los seis años, está claramente reconocido, dado que fue excluido de la educación obligatoria; mientras que percibió que a los seis años tiene lugar una transformación en virtud de la cual el niño resulta suficientemente maduro como para ser admitido en la escuela. Se reconoce, pues, que el infante sabe ya un gran número de cosas, lo que le permite asistir a la escuela. De hecho, si los niños a los seis años no pudiesen orientarse, ni caminar, ni comprender cuando el maestro habla, no serían capaces de formar parte de la vida colectiva. Podríamos afirmar que existe un reconocimiento práctico. Pero los educadores no han pensado nunca que, si el niño puede ir a la escuela, orientarse y comprender las ideas que se le transmiten es porque debe de haberse desarrollado mentalmente, dado que en el momento de su nacimiento era incapaz de todo eso.

También el segundo periodo fue reconocido de forma inconsciente, porque en muchos países los niños a los doce años dejan la escuela primaria para entrar en la secundaria. ¿Por qué se ha considerado adecuado el periodo desde los seis a los doce años para impartir a los niños las primeras nociones básicas de la cultura? Dado que esto sucede en todos los países del mundo, no hay duda de que no es una inspiración casual: solo una base psicológica común a todos los infantes puede haber hecho posible este tipo de ordenamiento escolar, que es la conclusión indudable de un razonamiento basado en la experiencia. Se ha experimentado, en efecto, que durante esta etapa el infante puede someterse al trabajo mental que exige la escuela: puede comprender lo que el maestro dice y tiene suficiente paciencia como para escuchar y aprender. Durante este periodo es constante en su trabajo y fuerte en su salud: por eso, esta etapa se considera la más adecuada para recibir la cultura. Después de los doce años, comienza una escuela de tipo superior, lo que significa que la educación superior ha reconocido que en este momento empieza un nuevo tipo de psicología para el individuo humano. Se ha reconocido también que este nuevo tipo se manifiesta a través de dos fases, tal como se muestra en el hecho de que la enseñanza superior se divide en dos partes. Tenemos una escuela secundaria inferior y una superior, la inferior dura aproximadamente tres años y la superior, en ocasiones, cuatro; de todos modos, no importa el número exacto de años en que se subdivida la enseñanza, interesa solo la sucesión de dos periodos también en la escuela secundaria. En su conjunto, este periodo es menos tranquilo y sencillo que el anterior. Los psicólogos que se han interesado por la educación en la adolescencia la consideran una etapa de transformaciones psicológicas tales que hacen comparable este periodo con el primero, el que va desde el nacimiento hasta los seis años; generalmente a esta edad el carácter no es estable y se observan manifestaciones de indisciplina y rebelión. La salud física no es estable ni segura como en el segundo periodo. Pero la escuela no se preocupa por esto. Se ha elaborado un programa y se considera que los alumnos deben seguirlo, de buen grado o no. También en esta etapa los jovencitos deben permanecer sentados y escuchar al docente, deben obedecer y deben dedicar su tiempo a aprender de memoria los conocimientos impartidos.

Como coronación de la vida escolar está la universidad que, sin embargo, no difiere esencialmente de los tipos de escuela que la preceden, salvo quizás por la intensidad del estudio. También en la universidad los profesores hablan y los estudiantes escuchan.

Cuando yo estaba en la universidad y los hombres no acostumbraban a afeitarse, era curioso ver a estos jóvenes en el aula, algunos con barbas más o menos imponentes y haciendo todos gala de la más diversa variedad de bigotes. Sin embargo, estos hombres maduros eran tratados todos como niños: debían sentarse y escuchar; subordinarse a los profesores; y depender para los cigarrillos y el transporte de la generosidad de progenitores dispuestos a reprocharles rápidamente cuando suspendían exámenes. Y eran hombres adultos, cuya inteligencia y experiencia un día iban a dirigir el mundo, cuyo instrumento de trabajo era la mente y a los que estaban destinadas las profesiones más elevadas: futuros médicos, ingenieros, abogados. Y, añadimos, ¿para qué sirve hoy un título universitario? ¿Asegura tal vez la vida de quien lo obtiene? ¿Quién acude a un médico recién licenciado? ¿Quién confía la construcción de una casa a un ingeniero recién salido de la universidad? ¿O un proceso a un abogado recién autorizado a ejercer su profesión? ¿Y cómo explicar esta falta de confianza? La razón es que estos jóvenes han pasado años escuchando a los maestros y que escuchar no forma al ser humano; solo el trabajo práctico y la experiencia conduce a los jóvenes a la madurez. Es por eso por lo que hallamos jóvenes médicos que deben hacer largos periodos de prácticas en los hospitales; jóvenes abogados que tienen que hacer prácticas en el despacho de un abogado ya experto; ingenieros que deben hacer otro tanto para alcanzar la independencia en su profesión y conquistar una experiencia propia. Y añadimos que, para encontrar dónde hacer sus prácticas, los recién licenciados deben buscar apoyos, recomendaciones y superar importantes dificultades. Podemos decir que esta triste realidad se confirma en todos los países. Un caso típico tuvo lugar en Nueva York donde se organizó una manifestación de intelectuales conformada por centenares de individuos que no habían podido encontrar trabajo. Llevaban una pancarta con la frase: «No tenemos trabajo, tenemos hambre. ¿Qué hacemos?» La situación no ha cambiado. La educación no está siendo controlada y no abandona sus viejas costumbres. Solo se ha reconocido la existencia, durante el crecimiento del individuo, de distintos tipos de desarrollo en los distintos periodos de la vida.

El periodo creativo

En mis años de juventud, los niños desde los dos a los seis años no se tenían en cuenta. Ahora, en cambio, existen instituciones preescolares de distinto tipo que acogen a los pequeños de tres a seis años. Pero aún hoy, como en el pasado, la universidad se considera la parte más importante de la educación, porque de la universidad proceden quienes mejor han cultivado esa facultad esencialmente humana que es la inteligencia. Pero ahora que los psicólogos se han orientado a estudiar la vida misma, se ha creado una tendencia que puede considerarse del todo opuesta; muchos, como yo misma, sostienen hoy que el periodo más importante de la vida no es el que corresponde a los estudios universitarios, sino el primero, que abarca desde el nacimiento hasta los seis años, porque es justamente en él cuando se forma la inteligencia, el gran instrumento del ser humano. Y no solo la inteligencia, sino también el conjunto de las facultades psicológicas. Esta nueva idea ha causado una gran impresión sobre quienes tienen alguna sensibilidad para la vida psicológica; y muchos se han dedicado al estudio del recién nacido, del niño de un año, que crea la personalidad del adulto. Dedicados a esta misteriosa revelación de la vida, los estudiosos sienten la misma emoción que quienes en tiempos antiguos acostumbraban a meditar sobre la muerte. ¿Qué sucede cuando llega la muerte? Este interrogante estimulaba la meditación y solicitaba la sensibilidad en el pasado, en cambio hoy es el ser humano en su primera aparición en el mundo quien se convierte en objeto de intensas reflexiones. En el recién nacido se descubre el Hombre. ¿Por qué debe tener una infancia tan larga y penosa? Ningún animal tiene una etapa infantil tan difícil. ¿Qué sucede durante este periodo?

Sin duda el periodo infantil es una edad de crecimiento; no

existe nada al inicio y he aquí que cerca de un año después el infante conoce cada cosa. El niño no nace con un poco de inteligencia, un poco de memoria, un poco de voluntad, preparadas para crecer y desarrollarse en el periodo siguiente. El gatito puede maullar desde el nacimiento, aunque imperfectamente; el pájaro y el ternero tienen también una pequeña voz, la misma que será, con mayor tamaño, la voz de su especie. El ser humano tiene un único modo de expresión al nacer: el llanto. Así, en su caso no hablamos de desarrollo, sino de creación, porque parte de cero. El maravilloso paso que da el niño lo conduce de la nada hacia algo, y es difícil para nuestra mente comprender este prodigio.

Para dar este paso es necesario un tipo de mentalidad distinta de la nuestra de adultos. El infante está dotado de otros poderes y no es pequeña la creación que lleva a cabo: la de todo. No solo crea el lenguaje, sino que plasma los órganos que le permiten hablar. Crea cada movimiento físico, cada elemento de nuestra inteligencia, todo aquello de lo que está dotado el individuo humano. Conquista maravillosa, que produce una mente consciente. Los adultos somos conscientes: si nosotros, los adultos, tenemos la voluntad y el deseo de aprender algo, nos abocamos a hacerlo, pero en el niño no existe ni conciencia, ni voluntad, porque la conciencia y la voluntad deben ser creadas.

Si llamamos consciente a nuestra mente adulta, la del niño debería ser denominada inconsciente, pero esto no significa inferior. Una mente inconsciente puede ser rica en inteligencia. Un tipo de inteligencia fácil de encontrar en todos los seres, incluso en los insectos; una inteligencia que no es consciente aunque a veces parece dotada de racionalidad. Es inconsciente, y el infante hace sus maravillosas conquistas, partiendo del conocimiento del ambiente, porque está dotado de ella. ¿Cómo ha podido el niño asimilar su ambiente? Precisamente por una de las peculiares características que hemos descubierto en él: un poder de sensibilidad tan intenso que las cosas que lo rodean despiertan en él un interés y un entusiasmo que parece penetrar su vida misma. El niño asimila todas estas impresiones, no con la mente, sino con la propia vida. La adquisición del lenguaje es el ejemplo más evidente. ¿Cómo aprende el niño el lenguaje? Se suele responder que aprende a hablar porque está dotado de oído y porque oye la voz de los seres humanos. Pero, aun admitiendo este hecho, debemos preguntarnos por qué entre millones de sonidos y ruidos diversos que lo rodean, él escucha y adquiere solamente la voz humana. Si es verdad que el infante oye, y si es verdad que aprende solamente el lenguaje de los seres humanos, esto es señal de que el lenguaje humano debe producir una fuerte impresión en él. Estas impresiones deben ser tan fuertes y causar tal intensidad de sentimientos y un entusiasmo tan profundo como para poner en marcha fibras invisibles de su cuerpo, fibras que empiezan a vibrar para producir dichos sonidos. Para hacer una comparación, pensemos en lo que nos sucede cuando asistimos a un concierto; de repente, una expresión de éxtasis aparece en los rostros de los oyentes, las cabezas y las manos empiezan a moverse. ¿Qué las ha puesto en movimiento sino las impresiones causadas por la música? Algo similar debe ocurrir en la mente inconsciente del niño. La voz produce en él impresiones tales que, en comparación, las que nos provoca a nosotros la música son casi inexistentes. En el infante vemos casi los movimientos de la lengua que vibra, de las cuerdas diminutas que tiemblan y de las mejillas; cada cosa vibra y se tensiona, preparándose en silencio para reproducir los sonidos que han causado una emoción así de profunda en la mente inconsciente. ¿Cómo aprende el infante el lenguaje con precisión, y de forma tan exacta y firme que pasa a formar parte de su personalidad psicológica? Este lenguaje adquirido en la infancia se denomina lengua materna, y es claramente diferente de todas las demás lenguas que aprenda a continuación, igual que una dentadura postiza puede distinguirse de una natural.

¿Cómo ocurre que estos sonidos, primero sin significado, transmiten de golpe a su mente entendimiento e ideas? El niño no ha «absorbido» solo las palabras, ha asimilado precisamente «la frase, la construcción de la frase». Si no comprendemos la construcción de la frase, no podemos comprender el lenguaje. Cuando decimos, por ejemplo: «El vaso está sobre la mesa», el sentido que damos a estas palabras resulta del orden en el que las ponemos. Si dijésemos: «Vaso el sobre es mesa», sería difícil entender una idea. Es la secuencia de las palabras lo que nosotros comprendemos. El infante asimila las construcciones del lenguaje.

La mente absorbente

¿Y cómo sucede esto? Se suele decir: «El niño recuerda las cosas»; pero, para recordar, es necesario tener memoria, y el niño no la tiene, más bien la debe construir. El infante debería tener la capacidad de razonar para darse cuenta de que la construcción concreta de una frase es necesaria para hacerla comprensible, pero no la tiene, se la tiene que crear.

Nuestra mente, así como es, no llegaría donde llega el niño; para conquistar el lenguaje es necesaria una forma de mente diferente; que es precisamente, la que posee el infante: un tipo de inteligencia distinta de la nuestra.

Podríamos decir que nosotros adquirimos nuestros conocimientos con la inteligencia, mientras que el niño las asimila con su vida psicológica. Simplemente viviendo, el infante aprende a hablar el lenguaje de su raza. Es una especie de química mental que opera en él. Nosotros somos recipientes; las impresiones se vuelcan en nosotros, y las recordamos y las mantenemos en nuestra mente, pero no somos nuestras impresiones, como el agua no es el vaso. El niño, en cambio, sufre una transformación: las impresiones no solo penetran en su mente, sino que la forman. Se encarnan en él. El infante crea su propia «carne mental» utilizando las cosas que están en su ambiente. Hemos llamado a esto mente absorbente. Es difícil para nosotros concebir las facultades de la mente infantil, pero sin duda es una forma de mente privilegiada.

Imaginen lo maravilloso que sería si fuésemos capaces de mantener la prodigiosa habilidad del niño que, mientras está interesado en vivir alegremente, saltando y jugando, es capaz de aprender una lengua con todas sus complicaciones gramaticales. ¡Qué prodigio sería si todo el saber entrara en nuestra mente simplemente viviendo, sin un esfuerzo mayor que aquel que nos cuesta respirar o nutrirnos! Primero no advertiríamos nada de particular, después, de manera imprevista, los conocimientos adquiridos se manifestarían en nuestra mente como brillantes estrellas de saber. Comenzaríamos a advertir que ya están presentes y seríamos conscientes de todas las ideas transformadas, sin esfuerzo, un patrimonio propio.

¿Si yo les dijera que hay un planeta donde no existen escuelas, ni maestros, ni ninguna necesidad de estudiar, y donde, viviendo y paseando, sin esfuerzo, los habitantes llegan a conocer cada cosa y a fijar sólidamente en sus cerebros la totalidad del saber, no les parecería una bella fábula? Pues bien, esto que suena tan fantástico como para parecer la invención de una imaginación abundante es un hecho, una realidad; porque así es como aprende el infante inconsciente. Este es el sendero que él sigue. Él lo aprende todo inconscientemente, pasando poco a poco del inconsciente a la consciencia, avanzado por un camino que es todo placer y amor.

La lucidez humana nos parece una gran conquista. ¡Llegar a ser conscientes, adquirir una mente humana! Pero esta conquista nosotros la debemos pagar porque, en cuanto llegamos a ser conscientes, cada nueva adquisición de saber nos requiere un duro trabajo y esfuerzo.

El movimiento es otra maravillosa conquista del niño. Neonato, yace tranquilo durante meses en su cunita. Pero, pasado cierto tiempo, camina, se mueve en el ambiente, hace algo, goza, es feliz. Vive día a día y aprende a moverse cada vez más; el lenguaje, con toda su complejidad, entra en su mente, y también el poder de dirigir sus movimientos según las necesidades de su vida. Pero eso no es todo: también aprende muchas otras cosas con sorprendente rapidez. Hace suyo todo lo que le rodea: hábitos, costumbres y religión se fijan establemente en su mente.

Los movimientos que el niño conquista no se forman por casualidad, sino que se determinan en un sentido porque son adquiridos en un periodo concreto del desarrollo. Cuando el niño empieza a moverse, su mente, capaz de absorber, ya ha hecho suyo su ambiente; antes empezar a moverse, ya ha tenido lugar en él un desarrollo psicológico inconsciente, y cuando dan inicio sus primeros movimientos, empieza a ser consciente. Si observamos un infante de tres años, veremos que siempre juega con algo. Esto significa que va elaborando con sus manos y metiendo en su conciencia lo que su mente inconsciente había asimilado antes. A través de esta experiencia del ambiente, en la forma de un juego, examina las cosas y las impresiones que ha recibido en su mente inconsciente. Por medio del trabajo llega a ser consciente y construye al ser humano. El infante es guiado por una potencia misteriosa, maravillosamente grande, que él encarna poco a poco; deviene así ser humano y se hace tal mediante sus manos, por medio de su experiencia: primero mediante el juego y luego mediante el trabajo. Las manos son el instrumento de la inteligencia humana. En virtud de estas experiencias, el niño asume una forma definitiva y por lo tanto limitada, ya que la conciencia es siempre más limitada que el inconsciente y el subconsciente.

Él entra en la vida y empieza su misterioso trabajo; poco a poco asume la maravillosa personalidad adaptada a su tiempo y a su ambiente. Construye su mente hasta que, pedazo a pedazo, logra construir la memoria, la facultad de entender, la facultad de razonar. Helo aquí finalmente a sus seis años. Entonces, de repente, nosotros, los educadores, descubrimos que este individuo comprende, que tiene la paciencia de escuchar lo que le decimos, mientras que antes no teníamos los medios para llegar a él. Vivía en otro plano, distinto al nuestro. De este primer periodo se ocupa nuestro libro. El estudio de la psicología infantil en los primeros años de vida nos revela milagros tales, que cualquiera que se acerca a ellos con comprensión no puede menos que quedar profundamente impresionado.

Nuestra labor de adultos no consiste en enseñar, sino en ayudar a la mente infantil en su trabajo de desarrollo. Sería maravilloso si pudiésemos, con nuestra ayuda, con un tratamiento inteligente del niño, con la comprensión de las necesidades de su vida, prolongar el periodo en el que actúa en él la mente capaz de absorber. Qué servicio daríamos a la humanidad si pudiésemos ayudar al individuo humano a absorber los conocimientos sin cansancio, si el ser humano pudiese hallarse rico de conocimientos sin saber cómo los ha adquirido, casi como por obra de magia. ¿No está acaso llena la naturaleza de magia y de milagros?

El descubrimiento de que el infante está dotado de una mente capaz de absorber ha producido una revolución en el terreno educativo. Se entiende ahora fácilmente por qué el primer periodo del desarrollo humano, en el que se forma el carácter, es el más importante. En ninguna otra edad de la vida se tiene mayor necesidad de una ayuda inteligente como en esta, y cada obstáculo que se le ponga al infante reducirá las posibilidades de perfeccionamiento de su obra creativa. Nosotros ayudaremos al niño, en consecuencia, no porque lo consideremos un ser pequeño y débil, sino porque él está dotado de grandes energías creativas que son de una naturaleza tan frágil que, para que no sean disminuidas y heridas, requieren una defensa amorosa e inteligente. A estas energías queremos ofrecer ayuda, no al niño pequeño ni a su debilidad. Cuando se comprenda que estas energías pertenecen a una mente inconsciente, que debe hacerse consciente a través del trabajo y de la experiencia adquirida en el ambiente; cuando nos demos cuenta de que la mente infantil es distinta de la nuestra, que no podemos alcanzarla con la enseñanza verbal, que no podemos intervenir directamente en el paso del inconsciente a la conciencia, ni en el proceso de construcción de las facultades humanas, entonces la idea entera de educación cambiará y se convertirá en una ayuda para la vida para el niño, para el desarrollo psicológico del ser humano, en vez de la imposición de recordar nuestras ideas, hechos y palabras.

Este es el nuevo camino en el que se ha adentrado la educación: ayudar a la mente en sus diferentes procesos de desarrollo, acompañar sus múltiples energías y reforzar sus diversas capacidades.

UNA NUEVA ORIENTACIÓN

Hoy en día se percibe una orientación definitivamente nueva en los estudios biológicos. Toda la investigación se enfocaba antes en el adulto, y los científicos, cuando estudiaban animales y plantas, solo tenían en cuenta ejemplares adultos. Lo mismo sucedía con el estudio de la humanidad; solo el adulto se tenía en cuenta, ya fuera para el estudio de la moral, ya fuera para el de la sociología. En consecuencia, los estudiosos prestaban mucha atención a la muerte y reflexionaban a menudo al respecto, y era lógico, dado que el ser adulto, avanzando en la vida, se dirige hacia la muerte. De igual manera, el estudio de la moral se centraba en las reglas y las relaciones sociales entre adultos. Hoy en día los científicos, tomando una dirección opuesta, parecen retroceder tanto en el estudio de los seres humanos como en el de otros tipos de vida. No solo tienen en cuenta a los más jóvenes, sino que se remontan al origen de los seres. La biología se ha dirigido hacia la embriología y el estudio de la vida de la célula. De esta orientación hacia los orígenes ha surgido una nueva filosofía, de naturaleza idealista. Podríamos decir que es más bien científica, porque nace de la observación y no de deducciones abstractas de los pensadores. El desarrollo de esta filosofía va a la par con el progreso de los descubrimientos hechos en los laboratorios.

Cuando penetramos en el campo de los orígenes del individuo, que es el campo de la embriología, se nos revelan cosas que no existen en la vida adulta o que, si lo hacen, son de una naturaleza completamente diversa; la observación científica revela un tipo de vida del todo diferente del que la humanidad estaba acostumbrada a tener en cuenta, y saca a plena luz la personalidad del niño.

Una consideración muy banal demostrará que el infante no avanza hacia la muerte como el adulto; él progresa hacia la vida, ya que su finalidad es la construcción del hombre en la plenitud de fuerzas y de vida. Cuando aparece al adulto, el niño deja de existir. Toda la vida del infante es un proceso hacia la perfección, hacia una mayor completitud. Basta esta observación para deducir que el niño puede hallar alegría en la realización de una tarea de desarrollo y de perfección. La del infante es un tipo de vida en la que el trabajo, el cumplimiento del propio deber, producen placer y felicidad, mientras que, para el adulto, el trabajo generalmente supone una función más bien penosa.

Este avanzar en la vida es para el niño un extenderse y un ampliarse: cuanto más crece en edad, más inteligente y fuerte se vuelve. Su trabajo y su creatividad lo ayudan a adquirir inteligencia y fuerza, mientras que en el caso de los adultos el paso del tiempo determina más bien lo contrario. Más aún, en el campo del infante no hay competición, porque nadie puede hacer por él el trabajo de construir el adulto que debe construir. En otras palabras, nadie puede crecer por él.

Remontémonos aún más en la vida del infante, al periodo previo al nacimiento. Ya antes de nacer, el niño entra en contacto con el adulto, porque su vida embrionaria transcurre en el cuerpo de la madre. Antes que el embrión, existe una primera célula, que es el resultado de dos procedentes de adultos. Ya nos transportemos a los orígenes de la vida de los seres humanos, o sigamos al niño en el cumplimiento de su «deber» de crecimiento, encontramos siempre al adulto.

La vida del niño es la línea que une dos generaciones de vida adulta. Esta vida, que crea y es creada, parte de y termina en el adulto. Este es el camino, el sendero de la vida; y de esta vida tan estrechamente unida al adulto pueden surgir interés de estudio y nueva luz.

Las dos vidas

La naturaleza ofrece una particular protección al niño. El infante nace del amor, y el amor es su verdadero origen. Después de nacer, está rodeado de la ternura del padre y de la madre; pues no ha sido generado en la discordia, y esa es su primera protección. La naturaleza inspira a los progenitores el amor por los pequeños, y este amor no es artificial, algo alimentado por la razón, como la idea de la fraternidad que nace del esfuerzo de todos quienes aspiran a la unidad del género humano. En el terreno de la vida del niño se halla el tipo de amor que demuestra cuál debería ser la disposición moral ideal de la comunidad adulta, puesto que solo aquí se puede encontrar el amor, naturalmente capaz de inspirar el sacrificio, la dedicación de un yo a otro, la dedicación de sí mismo al servicio de otros seres. En lo profundo de su sentimiento, todos los padres renuncian a la propia vida para dedicarla a los hijos, y esto es para ellos un sacrificio natural que procura placer y que jamás aparece como un sacrificio. Nadie dirá nunca: «¡Pobre persona, tiene dos niños!». Al contrario, considerará a esta persona afortunada. El sacrificio al que los padres se someten por sus hijos proporciona alegría, es la vida misma. El niño inspira lo que en el mundo del adulto representa un ideal: la renuncia, la abnegación; virtudes casi imposibles de alcanzar fuera de los afectos familiares. ¿Qué hombre de negocios que pueda apoderarse de un objeto que necesita dirá a un competidor: «tome usted esta mercancía, yo renuncio a ella»? Pero si padres con hambre no tienen qué comer, sacrifican hasta el último pedazo de pan para calmar la de sus hijos. Hay dos vidas distintas, en consecuencia, y el adulto tiene el privilegio de participar de ambas: en una como padre o madre, en la otra como miembro de la sociedad. La mejor de las dos es aquella que el progenitor dedica al niño, puesto que, gracias a la proximidad con este último, se desarrollan en el ser humano los más altos sentimientos.

Si tomamos como objeto de estudio a los animales, en vez de a los seres humanos, también encontramos estos dos tipos de vida. Los animales feroces y salvajes parecen modificar de igual modo sus instintos cuando tienen prole; todos hemos visto cuánta ternura demuestran tigres y leones con sus pequeños y cuánto coraje adquiere el ciervo para defender a los suyos. Parece haber un cambio en los instintos de todos los animales en el momento en que tienen pequeños que proteger, como si unos instintos especiales se sobrepusieran a los habituales. Los animales temerosos poseen, en mayor medida incluso que los seres humanos, un instinto de autoconservación, pero, cuando tienen crías, este último se convierte en instinto de protección. Pasa lo mismo con los pájaros: su instinto es volar en cuanto se avecina un peligro, pero cuando tienen pequeños que proteger no se alejan del nido, permanecen inmóviles cubriéndolos con sus alas para esconder el demasiado visible candor de los huevos. Otros fingen estar heridos y se mantienen apenas separados de las mandíbulas del perro para alejarlo de sus pequeños, que así quedan escondidos. En toda forma de vida animal hay ejemplos semejantes y se manifiestan dos tipos de instintos: uno de autoprotección y otro de protección de la vida de los pequeños. Los libros del biólogo J. H. Fabre dan los más admirables ejemplos de estos hechos. Fabre concluye su obra diciendo que la especie debe su supervivencia a este fuerte instinto maternal. Y es verdad, pues si la supervivencia de la especie se debiera solamente a las así llamadas armas de la lucha por la existencia, ¿cómo podrían los pequeños defenderse cuando aún no han desarrollado sus armas defensivas? ¿Acaso los pequeños tigres no carecen de dientes y los pajaritos del nido no están desprovistos de alas? Por lo tanto, si la vida debe salvarse y la especie debe sobrevivir, es necesario sobre todo proteger a los pequeños que, inermes, están todavía preparando sus propias armas.

Si la supervivencia de la vida fuese confiada solamente a la lucha del más fuerte, la especie moriría. En consecuencia, la verdadera razón, el factor principal de la supervivencia de la especie, es el amor de los adultos por los pequeños.

En el estudio de la naturaleza, la parte más fascinante es la revelación de la inteligencia, que existe hasta en las criaturas ínfimas. Cada una de ellas está dotada de diversos tipos de instintos protectores; cada una está también dotada de diferentes manifestaciones de inteligencia, y esta inteligencia se emplea por completo para la protección de los pequeños; mientras que si se estudian los instintos de autoconservación, estos no revelan tanta inteligencia, ni tienen tal variedad de manifestaciones. Están bien lejos de aquella sutileza de detalles que dieron materia a Fabre para dedicar casi dieciséis volúmenes enteros a la descripción de los instintos protectores de los insectos.

Estudiando los diversos tipos de vida, por tanto, se constata la necesidad de dos tipos de instintos y dos tipos de vida; y si trasladamos esta afirmación al campo de la vida humana, aunque solo fuera por motivos sociales, el estudio de la vida del niño resulta necesario por las consecuencias que tiene para el adulto. Este estudio de la vida debe reconstruirse desde los orígenes.

EL MILAGRO DE LA CREACIÓN

Embriología

Entre las diferentes ciencias que estudian hoy la vida del individuo desde su inicio, es de particular interés la embriología. El maravilloso hecho de que un ser, que antes no existía, se transformara luego en un hombre o en una mujer, con su propia inteligencia y sus propios pensamientos, ha impresionado a los pensadores de todas las épocas. ¿Cómo sucede? ¿Cómo se forman sus órganos tan complicados y maravillosos? ¿Cómo se forman los ojos, y la lengua que nos permite hablar, y el cerebro, y las demás partes infinitas del organismo humano? A comienzos del siglo XVIII los científicos, o mejor, los filósofos, creían en una preformación y pensaban que en la nueva célula-huevo debía de existir un hombre minúsculo o una mujer minúscula ya hechos. Tan pequeños que no se podían ver, pero existentes y destinados a crecer. Dos escuelas, la de los animaculistas y la de los ovistas, discutieron si el minúsculo individuo estaba presente en la célula germinal del hombre o de la mujer, lo que dio lugar a eruditas discusiones.

Mediante el uso del microscopio, recién inventado, el doctor G. F. Wolff se propuso ver qué sucedía en realidad durante el proceso de creación y empezó a estudiar la célula germinal en los huevos fecundados de pollo. Llegó así a la conclusión expresada en su *Theoria generationis*: que nada preexiste, que el ser se construye a partir de sí mismo, y describió su formación.

La célula germinal se divide en dos partes, que se dividen luego en cuatro y, así, el ser se forma con la multiplicación de las células (figura 1).

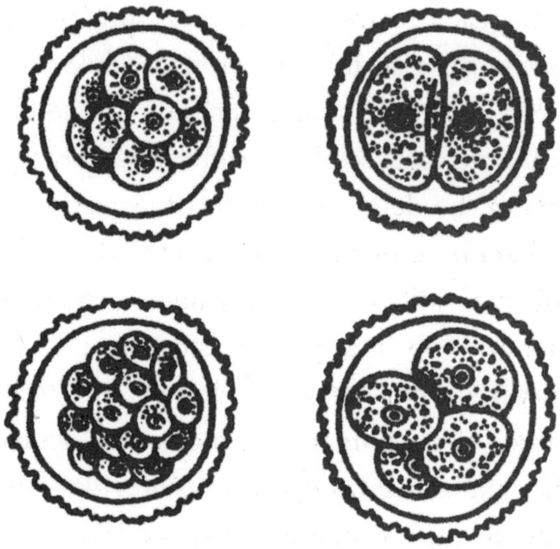

Figura 1. La multiplicación de las células germinales.

Los sabios que discutían sobre la localización de la preexistencia se rebelaron, se ofendieron, clamaron ignorancia, gritaron contra la herejía, y la situación se tornó tan difícil para Wolff, el fundador de la embriología, que acabó siendo expulsado de su propio país. Vivió en el exilio y murió en tierra extranjera. Aunque los microscopios se multiplicaron, nadie durante cincuenta años se atrevió a investigar el secreto, pero, mientras tanto, las observaciones de este primer estudioso se abrían camino. Otro científico, K. E. von Baer, hizo las mismas investigaciones y halló que todo lo que Wolff había sostenido era cierto. Lo afirmó y, esta vez, todos aceptaron la nueva verdad. Así nació la nueva rama de la ciencia que tiene como nombre embriología.

Sin duda, la embriología es una de las ciencias más fascinantes, porque no estudia los órganos de un organismo desarrollado, como la anatomía, ni su función, como la fisiología, ni sus enfermedades, como la patología; sino que su objeto de estudio es el proceso de creación, de qué manera se forma un cuerpo que no existía para entrar finalmente en el mundo de los seres vivos.

Cada animal, cada mamífero, cada ser humano, este ser maravilloso, procede de una única y primera célula, redonda y no diferenciada, con el aspecto simplicísimo de una célula primitiva. Las proporciones de estas células germinativas sorprenden por su extrema pequeñez. La del ser humano corresponde a una décima de milímetro. Para hacernos una idea de esto, dibujemos un punto con un lápiz bien afilado y dispongamos diez de estos puntos uno al lado del otro; por más pequeños que sean, no entrarán en un milímetro. Vemos, por lo tanto, cuán microscópica es la célula de la que procede el ser humano. Esta célula se desarrolla aparte del ser que la genera, puesto que está protegida y encerrada en una especie de envoltorio que la mantiene separada del adulto que la contiene. Esto se cumple en todos los animales. La célula está aislada de la progenitora, de modo que el ser que resulta de ella es en realidad el producto de la labor de la célula germinal. Causa esta de inagotables reflexiones, porque los seres humanos más grandes, desde Napoleón a Alejandro, desde Shakespeare a Dante, a Gandhi, así como el más humilde de los seres humanos, cada uno fue construido a partir de una de estas células minúsculas.

Al observar la célula germinal con un potente microscopio, se percibe que contiene cierto número de corpúsculos que, al ser fáciles de colorear con medios químicos, se denominaron «cromosomas». Su número difiere entre las distintas especies. En la humana son cuarenta y ocho. En otras especies, quince; en otras, trece; de modo que el número de cromosomas constituye un rasgo distintivo de cada una. Se hipotetizó que estos cromosomas eran los depositarios de la herencia. Recientemente nuevos microscopios de mayor potencia, llamados ultramicroscopios, han permitido ver que cada cromosoma es una especie de cajita que contiene una cadena o collar compuesto de aproximadamente cien menudísimos granos; los cromosomas se abren, los granos se liberan y la célula se convierte en depositaria de cerca de 4000 corpúsculos llamados genes (figura 2). La palabra gen implica la idea de generación. Y por consenso se ha interpretado intuitivamente que cada gen puede llevar en sí la herencia de un detalle: por ejemplo, la forma de la nariz, el color del pelo.

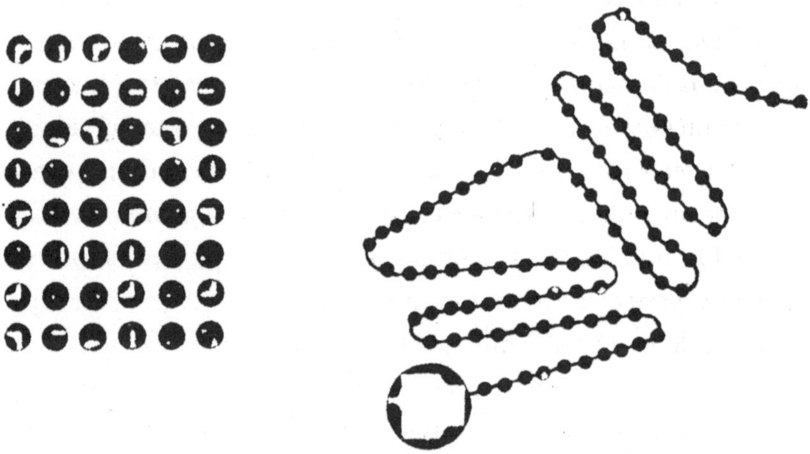

Figura 2. Cadena de 100 genes presentados en fila y contenidos en cada uno de los 48 cromosomas de la célula humana representados a la izquierda.

Es obvio que no se ha llegado a esta perspectiva científica de la verdad únicamente mediante la ayuda del microscopio, sino también porque la inteligencia del ser humano es creativa y no se limita a registrar las impresiones como fotografías en su mente, sino que las emplea como estímulos para su imaginación. Así, mediante la imaginación y una inteligencia que «ve más allá de las cosas», puede reconstruir los hechos; gracias a este poder humano, todas las ciencias y los descubrimientos cobran impulso para su progreso.

Reflexionando acerca de estas relevaciones sobre la génesis de los seres humanos, percibimos cuánto tiene de mística la árida constatación científica, puesto que la célula, tan pequeña como para ser invisible, contiene en sí la herencia de todos los tiempos; en esa pequeñísima mancha está potencialmente la entera experiencia humana, la entera historia del género humano. Antes de que sea visible cualquier cambio en la célula primitiva y de que esta comience su labor de segmentación, los genes ya se han combinado; estos entran en una especie de lucha competitiva, y así tiene lugar una selección. Porque no todos los genes contenidos en una célula están implicados en la construcción de un nuevo ser, solo algunos prevalecen en la competición. Estos son los portadores de los «caracteres dominantes», otros, en cambio, no se manifiestan y son portadores de «caracteres recesivos». Este hecho misterioso, que acontece como preparación para el trabajo de creación de la célula germinativa, fue ilustrado como hipótesis científica por Mendel, que llevó a cabo su famosa experiencia innovadora cruzando una planta de flores rojas con una de la misma familia de flores blancas; y confió luego a la tierra las semillas de las nuevas plantas. De estas semillas salieron tres plantas con las flores rojas y una con las flores blancas. Los genes del color rojo prevalecieron en tres plantas en las que, en cambio, los de color blanco fueron recesivos. Se pudo demostrar que esta lucha en la selección de los caracteres sucede siguiendo leyes matemáticas de combinatoria.

Los estudios posteriores son más complicados en relación con la hipótesis matemática de las combinaciones de los genes. Pero la conclusión es que, según las circunstancias en que la célula se encuentra, se puede tener un individuo más o menos bello, un individuo más fuerte o más débil; según la prevalencia de sus genes.

A estas distintas combinaciones se debe que cada ser humano sea diferente de cualquier otro. Vemos así en una misma familia, entre hijos nacidos de los mismos progenitores, innumerables diferencias de belleza, fuerza física y desarrollo intelectual.

Se estudian hoy con particular interés las circunstancias que pueden hacer prevalecer los mejores caracteres y de aquí ha nacido una ciencia nueva, la eugénica.

El capítulo sobre la combinación de los genes, que se refiere a un conjunto de hipótesis, está separado del estudio directo de los fenómenos que suceden cuando su combinación ya ha quedado establecida.

Es entonces cuando empieza el verdadero proceso embriológico de la construcción del cuerpo: un proceso de división celular tan evidente que ya Wolff, al observarlo por primera vez a través del microscopio, pudo informar sobre las sucesivas fases por las que pasa el desarrollo embrionario. La célula se divide en primer lugar en dos células iguales que permanecen unidas, luego las dos se convierten en cuatro, las cuatro, en ocho, los ocho, en dieciséis y así sucesivamente. Este proceso continúa hasta que se producen centenares de células: es como si la construcción comenzase inteligentemente acumulando los ladrillos necesarios para edificar una casa. A continuación, las células se disponen en tres estratos, como si con dichos ladrillos se empezaran a construir unas paredes. (La analogía de la casa es de Huxley.) El procedimiento sucesivo es constante en todos los animales. Primero, las células forman una especie de esfera vacía como la pared de una pelota de goma (la mórula), luego la pared se pliega y se forman dos paredes superpuestas. Por último, un tercer estado se infiltra entre los dos primeros. Y he aquí las tres paredes, de las cuales procederá toda la construcción (figura 3).

Estos estratos o membranas germinales son, pues, uno externo o ectoderma, uno medio o mesoderma y uno interno o endoderma; y forman un pequeño cuerpo alargado donde las células son todas iguales entre sí, aunque más pequeñas que la célula original.

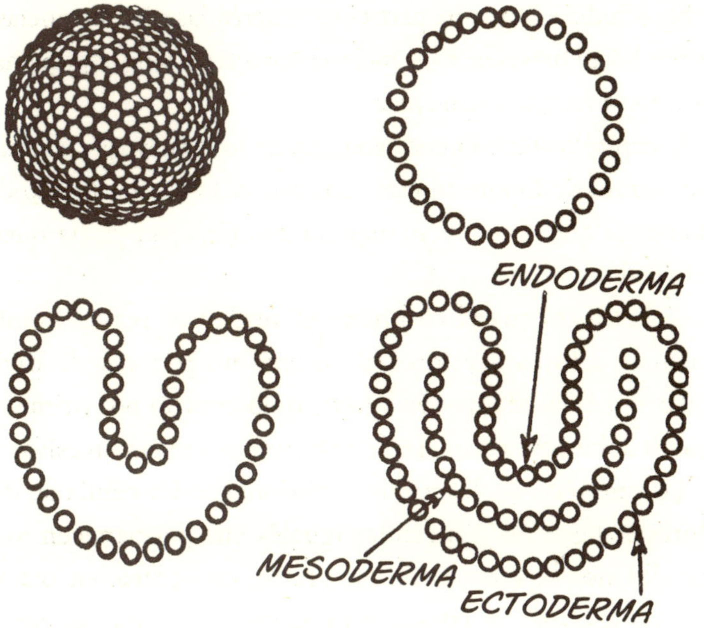

Figura 3. Arriba, a la izquierda, la forma primitiva de células (mórula) limitada por una sola pared (a la derecha). Debajo, a la izquierda, la gástrula con doble pared flexionada hacia adentro. A la derecha, se ve la tercera pared que se ha formado al interior de la gástrula.

Cada una de estas paredes produce un complejo de órganos. La externa da lugar a la piel, a los órganos sensoriales y al sistema nervioso. Esto prueba que el estrato externo está en relación con el ambiente, porque la piel protege y el sistema nervioso nos pone en relación con el entorno. La pared interna desarrolla los órganos que sirven para la nutrición, como el intestino, el estómago, las glándulas digestivas, el hígado, el páncreas y los pulmones. Los órganos del sistema nervioso se denominan «órganos de relación», porque nos permiten relacionarnos con el ambiente. Los órganos del sistema digestivo y del respiratorio se denominan «órganos vegetativos», porque posibilitan la vida vegetativa. La pared tercera o media produce el esqueleto, que sostiene el cuerpo entero, y los músculos.

Estudios recientes han demostrado cómo se produce el desarrollo de los órganos. En estos estratos uniformes se presentan unos puntos o centros que se vuelven de repente biológicamente más activos, y de estos puntos emergen células desde la pared matriz dedicadas a la construcción de un órgano, o mejor, el diseño de un órgano.

Para cada órgano se repite siempre el mismo procedimiento y todos ellos proceden de estos centros de mayor actividad distantes entre sí. El profesor Child de la universidad de Chicago descubrió este proceso y llamó a estos centros gradientes.[12]

Casi al mismo tiempo, otro estudioso de embriología, Douglas, en Inglaterra, hacía un descubrimiento similar, si bien independientemente de Child. Él, que estudió en concreto el desarrollo del sistema nervioso, llamó ganglios[13] a los puntos de actividad constructiva y les atribuyó una especial sensibilidad.

En el momento en el que empieza a surgir la construcción de órganos, las células, que eran todas iguales, comienzan a modificarse y sufren profundas diferenciaciones según las funciones que los órganos están destinados a cumplir. Es decir, tiene lugar la especialización celular necesaria para cumplir las funciones de los órganos que se construyen. Así, aunque la delicada especialización de las células se produce para llevar a cabo en el futuro una función determinada, en realidad sucede antes de que dé inicio dicha función.

En la figura 4 están representadas algunas de estas células para dar una idea de su profunda diferenciación: las células del hígado son hexagonales, unidas como baldosas y sin tejido conectivo; en cambio, las células óseas son ovaladas, aisladas y raras, están unidas mediante unos filamentos finos y la parte importante y substancial del órgano es una especie de tejido conectivo sólido, elaborado por las propias células. El revestimiento de la tráquea es especialmente

---

12. Child, Charles M., *Physiological foundations of behaviour,* Holt, Nueva York, 1924.

13. Douglas, A.C., *The physical mechanism of the human mind,* E&S Livingstone, Edimburgo, 1932.

interesante: una tacitas que exudan continuamente una substancia pegajosa, destinada a retener el polvo del aire, están esparcidas entre células triangulares provistas de una franja que vibra continuamente y que transporta el moco al exterior. Son curiosas las células de la piel, planas y con estratos superpuestos, cuya parte externa está compuesta de células destinadas a morir y a separarse para dar lugar a las otras que, desde abajo, van substituyéndolas. Ellas, que son quienes defienden la superficie externa del cuerpo, parecen soldados dispuestos a dar la vida por la patria.

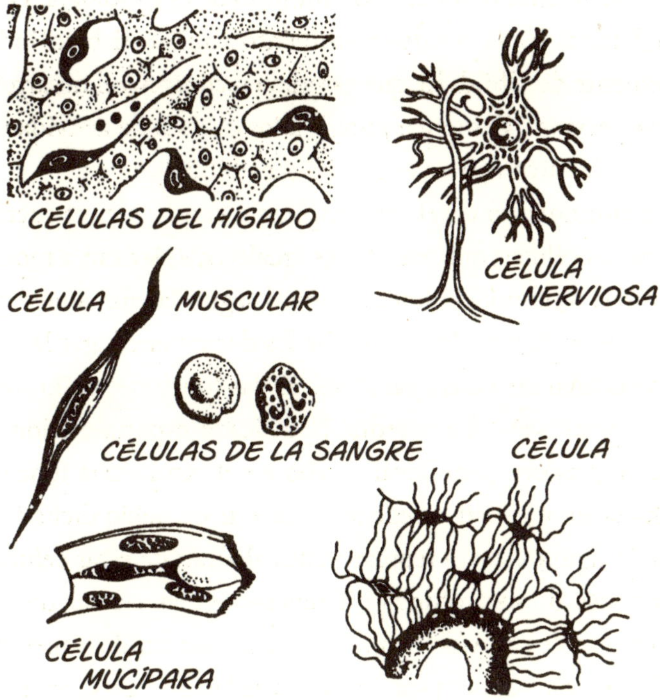

Figura 4. Tipos de células.

Las células nerviosas son las más evolucionadas, las más importantes e insubstituibles: presentes siempre en el puesto de mando, tienen filamentos larguísimos que llegan muy lejos, como los hilos telegráficos que conectan un continente con otro.

Estas profundas diferencias entre las células son interesantes, porque todas ellas proceden de células iguales; sin embargo, al prepararse para sus distintas funciones, se modifican a sí mismas para adaptarse a un trabajo que no han hecho nunca. Y cuando se han transformado según la finalidad del órgano del que forman parte, ya no son susceptibles de mutar. Una célula del hígado no podría transformarse nunca en una célula nerviosa. Es decir, que para cumplir dicho trabajo no han tenido que prepararse, como diríamos nosotros, sino transformarse.

¿No sucede quizás lo mismo en la sociedad humana? Existen, podríamos decir, grupos concretos de seres humanos que forman los órganos de la humanidad. Al principio cada individuo lleva a cabo muchas tareas, y así sucede en la sociedad primitiva cuando los individuos son pocos y cada uno debe dedicarse a muchos trabajos sin especialización: una misma persona es albañil, médico, carpintero y, en suma, todo. Pero cuando la sociedad evoluciona, el trabajo se especializa. Cada uno elige un tipo de trabajo y, psicológicamente, se compromete tanto con esa labor que ya no puede cumplir otra. La práctica de una profesión no implica solo aprender una técnica; el individuo está sometido, al dedicarse a un determinado trabajo, a una transformación psicológica necesaria para la tarea que debe desempeñar, de modo que se prepara no solo técnicamente, sino que también (y esto es lo más importante) adquiere una determinada personalidad psicológica, adaptada a esa labor en concreto. El individuo encuentra en ese trabajo la realización del propio ideal, que convierte en la finalidad de su vida.

Ahora bien, volviendo al embrión, cada órgano está formado de células especializadas y cada órgano tiene sus propias funciones separadas de las de los demás; pero todas estas funciones son necesarias para la salud del organismo íntegro: por lo tanto, cada órgano existe y funciona para el todo.

La construcción del embrión no se limita a los órganos, sino que también se ocupa de su intercomunicación constante. La unidad funcional se establece mediante dos grandes sistemas: el circulatorio y el nervioso; a ellos pertenecen los órganos más complejos y, además, son los únicos cuyo fin es conseguir la unidad de todos los demás.

El primero es como un río por el que circulan sustancias que se transportan a todas las partes del cuerpo. Sin embargo, este sistema solo es distribuidor, sino también recolector: el sistema circulatorio es, en efecto, el vehículo universal que transporta el alimento a todas las células mediante los vasos capilares y, al mismo tiempo, transporta también todo el oxígeno que toma cuando pasa a través de los pulmones; pero la sangre transporta además sustancias especiales elaboradas en las glándulas endócrinas: las hormonas, que tienen el poder de influir sobre los órganos, de estimularlos y, sobre todo, de controlarlos, para que las funciones se lleven a cabo con la armonía necesaria para el bienestar de todos.

Las hormonas son sustancias que emplean órganos distintos y separados de los que las producen. Por lo tanto, ¡qué perfección ha alcanzado el sistema circulatorio en el cumplimiento de sus funciones! Cada órgano extrae como si se tratase de un río lo que necesita para la vida y deposita allí lo que ha producido para que otros órganos puedan servirse de ello para sus propias necesidades.

El otro órgano que lleva a cabo la unidad de funcionamiento de la totalidad es el sistema nervioso. Es quien dirige todos los elementos del organismo, concentrando en el cerebro una especie de centro de mando, mediante filamentos nerviosos.

También en nuestra sociedad se ha desarrollado un sistema circulatorio. Las sustancias producidas por los diversos individuos y pueblos se ponen en circulación, y cada cual extrae de allí lo que le resulta útil para su vida; el gran río del comercio las hace accesibles a otros individuos y pueblos. ¿No son los comerciantes y los vendedores ambulantes como los glóbulos rojos de la sangre? También la sociedad funciona de un modo tal que las cosas producidas en un país pueden ser consumidas en otros situados a gran instancia del primero.

En estos últimos años se percibe la determinación de funciones similares a la distribución de las hormonas en el campo fisiológico de los órganos. Son los intentos de los grandes Estados de ordenar el ambiente, de controlar la circulación, de estimular, de alentar, de dirigir las tareas de todas las naciones con el solo fin de lograr la armonía y el bienestar de todos. Se puede decir que los defectos que se ponen de manifiesto en estos intentos demuestran que el sistema circulatorio no ha completado su desarrollo embrionario, aunque haya alcanzado una fase de organización muy avanzada.

Falta todavía en la sociedad humana el equivalente a las células especializadas del sistema nervioso. Dado el estado caótico del mundo actual, podríamos concluir que lo que debería corresponderse con este órgano directivo del cuerpo humano no se ha desarrollado aún en la sociedad. Debido a la falta de esta función especial no hay nada que actúe sobre todo el cuerpo social y que guíe armónicamente a la sociedad entera. La democracia, que es la forma más evolucionada de organización en nuestra civilización, permite a todos elegir el propio líder gracias a las elecciones. Si esto ocurriese en el campo de la embriología, sería un absurdo inconcebible, porque si cada célula debe estar especializada, tanto más especializada debe estar la célula que dirige las funciones de la totalidad. El trabajo de dirección es la tarea más difícil y exige más que cualquier otra la especialización. No se trata de elecciones, sino de ser aptos e idóneos para el trabajo. Quien debe dirigir a los demás debe haberse transformado a sí mismo: no puede haber un líder y guía si este no se ha modelado según su tarea. Este principio, que va desde la especialización hasta la función, atrae vivamente nuestro pensamiento y tanto más cuanto parece ser el plan adoptado por la naturaleza en todas las ramas de la vida: es el plan de la naturaleza cuando crea.

En los organismos vivos este plan se manifiesta en la maravilla de su cumplimiento. La embriología puede así indicarnos algunos caminos y ofrecernos inspiración. De este modo resume Huxley los milagros de la creación. «El paso de la nada al cuerpo complejo de los individuos es uno de los constantes milagros de la existencia. Si no nos impresiona la grandeza de este milagro, es por una sola razón: porque se repite continuamente ante nuestros ojos en la experiencia cotidiana de nuestra vida».[14]

Cualquier animal que observemos, pájaro o conejo, o cualquier otro vertebrado, está compuesto por órganos extraordinariamente complicados en sí mismos y, más que cualquier otra cosa, asombra ver cómo estos órganos complicados están estrechamente conectados entre sí. Si observamos el sistema circulatorio, descubrimos un sistema de drenaje tan fino, complicado y completo, que no es comparable con ningún sistema inventado por el tipo más avanzado de civilización. También la utilidad de la inteligencia, que recoge las impresiones del ambiente percibido mediante los órganos de los sentidos, es tan maravillosa que ningún instrumento moderno está a su altura. ¿Qué se puede comparar con la maravilla del ojo o del oído? Y si estudiamos las reacciones químicas que tienen lugar en el cuerpo, descubrimos laboratorios de extrema perfección, en los que se tratan y desarrollan substancias, uniendo y juntando otras de formas imposibles de conseguir para nosotros en nuestros laboratorios mejor equipados. En comparación con las redes de comunicación creadas por nuestro sistema nervioso, nuestras comunicaciones más evolucionadas y perfectas, incluidos el teléfono, la radio, el telégrafo sin hilos y tantas otras, resultan insuficientes y defectuosas.

Y si estudiamos el ejército mejor organizado, no encontraremos nunca una obediencia similar a la de los músculos, que ejecutan inmediatamente las órdenes de un único comandante y estratega. Servidores dóciles, se ejercitan con un trabajo especial y, en concreto,

---

14. Huxley, Julian S., *The stream of life*, Watts & Co., Londres, 1926.

para estar listos para cualquier orden que reciban. Si pensamos que estos órganos complicados, de comunicación, músculos, nervios que penetran en cada célula mínima del cuerpo, proceden todos de una única célula, la célula primitiva esférica, sentimos toda la maravilla de la naturaleza.

EMBRIOLOGÍA: COMPORTAMIENTO

Las sucesivas fases del desarrollo embrionario se repiten en todos los animales superiores y en el ser humano. Los animales inferiores no difieren en el sentido de que su desarrollo está incompleto, porque se frenó en las fases más primitivas.

Por ejemplo, el volvox se detuvo en la esférula y permaneció como una pequeña pelota vacía que se enrolla en las aguas del océano moviendo los pelos vibrátiles que se han desarrollado sobre la cara externa de su único estrato de células.

Los celentéreos o celenterados corresponden al embrión que tiene una doble pared debido a la invaginación de la pared externa y están constituidos por solo dos estratos de células, el ectodermo y el endodermo.

Y donde tiene lugar el desarrollo completo de tres estratos, los primeros estadios de la formación son tan similares que es fácil confundir el embrión de uno con el de otro animal, como muestra la figura 5.

Esto se consideró una de las pruebas más claras de la teoría de la descendencia entre los distintos grados de la «animalidad». Así, el ser humano procedía de los simios; los mamíferos y los pájaros, de los reptiles; estos últimos, de los anfibios y de los peces, y así hasta llegar a los animales aún más simples y a los unicelulares. Los respectivos embriones pasaban por las fases heredadas de todos los predecesores: de modo que el embrión habría representado la síntesis de la evolución de la especie. Esto es, la ontogénesis repite la filogénesis.

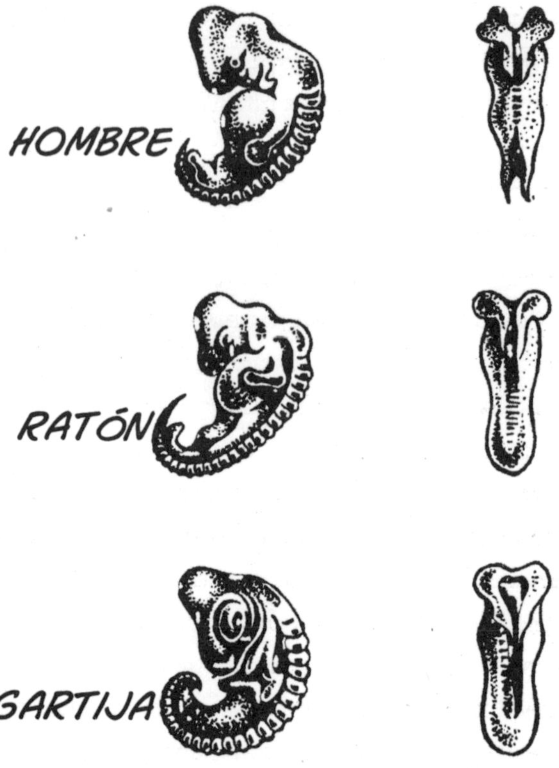

Figura 5. Embriones de algunos animales.

Esta idea se encuadró así en las teorías darwinistas de la evolución y quedó como una de sus evidencias más representativas. Pero, más adelante, tras el descubrimiento de De Vries, la embriología se impulsó hacia conceptos más amplios en su intento por explicar la vida. Empezando por la teoría de las mutaciones, De Vries observó que, de una misma planta, podían proceder formas de variedades diversas, sin ninguna influencia atribuible al ambiente, lo que le hizo pensar en variaciones espontáneas, cuya causa no debía buscarse en el ambiente, sino en las actividades internas del embrión. Porque solo en él existe la posibilidad de variar rápidamente.

Esto permitió incluir otras posibilidades, aparte del lento proceder de la adaptación a lo largo de un periodo de tiempo incalculable;

y el pensamiento humano pudo moverse con más libertad hacia nuevas intuiciones y permanecer sensible a nuevos problemas.

En efecto, la construcción embriológica que se puede estudiar en el microscopio se refiere solo a una parte mecánica, mientras que los seres vivos no son solo un conjunto de órganos que se unen en una única funcionalidad. El hecho verdaderamente misterioso es que de procedimientos tan semejantes entre ellos resulte aquí un reptil y allí un pájaro, o un mamífero, o un ser humano.

Las formas definitivas de los miembros, del cuerpo, de los dientes, etc., que constituyen las diferencias entre los animales, no están ligadas al hecho embrionario primitivo, sino más bien al comportamiento de los animales en el ambiente.

Y surgió entonces la idea de un plan de construcción único en la naturaleza: un solo método de construcción, como sucede con el hombre que construye los más diversos edificios, simples o monumentales, pero que empieza siempre con la acumulación de elementos (piedras o ladrillos) y con su superposición en muros, etc. Pero lo que determina la diferencia definitiva, las particularidades y los ornamentos, es el uso que se dará a estos edificios.

La cosa más importante, sin embargo, es que la embriología ha podido salir de la fase de las abstracciones teóricas. Es decir, que no solamente ha inspirado el contraste entre teorías, sino que ha también abierto una vía práctica de experiencias y ha progresado por ella hasta la construcción de una ciencia que puede tener aplicaciones prácticas.

De hecho, el embrión puede sufrir influencias transformadoras; y el ser humano, actuando sobre él, puede orientar experimentalmente el camino de la vida. Y así hizo.

Por medio de los genes y de sus combinaciones, el hombre pudo interferir sobre la herencia vegetal, y luego animal, con resultados de gran importancia. Se ha desarrollado un interés inmenso y vasto, no académico, sino práctico. La importancia del embrión reside en el hecho de que, sin tener aún construidos los órganos definitivos, puede variar fácilmente: he aquí el secreto de la vida del que se ha apoderado el ser humano. Hace unos años se otorgó en Estados Unidos la primera patente en el campo de la embriología, porque se produjo una variedad de abejas sin aguijón y capaz de producir una cantidad muy superior de miel que las abejas comunes. De igual modo se han transformado algunas plantas para hacerlas capaces de producir frutos en mayor cantidad que en el pasado, o de perder las espinas si las tenían. También se han producido raíces ricas de sustancias nutritivas, y otras que ya eran ricas han sido privadas del veneno que contenían.

Los resultados más conocidos son los que han obtenido un sinnúmero de bellísimas cualidades de flores. Hoy, aunque este hecho sea todavía poco conocido, la actividad del ser humano se extiende no solo sobre la tierra firme, sino también sobre las aguas, en el reino animal y vegetal, de modo que bien se podría decir que el ser humano con su inteligencia ha podido embellecer y enriquecer el mundo. Si, como hacen los biólogos, se estudia la vida en sí misma y se tiene en cuenta la influencia recíproca de las diferentes formas que asume, y las consecuencias de esta influencia, se empieza a ver una de las metas de la vida humana sobre la tierra y a comprender que el ser humano está entre las más grandes fuerzas cósmicas.

Con el aporte de su inteligencia, el ser humano se revela en efecto como el continuador de la creación, casi como si fuese enviado para emplear su fuerza para ayudar a la creación acelerando su ritmo (como dice Huxley) y perfeccionándola ejerciendo un control sobre la vida misma.

Así, el estudio de la embriología deja de ser abstracto e infructuoso.

Si con un esfuerzo de la imaginación pensamos que el desarrollo psicológico sigue un proceso similar, podemos imaginar que el ser humano, que hoy puede actuar sobre la vida para crear nuevos tipos de desarrollo más elevado, podría también ayudar a y controlar la formación psicológica de los seres humanos.

Porque también el desarrollo psicológico del niño y no solo el del cuerpo parece dirigido por el mismo diseño creativo de la naturaleza.

La psique humana también surge de la nada o, al menos, de lo que parece ser nada, del mismo modo que el cuerpo surge de aquella célula primitiva que no parece en absoluto diferente de las demás.

En el neonato, también psicológicamente hablando, parece que no hay nada construido, así como no había un hombre ya hecho en la célula primitiva. Se da al principio un proceso de acumulación de material, análogo al proceso de acumulación de células mediante multiplicación que ya hemos visto. En el terreno psicológico, esta actividad acumulativa actúa gracias a algo que he denominado la mente absorbente; también en el campo psicológico, los órganos se construyen en torno a un punto de sensibilidad. Los puntos de sensibilidad se crean a continuación, y son tan intensos en su actividad que los adultos no los pueden recrear en sí mismos ni imaginar algo similar. Nos hemos referido a ellos aquí al hablar de la conquista del lenguaje. A partir de estos puntos de sensibilidad no se desarrolla la psiquis, sino los órganos de la psiquis. También en este campo cada órgano se desarrolla independientemente del otro: así se determinan el lenguaje, la capacidad de calcular las distancias, de orientarse en el ambiente, de mantenerse erguido sobre las piernas y otras formas de coordinación. Cada una de estas facultades desarrolla un interés independiente de las demás: y este punto de sensibilidad es tan agudo que es capaz de empujar al individuo a llevar a cabo una serie de acciones. Ninguna de estas sensibilidades ocupa todo el periodo del desarrollo; cada una de ellas tiene una duración suficiente para asegurar la construcción de un órgano psicológico. Cuando el órgano se ha formado, la sensibilidad desaparece; durante este periodo actúan energías tan fuertes que no podemos ni siquiera imaginarlas, porque las hemos perdido de manera que no podemos ya recordarlas. Cuando todos los órganos están listos, se unen entre sí para formar lo que denominamos la unidad psicológica.

El mismo De Vries, que enunció la teoría de las mutaciones, fue quien descubrió en un insecto la presencia de estas sensibilidades temporales, cuyo objetivo era orientar al insecto a actividades que aseguraban su supervivencia y su desarrollo inmediatamente después del nacimiento. Este segundo descubrimiento condujo a estudios biológicos y psicológicos sobre diferentes animales. De ellos surgieron una serie de teorías sostenidas con ardor por diferentes grupos de expertos hasta que, en mitad del caos de las numerosas hipótesis, un psicólogo estadounidense, Watson, trató de zanjar la cuestión.

«Dejemos a un lado las cosas que no podemos verificar —propuso— y ciñámonos a los hechos seguros: es seguro el comportamiento de los animales, tomémoslo como base de nuevas investigaciones.»

Él usó las manifestaciones externas como guía para profundizar en los fenómenos de la vida con más seguridad; y comenzó a abordar la conducta humana y la psicología del niño como a algo que podemos comprender más directamente; no obstante, constató que en el niño no hay rastro de un comportamiento establecido y confirmó que no hay instintos, ni herencias psicológicas, sino que los actos del ser humano se deben a una serie de reflejos superpuestos en planos cada vez más elevados. Así surgió y se propagó en Estados Unidos la teoría del *behaviourism* (conductismo) que, sin embargo, suscitó rápidamente oposición y críticas por parte de quienes la consideraron prematura y superficial.

Pero el interés que dicha teoría suscitaba empujó a dos científicos estadounidenses a verificar y estudiar el comportamiento con nuevas investigaciones sistemáticas según los criterios experimentales habituales.

Fueron Coghill y Gesell. El primero hizo nuevas investigaciones de embriología para intentar aclarar la cuestión del comportamiento, y Gesell asumió la tarea de indagar sistemáticamente en el desarrollo de los niños, para lo cual fundó su famoso laboratorio de psicología, que todos estudian hoy con interés.

En 1929 se hizo público el descubrimiento de Coghill, biólogo de Filadelfia, que estudió durante muchos años el desarrollo embrionario de un solo tipo de animal: una especie inferior de anfibio, el *Ambystoma*, que era especialmente adecuado para arrojar luz sobre las investigaciones debido a la simplicidad de su estructura. Lo estudió durante muchos años porque los hechos observados parecían contradecir demasiado las convicciones arraigadas en la biología. Él siempre hallaba, a pesar de repetir siempre los mismos experimentos cada vez con mayor exactitud, que los centros nerviosos en el cerebro se desarrollaban antes que los órganos que dirigirían en el futuro: el centro de la visión antes que los nervios ópticos. ¿Por qué los centros, que deberían haberse formado a partir de la función de los órganos en el ambiente y que, por tanto, tendrían que haberse formado después, por herencia embrionaria, se presentaban en cambio con anterioridad no solo a los órganos, sino también a las vías de comunicación con ellos?

Las investigaciones de Coghill han sido una gran contribución al estudio de hechos reales del comportamiento de los animales y han puesto de manifiesto una idea insospechada: que los órganos se desarrollan después que los centros y, precisamente, para conformarse en correspondencia con los servicios que deberán llevar a cabo sobre el ambiente. De esto se concluye no solo la herencia de la conducta (análoga a la herencia de los instintos), sino también la idea nueva de que la forma de los órganos se modela según el diseño del comportamiento sobre el ambiente.

Se constatan en la naturaleza, en efecto, admirables correspondencias entre la forma de los órganos y las funciones que el animal desarrolla sobre el ambiente, aun cuando estas no conllevan un beneficio directo para el animal. Los insectos que succionan el néctar de las flores desarrollan trompas adaptadas al largo de la corola de dichas flores, pero desarrollan también el vello para recoger el polen con el que fertilizarán las que visitarán después; el oso hormiguero tiene una boca tan pequeña que permite solo la salida de una lengua, vermiforme y cubierta de una sustancia pegajosa para recoger las hormigas, etc.

Pero, ¿por qué pasa esto en los animales? ¿Por qué unos se arrastran y otros saltan o trepan? ¿Y por qué unos solo comen hormigas y otros se adaptan precisamente a una flor determinada? ¿Y por qué algunos comen seres vivos y otros, en cambio, cadáveres repugnantes? ¿Algunos hierba o madera y otros incluso la hojarasca? ¿A qué se debe la gran diversidad de especies distintas? ¿Por qué tienen un comportamiento fijo y tan distinto entre ellas? ¿Por qué unos tienen instintos agresivos y feroces y otros son tímidos y miedosos? ¿Acaso el objetivo de los seres vivos no es solo sobrevivir, vencer en la lucha por la existencia mediante la adquisición del ambiente de lo que mejor sirva para el propio bienestar decidiendo libremente, como explicaba el evolucionismo darwiniano? Así pues, el *élan vital* no avanza solo para perfeccionarse sucesivamente, en una serie de formas. Y, por tanto, el perfeccionamiento no es tampoco la auténtica finalidad de la vida.

¡Ideas de arrolladora fuerza innovadora! Según el nuevo punto de vista, los objetivos de los seres vivos parecen más bien corresponderse con funciones necesarias para el ambiente, casi como si los seres vivos fuesen agentes de la creación encargados de llevar a cabo unas tareas determinadas, como si fuesen los empleados de una casa o de una gran empresa. La armonía de la naturaleza sobre la superficie de la tierra se alcanza mediante el esfuerzo de los seres vivos que ejercen, cada uno, su propia tarea. Los comportamientos se corresponden también con este objetivo y, en consecuencia, se extienden más allá de las meras necesidades vitales de la especie.

Entonces, ¿qué pensar de las ideas sobre la evolución que gozaron durante mucho tiempo y de forma exclusiva de tanta autoridad en el campo de la ciencia? ¿Deben quizás abandonarse? No; solo ampliar sus límites. La evolución no puede, ciertamente, ser considerada en su antigua forma lineal: es decir, como una sucesión de progresos hacia un fin de perfeccionamiento indefinido. Hoy, la idea de evolución se amplía y se extiende sobre un campo bidimensional que incluye las correspondencias funcionales directas y lejanas entre las diversas funciones de los seres vivos.

Estas relaciones no deben entenderse como una ayuda recíproca directa, sino como orientadas especialmente hacia un fin universal relativo al ambiente: hacia el conjunto de la naturaleza. Del orden resultante, todos reciben los elementos necesarios para la propia existencia.

Que la vida podría tener también una función destinada a la tierra había sido constatado por los geólogos desde el siglo pasado. Más aún, en la época de Darwin, fue precisamente el geólogo Lyell[15] quien ilustró la sucesión real de las especies a lo largo de las épocas geológicas estudiando los restos animales en la estratificación de las rocas, lo que dio una idea sobre la antigüedad de la vida sobre la tierra. Pero más tarde otros geólogos ilustraron el *behaviour* en relación con las conductas terrestres. El tratado *La terra e la vita* (La tierra y la vida) de Friedrich Ratzel[16], un geólogo alemán, llegó a ser célebre también a principios de nuestro siglo. Siguieron más escritos llenos de descubrimientos y de deducciones. Fueron hallados, con estupor al principio, restos de animales marinos también en las rocas del Himalaya, de los Alpes y en muchos yacimientos de las montañas. Parecía la «firma» dejada por constructores desconocidos, que prepararon la reconstrucción del mundo derrumbado. Sin duda, fueron animales que contribuyeron a la construcción de la tierra en un proceso que se puede seguir también hoy en las islas de coral que afloraron sobre las aguas de los grandes océanos.

A continuación, los estudios y las comprobaciones se extendieron: la naturaleza sobre la tierra no fue modelada únicamente por

---

15. Lyell, Charles. Véanse sus obras: *Principles of geology* (Cambridge University Press, Cambridge, 2009), *Elements of geology* (Book on demand Ltd, Londres, 2013); *Travels in North America* (Cambridge University Press, Cambridge, 2010).

16. Ratzel, Friedrich, *La terra e la vita*, Utet, Turín, vol. I, 1905; vol. II, 1907.

el clima y los vientos, sino también por la contribución esencial de las plantas, los animales y los seres humanos. El geólogo italiano Antonio Stopparti, al señalar la función de los seres vivos en relación con las condiciones de la tierra, acabó por exclamar: «Todos los animales forman un ejército disciplinado y aguerrido, que lucha por conservar la armonía de la naturaleza».

Pero hoy no es necesario recurrir a observaciones aisladas y parciales, puesto que ha surgido una ciencia especial, la ecología. Esta ciencia estudia la correspondencia de los seres vivos entre sí y ha dado a conocer con detalle la función recíproca de los comportamientos en un modo tan minucioso como para convertirse casi en una ciencia económica de la naturaleza, para dar forma a una guía práctica a la que se puede recurrir para resolver problemas locales, como se haría para la agricultura científica. Por ejemplo, se recurre a la ecología para defender un terreno de plantas importadas, demasiado invasivas, contra las cuales la obra del ser humano no basta; esta ciencia indica la necesidad de importar al lugar también a los insectos capaces de destruir dichas plantas, es decir, capaces de establecer el equilibrio necesario, por ejemplo, como ha sucedido especialmente en Australia.[17]

La ecología podría denominarse biología práctica, basada en las relaciones entre los seres vivos, más que en las características concretas de las especies.

Los conocimientos modernos son más comprensibles y utilizables en la vida práctica porque la idea de la evolución se completa con las funciones sobre el ambiente y se acerca más a la verdad en su unicidad. Son estas funciones las que aparecen como la parte más iluminadora y concluyente: la vida no está sobre la tierra solo para conservarse a sí misma, sino para llevar a cabo una labor esencial en la creación y, por tanto, necesaria para todos los seres vivos.

---

17. Se puede hallar una descripción completa de la vida en todos sus aspectos en la obra de Wells, Herbert George; Huxley, Julian; Wells, George Philip, *The Science of Life*, Cassell & Co., Londres, 1931.

Un plan, un método

Ni los descubrimientos, ni las teorías que derivan de las conquistas modernas explican el misterio de la vida, pero cada nuevo detalle que sale a la luz suma algo a nuestra comprensión de esta.

Los hechos externos que pueden ser plenamente observados ofrecen más tarde guías prácticas que deben ser utilizadas. Quienes, como nosotros, se ocupan de ayudar a la vida mediante la educación del niño no pueden prescindir de considerar al infante un ser vivo en periodo de crecimiento; ni de buscar, o tratar de interpretar, cuál es su posición en la biología, es decir, en el ámbito total de la vida. Porque la idea lineal de la evolución que explica la descendencia mediante la adaptación, la herencia y el impulso del perfeccionamiento ya no basta. Existe otra fuerza, que no es solo un impulso de supervivencia, sino que es una fuerza que armoniza todas las tareas entre sí.

De este modo, además del impulso vital de crear y perfeccionarse, en el niño tiene que existir otro objetivo: una tarea que cumplir en armonía y al servicio de un conjunto.

He oído formular esta pregunta: «¿Cuál será la tarea del niño?».

No se puede avanzar con seguridad en el camino hacia una educación científica sin detenerse a resolver esta cuestión.

Porque el infante tiene una doble tarea; si se considera solo una, la de crecer, existe el peligro de suprimir sus mejores energías.

Se puede concluir que, al nacer, el niño tiene algunas potencialidades constructivas que se deben desarrollar a costa del ambiente.

El infante procede de la nada en el sentido de que no tiene cualidades psicológicas, ni habilidades motrices preestablecidas, pero tiene en sí algunas potencialidades que determinan su desarrollo, al tomar los caracteres del ambiente que lo circunda.

Esta nada del niño recién nacido es comparable a esa otra nada aparente que es la célula germinal.

Es, en verdad, una idea difícil de aceptar. Wolff suscitó un gran asombro en su tiempo, precisamente, porque demostró que el cuerpo vivo se construye a sí mismo y que no existe una formación previa propia, como creían los filósofos de entonces.

En el caso del niño, sorprende también la idea de que el neonato no lleva consigo ninguna de las adquisiciones de su raza, de sus parientes, sino que es él mismo quien las construye. Esto sucede en todas partes, en las razas más diversas y primitivas, en los pueblos más civilizados y en cada lugar de la tierra. En todas partes el infante es siempre el mismo ser inerte, vacío, insignificante.

Pero en él existe un poder global, una «esencia humana creativa» que lo impulsa a formar el ser humano de su tiempo, de su civilización; y en su facultad absorbente se comporta según leyes de crecimiento que son universales para toda la humanidad.

Su tarea es ejecutar el presente de una vida que está en evolución, que se remonta centenares y miles de años en el pasado de su civilización y que tiene ante sí un porvenir de miles o quizás millones de años. Esto es, un presente que no tiene límites en el pasado, como no los tiene en el futuro y que no es nunca igual a sí mismo.

Es difícil llevar a cabo esta división de tareas necesaria entre infante y adulto en un único fenómeno de progreso al que le ha sido cerrada la transmisión hereditaria de caracteres.

La «neutralidad» del niño, la indiferencia biológica para asumir cualquier cosa que encuentra a su alrededor y convertirla en los caracteres de su propia personalidad, impresiona como una prueba real de la unidad en el género humano.

Es la conquista de esta verdad la que, precisamente, ha impulsado en los últimos años a emprender estudios sobre grupos humanos menos evolucionados, para encontrar pruebas de este fenómeno sorprendente.

La doctora Ruth Benedict cuenta, en su reciente publicación *Patterns of Culture* (Patrones de cultura) (Rutledge & Kegan Paul, Nueva York, 1953), que una misión francesa de estos estudios etnológicos modernos se dirigió a la Patagonia, donde existen todavía razas que se consideran las más primitivas que sobreviven, mantenidas en el nivel y en la forma social de la edad de piedra. Estas personas, que temen al hombre blanco, huyeron cuando estos aparecieron. Pero en la fuga, ese grupo de patagones dejó abandonada una niña recién nacida, que fue recogida por la misión, y hoy es una joven inteligente, que habla dos idiomas europeos, tiene costumbres occidentales, es católica y estudia biología en la universidad. En el curso de dieciocho años, ella pasó prácticamente de la edad de piedra a la era atómica.

En el inicio de la vida el individuo puede, por lo tanto, llevar a cabo tales prodigios sin esfuerzo, de modo inconsciente.

La absorción de los caracteres es un hecho vital que recuerda el hecho físico del mimetismo, que es raro, pero no tan excepcional como se creía en el pasado. Los fenómenos de mimetismo son cada vez más y más frecuentes, hasta el punto de que un sector entero del Museo Zoológico de Berlín se ha destinado a presentar una rica muestra de ellos. El fenómeno del mimetismo es un carácter de defensa, que consiste en absorber en el propio cuerpo la apariencia del ambiente. Lo es la piel blanca del oso polar, la forma de hoja de las alas de algunas mariposas, la apariencia de tallos o de ramitas verdes de otros insectos o el aplanamiento y la apariencia terrosa de algunos peces.

La reproducción en el individuo de los caracteres del ambiente es independiente de la historia de dichos caracteres; y tampoco depende de «conocerlos». Muchos animales solo observan algunos aspectos y caracteres del ambiente, otros los absorben.

Este ejemplo vital puede ayudar a comprender el fenómeno psicológico que tiene lugar en el infante, aunque sea de otro género.

EL EMBRIÓN ESPIRITUAL

El recién nacido, en consecuencia, debe emprender un trabajo formativo que, en el campo psicológico, recuerda al que tiene lugar en el cuerpo durante el periodo embrionario. Se encuentra en un periodo de vida que ya no es el de embrión físico, pero que tampoco es similar al del hombre por él formado. Este periodo postnatal, que se puede definir como «periodo formativo», es una etapa de vida embrionaria constructiva que convierte al infante en un Embrión Espiritual.

Así, la humanidad tiene dos periodos embrionarios: uno es prenatal, similar al de los animales, y el otro es postnatal, exclusivo del ser humano. De este modo se interpreta el fenómeno que distingue al ser humano de los animales: la larga infancia.

Es en dicha infancia donde se reconoce una barrera neta entre los animales y el ser humano, con ella el ser humano se presenta sobre la tierra como un ser aparte, cuyas funciones no son ni la continuación ni la derivación de las que se manifestaron en los animales superiores. Representa un salto en la vida: la acometida de nuevos destinos.

Lo que permite distinguir las especies son sus diferencias, no sus semejanzas. Las especies nuevas deben tener algo nuevo, no pueden ser una simple derivación de las antiguas: se presentan como originales y productivas de caracteres que nunca existieron antes. La obra es original y creativa y denota un nuevo impulso de la vida.

Así, cuando aparecieron los mamíferos y los pájaros, estos trajeron novedades y no copias, o adaptaciones, o continuaciones de seres precedentes. Las novedades que se manifestaron con la desaparición de los dinosaurios fueron, en los pájaros, la defensa apasionada de los huevos, la construcción de los nidos, la protección de las crías y el coraje al defenderlas; mientras que los reptiles insensibles abandonaban sus huevos. Y los mamíferos superaron a las aves en la protección de la especie: no hicieron nidos, sino que dejaron que los nuevos seres se desarrollasen dentro del propio cuerpo, elaborando su nutrición con la propia sangre.

Estos eran nuevos caracteres.

Un nuevo carácter es, pues, el del ser humano, que tiene una doble vida embrionaria, un nuevo diseño y un nuevo destino en comparación con los demás seres.

Este es el punto en el cual nos tenemos que detener y a partir del cual debemos retomar el estudio de todo el desarrollo del infante y del adulto desde el punto de vista psicológico. Si la labor del ser humano sobre la tierra está relacionada con su espíritu y con su inteligencia creativa, espíritu e inteligencia deben constituir el eje de la existencia individual y de todas las funciones del cuerpo. En torno a esto se organiza su comportamiento, y también la fisiología de sus órganos. El ser humano entero se desarrolla dentro de un halo espiritual.

Hoy también nosotros, occidentales, comenzamos a encaminarnos hacia esta idea especialmente clara en las filosofías de la India: mediante experiencias prácticas, vamos descubriendo perturbaciones psicológicas que dependen de hechos psicológicos, porque el espíritu no se abocó a controlarlos.

Si el ser humano está sostenido por y depende de «un halo espiritual que lo envuelve» y del cual obtiene la organización de su comportamiento individual, los primeros cuidados, preeminentes sobre todos los demás, deberán dirigirse en especial a la vida psicológica del neonato, y no solo a la vida física como sucede hoy.

El niño, medio de adaptación

El niño no adquiere en su desarrollo solo las facultades humanas, la fuerza, la inteligencia, el lenguaje; sino que al mismo tiempo adapta al ser que construye a las condiciones del ambiente. Y para esto sirve la virtud de su particular forma psicológica que es diferente de la del adulto. El infante tiene con el ambiente una relación diferente a la nuestra. Los adultos admiran el ambiente, pueden recordarlo, pero los niños lo absorben. El infante no recuerda las cosas que ve, sino que estas cosas forman parte de su psiquis; encarna en sí mismo las cosas que ve y oye. Mientras en nosotros, adultos, nada cambia, en el infante tienen lugar transformaciones; nosotros solamente recordamos el ambiente, mientras que el niño se adapta a él. Esta forma especial de memoria vital, que no recuerda conscientemente, pero que absorbe la imagen en la vida misma, ha sido denominada por Percy Nunn con un nombre especial: «mneme».[18]

Un ejemplo, como hemos visto, procede del lenguaje. El infante no recuerda sus sonidos, sin embargo, los encarna y los pronunciará después a la perfección. Habla la lengua según sus complicadas reglas y según sus excepciones, no porque las haya estudiado, ni por un simple ejercicio de memoria; su memoria tal vez no la retiene nunca conscientemente y, no obstante, esta lengua viene a formar parte de su psiquis y de sí mismo. Se trata, indudablemente, de un fenómeno diferente de la pura actividad memorística, se trata de una característica psicológica que distingue uno de los aspectos de la personalidad psicológica del niño. Hay en el infante, hacia cualquier cosa que exista en el ambiente, una sensibilidad absorbente, y solo con la observación y la asimilación del ambiente es posible la

---

18. La palabra *mneme* fue introducida en este ámbito por primera vez por el biólogo alemán Richard Semon, pero Percy Nunn le dio un sentido más amplio y ha desarrollado el concepto en su obra *Hormic theory*. Es en este sentido en el que nosotros usamos la palabra, igual que los conceptos: *horme* y *engrams*. Para referencias adicionales se aconseja al lector consultar el excelente libro de sir Percy Nunn *Education, its data and first principles*, Cornell University Library, Londres, 2009 (primera edición 1920).

adaptación: dicha forma de actividad revela un poder subconsciente que justamente es solo del niño.

El primer periodo de la vida es el de la adaptación. Debemos aclarar bien qué significa adaptación en este caso y debemos distinguirla de la adaptación del adulto. La adaptabilidad biológica del niño es aquella que hace del lugar donde se ha nacido el único donde se desea vivir, justamente como la única lengua que se habla bien es la lengua materna. Un adulto que va a un país que no es el suyo no se adaptará nunca a él del mismo modo y en el mismo grado que a su país de origen. Tomemos el ejemplo de quienes se trasladan voluntariamente a países lejanos, como los misioneros: acuden por voluntad propia a cumplir su labor en tierras desconocidas, pero si hablamos con ellos nos dirán: «Nosotros sacrificamos nuestra vida viviendo en este país». He aquí una confesión que denota las limitaciones de la adaptabilidad en el adulto.

Volvamos al niño. El infante ama la localidad en la que ha nacido, da igual cuál sea, de modo que, por dura que pueda ser la vida en el país natal, no podrá ser nunca igual de feliz en otro lugar. El ser humano que ama las llanuras gélidas de Finlandia, así como el que ama las dunas de Holanda, recibió esta adaptación, este amor por la patria, del niño que fue.

El niño lleva a cabo esta adaptación de modo que el adulto se encuentra más tarde listo, es decir, adaptado, para sentir que encaja en su país, sentir proclividad a amarlo, a fascinarse con él, hasta el punto de no encontrar felicidad ni paz en ningún otro lugar.

Tiempo atrás, en Italia, quien nacía en un pueblo allí vivía y moría sin haberse alejado nunca de él. Más tarde, con la unificación de Italia, quien dejaba su pueblo natal porque se casaba o por trabajo, pasado algún tiempo, daba muestras a menudo de una extraña enfermedad: palidez, tristeza, debilidad, anemia. Se intentaban muchas curas para esta peculiar de enfermedad y, después de probarlas todas, el médico aconsejaba el retorno de quien la padecía a su tierra natal. Y el consejo era casi siempre acompañado por un óptimo resultado: el enfermo recuperaba lozanía y salud. Se acostumbraba a decir que el aire de la tierra natal valía más que cualquier cura, aunque el clima de dicho lugar fuese mucho peor que el del lugar al que el individuo se había mudado. Lo que necesitaban estos enfermos era la quietud que ofrecía a su subconsciente el lugar sencillo en el que habían vivido de niños.

Nada es más importante que esta forma absorbente de psiquis que forma al ser humano y lo hace apto para cualquier contexto social, clima y país. Sobre esta forma absorbente se basa nuestro estudio. Es necesario pensar que quien dice: «Yo amo mi pueblo» no dice nada superficial o artificioso, sino que revela algo que es parte esencial de sí mismo y de su vida.

Podemos comprender, pues, cómo el infante, gracias a esta particular psiquis suya, absorbe las costumbres y los hábitos del país donde vive, de modo que se forma el individuo típico de su raza. Este comportamiento «local» del ser humano es una construcción misteriosa que tiene lugar durante la infancia. Es evidente que las costumbres y la mentalidad especiales de un ambiente son adquiridas por el ser humano porque ninguna de ellas puede ser natural en la humanidad.[19] Tenemos así una imagen más completa de la actividad del niño; él construye un comportamiento no solo adecuado al tiempo y al lugar, sino también a la mentalidad local. En India, el respeto por la vida es tan grande como para inducir también a la veneración de los animales y tal veneración ha quedado como elemento esencial en la conciencia de este pueblo. Ahora bien, este sentimiento no puede ser adquirido por una persona adulta; no basta decir: «La vida debe ser respetada» para hacer nuestro ese sentimiento. Yo puedo decir que los indios tienen razón, sentir que yo también debo respetar la vida de los animales, pero en mí esto no será nunca un sentimiento, sino un razonamiento. Esa especie de adoración que los indios tienen por las vacas, por ejemplo, no la podremos sentir nunca nosotros, como a

19. Una convincente prueba de esta verdad puede encontrarse en el libro de la doctora Ruth Benedict *Patterns of culture*, Routledge & Kegan Paul, Londres, 1935.

la inversa el indio nunca podrá liberar la propia conciencia de este sentimiento. Estos caracteres parecen, por lo tanto, hereditarios, y sin embargo son adquiridos del ambiente por el niño. Nosotros vimos una vez, en un jardín anexo a la escuela Montessori local, un pequeño niño hindú de poco más de dos años que miraba intensamente el suelo y que con la punta de un dedo parecía trazar una línea. Había allí una hormiga que había perdido dos patitas y avanzaba con dificultad: el niño había sido atraído por esta desventura y trataba de facilitar el camino preparando con el dedo una calle. ¿Quién no hubiera dicho que el niño hindú «hereda» estos sentimientos de simpatía hacia los animales?

He aquí que se acercó otro niño que, atraído por esas maniobras, vio la hormiga, le puso un pie encima y la aplastó. El segundo niño era musulmán. Un niño cristiano hubiera hecho probablemente lo mismo o hubiera seguido su camino con indiferencia: se habría podido pensar que en él estaba presente por herencia el sentido de la absoluta barrera que separa a los seres humanos de los animales, y por la cual el respeto y la caridad están reservadas solo a los primeros.

Otros pueblos tienen otras religiones, e incluso cuando el espíritu de un pueblo termina por repudiarlas, el corazón se siente inquieto e incómodo. Estas formas de fe y estos sentimientos forman parte de nosotros, como decimos en Europa: «Los llevamos en la sangre». Todos los hábitos sociales y morales que forman el conjunto de la personalidad, los sentimientos de casta y cada especie de otros sentimientos que caracterizan a un italiano típico, a un típico inglés, se construyen durante la infancia por obra de ese misterioso poder psicológico que los psicólogos llaman «mneme». Esta verdad vale también para ciertos tipos de movimientos característicos que distinguen a las diversas razas. Algunas poblaciones africanas desarrollan y fijan en sí cualidades suscitadas por la necesidad de defensa contra animales feroces. Algunas hacen ejercicios apropiados, instintivamente, para aguzar su oído. De aquí resulta que la agudeza del oído es una de las características de los individuos pertenecientes a estas tribus en concreto. Del mismo modo, todas las características son absorbidas por el niño para ser fijadas para siempre, de tal manera que si también la razón las rechaza, algo de ellas persiste siempre en el subconsciente del adulto, porque lo que se ha formado en el niño no puede ser nunca destruido del todo. Esta «mneme», que se puede considerar una memoria natural superior, no solo crea las características, sino que las mantiene vivas en el individuo: lo que el infante ha formado permanece adquirido para siempre en la personalidad, de modo que cada ser humano termina por tener su propio carácter individual.

Querer transformar a los individuos adultos es vano. Cuando se dice: «Esta persona no sabe cómo comportarse», o se observa que este o aquel individuo tiene una conducta incorrecta, podemos a menudo suscitar en quien nos dirigimos una sensación de humillación; podemos inducir a la persona a reconocer que tiene mal carácter, pero el hecho es que este carácter no se puede cambiar.

El mismo fenómeno explica la adaptación, por llamarla de alguna manera, a las diferentes épocas de la historia; porque mientras un adulto de los tiempos antiguos no se podría adaptar a los tiempos modernos, el niño se adapta al nivel de civilización que encuentra, sea el que sea, y logra construir un hombre adaptado a sus tiempos y a sus costumbres. Esto nos prueba que la función de la infancia en la ontogénesis del ser humano es adaptar el individuo a su ambiente, construyendo un modelo de comportamiento que lo haga capaz de actuar libremente en dicho ambiente y de influir en él.

En consecuencia, hoy el niño debe ser considerado un punto de unión, anillo de conjunción entre las diversas fases de la historia y los diversos niveles de civilización. La infancia es un periodo verdaderamente importante, porque cuando se quieren infundir nuevas ideas, modificar o mejorar hábitos y costumbres del país, acentuar más vigorosamente las características de un pueblo, debemos tomar como instrumento al niño, pues demasiado poco se obtiene de los adultos. Si se aspira de verdad a condiciones mejores, a una mayor luz de civilización en el pueblo, hay que pensar en el niño para obtener los resultados a los cuales se apunta. En los últimos tiempos de la ocupación inglesa, una familia de diplomáticos mandaba frecuentemente a sus dos hijos, acompañados de una institutriz india, a comer a un hotel de lujo, y allí la institutriz, sentada en el suelo, les enseñaba a tomar el plato de arroz con las manos, como es costumbre en India. El objetivo era que los niños no crecieran con el desprecio y la repugnancia que suelen sentir los europeos al mirar a los indígenas cuando comen de ese modo. Porque son las costumbres, y los sentimientos que suscitan, las que constituyen uno de los motivos prevalentes de la incomprensión entre los pueblos. Si alguien cree que las costumbres están degeneradas y desea revivir las anteriores, solo se podrá operar sobre el infante; ningún resultado se obtendría dirigiéndose al adulto. Para ejercer una influencia sobre la sociedad es necesario dirigirse a la infancia. Nace de esta verdad la importancia de crear escuelas para niños, porque son ellos quienes llevan a cabo la construcción de la humanidad, y lo hacen con los elementos que les ofrecemos nosotros.

La gran acción que podemos ejercer sobre los niños tiene como medio el ambiente; porque el infante absorbe el ambiente, toma todo del ambiente y lo encarna en sí mismo. Con sus infinitas posibilidades, él puede llegar a ser el transformador de la humanidad del mismo modo que es su creador. Nos viene desde el niño una gran esperanza y una nueva visión: mucho quizás se podrá hacer con la educación para llevar a la humanidad a una mayor comprensión, a un mayor bienestar, a una mayor espiritualidad.

Vida psicoembrionaria

El niño debe ser cuidado desde el nacimiento y debe ser considerado, sobre todo, un ser dotado de vida psicológica. La vida del infante desde el nacimiento y desde los primeros días de su existencia, en efecto, requiere hoy ampliamente la atención de los psicólogos. Es un objeto interesante que parece que tiene que conducir a una nueva ciencia; como ya sucedió con el aspecto físico de la vida: la higiene física y la pediatría.

Entonces, si existe en el neonato una vida psicológica, esta debe haberse formado previamente, de otro modo no podría existir. También en el embrión, efectivamente, puede existir una vida psicológica: y cuando se acepta esta idea uno se pregunta en qué periodo de la vida embrionaria comienza. Como ya sabemos, puede suceder a veces que el niño nazca a los siete meses de gestación en vez de a los nueve (y a los siete meses el niño está ya completo como para poder vivir). Por eso, su vida psicológica es tan capaz de funcionar como la de un niño nacido a los nueves meses. Este ejemplo, sin que yo insista, basta para ilustrar lo que quiero decir cuando sostengo que toda vida es vida psicológica. En realidad, cada tipo de vida está dotado en distinta medida de energía psicológica, de una especie dada de psiquis individual, por más primitiva que sea dicha forma de vida. También si observamos los seres unicelulares hallamos que existe en ellos una forma de psiquis: se alejan del peligro, se acercan al alimento, etc.

Pero el infante, hasta hace algún tiempo, se consideraba privado de vida psicológica y solo recientemente, en el campo de la ciencia, se han empezado a tener en cuenta algunas particularidades de la vida psicológica humana, no observadas con anterioridad.

Algunos puntos se encendieron como nuevas luces en la conciencia de los adultos, y como nuevos indicios de responsabilidad. El nacimiento ha impactado de repente tanto en el ámbito de la literatura como en el de la psicología. Los psicólogos lo han definido como «la difícil aventura del nacimiento», refiriéndose al niño, no a la madre; al niño que sufre sin poder lamentarse y que lanza su grito cuando su esfuerzo y su sufrimiento han finalizado.

Tener que adaptarse de repente a un ambiente totalmente distinto de aquel en el que había vivido, tener que asumir inmediatamente funciones nunca antes ejercitadas, en las condiciones de indecible cansancio en las que se encuentra, constituyen la prueba más dura y dramática de toda la vida del ser humano. Esto concluyen los psicólogos, que para definir este momento crítico y decisivo han encontrado la expresión: «el terror del nacimiento».[20]

No se trata ciertamente de un temor consciente, pero si las facultades psicológicas conscientes del infante estuviesen desarrolladas, la pavorosa prueba del recién nacido se expresaría mediante estas preguntas: «¿Por qué me han arrojado en este mundo terrible? ¿Qué podré hacer? ¿Cómo podré vivir en un modo tan diferente? ¿Cómo me adaptaré a la aterradora cantidad de sonidos, yo que antes no había oído ni el más mínimo susurro? ¿Cómo podré asumir las dificilísimas funciones que tú, madre mía, cumplías por mí? ¿Cómo digerir y respirar? ¿Cómo resistir los terribles cambios del clima en el mundo yo, que en tu cuerpo he gozado de una temperatura siempre igual y tibia?». El niño no es consciente de lo que ha sucedido. Él no podría decir que sufre el trauma del nacimiento. Pero sí debe existir en él un sentimiento psicológico, aunque no sea consciente; él siente en el estado de subconsciencia y advierte aproximadamente cuanto hemos antes expresado.

Llega a ser natural a quien estudia la vida, entonces, considerar que el infante debe recibir ayuda en su primera adaptación al ambiente. Nunca debe olvidarse que el niño puede ser sensible al miedo. Muy a menudo se han observado niños que, al sumergirlos rápidamente en el agua en las primeras horas de vida, hacen movimientos como de quien se aferra al sentirse caer. Estas reacciones revelan en el niño el sentimiento del miedo. ¿Cómo ayuda la naturaleza al recién nacido? Indudablemente lo ayuda en esta difícil adaptación, por ejemplo, dando a las madres el instinto de tener al pequeño pegado al propio cuerpo para protegerlo de la luz, y la madre misma se convierte en impotente por parte de la naturaleza

20. Fue Otto Rank el primero en acuñar esta denominación en 1923, según la teoría del «trauma del nacimiento», sostenida por su mentor y docente Sigmund Freud. La teoría en su época no encontró pleno consenso y, sin embargo, hoy se sigue teniendo en cuenta en el estudio de la psicología de lo profundo.

en ese primer periodo de la vida de su criatura. Al mantenerse tranquila para el propio bien, comunica la necesaria calma al niño. Sucede como si en su subconsciente la madre reconociera el trauma de su bebé y lo tuviese cercano a ella para calentarlo con su calor y protegerlo de demasiadas impresiones.

En las madres, estos gestos de protección no están guiados por el entusiasmo que vemos en las progenitoras de las especies animales. Observemos, por ejemplo, a las gatas madres que esconden a sus pequeños en los rincones oscuros y se muestran celosas cuando alguien se acerca. El instinto de protección en las madres humanas es mucho menos atento y se ha ido perdiendo naturalmente. En cuanto nace el niño, hay ya quien lo toma en brazos, lo lava, lo viste, lo expone a la luz para ver mejor el color de sus ojos, siempre tratándolo como una cosa, más que como un ser animado. Ya no es la naturaleza la que guía, sino la razón humana, y la razón es falaz porque no está iluminada por la compresión y está habituada a considerar al infante como no dotado de psiquis.

Es evidente que este periodo, o más bien este breve momento del nacimiento, debe ser considerado aparte.

No concierne a la vida psicológica del niño en general, sino al primer encuentro del ser humano con el ambiente externo. Si estudiamos a los animales, veremos que la naturaleza ha dispuesto protecciones especiales para los mamíferos. La naturaleza ha dispuesto que las madres se aíslen del resto del rebaño justo antes de dar a luz a sus pequeños, y que permanezcan aisladas durante algún tiempo después del parto. Esto es evidente en los animales que viven en grandes grupos o rebaños, como caballos, vacas, elefantes, lobos, ciervos y perros. Todos se comportan del mismo modo. Durante este periodo de aislamiento, los pequeños nacidos de los animales tienen tiempo para adaptarse al nuevo ambiente. Viven aislados con la madre, que los rodea con su amor, con sus atentas premuras. En este periodo, el animal neonato empieza poco a poco a manifestar los comportamientos de su especie; de modo que, cuando la madre regresa con la manada, el pequeño entra en la comunidad preparado para vivir según un modo ya establecido. Es, no solo físicamente, sino también psicológicamente hablando, un pequeño caballo, un pequeño lobo, un pequeño cordero.

Podemos notar que, también cuando están domesticados, los mamíferos conservan estos instintos. En nuestras casas vemos al perro, al gato, cubrir con sus cuerpos a los recién nacidos; ellos reproducen los instintos de los animales en estado libre y practican esa intimidad que tiene todavía al neonato ligado a la madre. Se puede decir que el pequeño ha salido del cuerpo humano, pero no se ha separado de él. La naturaleza no podría haber dispuesto una ayuda más práctica para hacer gradual el paso entre las dos vidas.

Así interpretamos hoy este periodo: en los primerísimos días de vida se despiertan en los animales los instintos de la raza.

No es, pues, solo un auxilio instintivo suscitado y estimulado por circunstancias difíciles, y adecuado a ellas, sino que es un acto unido a la creación.

Si esto sucede con los animales, algo equivalente debe existir también para los seres humanos. No se trata solo de un momento difícil, sino de un momento decisivo para todo el porvenir. En este periodo tiene lugar una especie de despertar de potencialidades que deberán después dirigir el enorme trabajo creativo del infante: del embrión espiritual. Y dado que la naturaleza pone unas señales físicas evidentes en cada acontecimiento sucesivo del desarrollo psicológico, vemos que el cordón umbilical, que tenía al niño unido a la madre, se separa de su cuerpo varios días después del nacimiento. Este primer periodo es el más importante porque en él tienen lugar misteriosas preparaciones.

Así, no solo se debe tener en cuenta el trauma del nacimiento, sino también la posibilidad o no de poner en marcha los factores activos que deben existir sin duda. Porque si no existen en el infante unos caracteres ya establecidos, como sucede con el comportamiento de los animales, sí tienen que existir ciertas potencialidades para crearlos. El niño no espera, es verdad, que el recuerdo atávico de un comportamiento se despierte, sino que espera que se orienten algunas nebulosas, sin forma, pero llenas de energías potenciales, que deben dirigir y encarnar la conducta o comportamiento humano del ambiente y que nosotros hemos llamado «nébulas».[21]

La labor de adaptación que es tarea vital de la primera infancia se puede comparar a los «diseños» de la herencia del comportamiento que vienen en los embriones de los animales. Ellos nacen con todo preparado: la forma de los movimientos, las habilidades, la elección de la nutrición, los caracteres de defensa propios de la respectiva especie.

El ser humano, en cambio, ha tenido que preparar todo en la propia vida social: y el infante debe fijar los caracteres de su grupo social absorbiéndolos del exterior después del nacimiento.

Nacimiento y desarrollo

Por eso es interesante estudiar el desarrollo del niño teniendo en cuenta las funciones que cumple este como «mecanismo general» de la vida humana.

Ese neonato, incompleto también físicamente, debe completar el complicado ser que es el hombre. No tiene ningún «despertar de instintos», como tienen los animales recién nacidos en cuanto entran en contacto con el ambiente externo. Pero, ya nacido en el mundo, continúa una función de construcción embrionaria y elabora lo que después parece ser un «conjunto de instintos humanos».

Y, dado que nada es fijo en el ser humano, este debe construir toda la vida psicológica del hombre y todos los mecanismos motores que serán expresión de esta última.

21. Cuando se habla de «despertar de las nébulas» se hace referencia a un proceso similar al que en los animales induce el despertar de los instintos del comportamiento. Este sucede a los pocos días del nacimiento, en un periodo de tiempo limitado que es esencial para el desarrollo psicológico del ser humano. Para una mayor profundización, véase el libro: Montessori, Maria, *Formazione dell'uomo – Nebule e analfabetismo mondiale*, Garzanti, Milán, 1950.

Es un ser inerte que no puede ni siquiera sostener la cabeza: hará como ese niño resucitado por Cristo que se eleva para sentarse y luego se levanta, y Jesús lo restituye a la madre. Él será restituido al género humano que actúa sobre la tierra. Esa inercia de los movimientos recuerda el descubrimiento de Coghill: que los órganos se forman después de los centros, para prepararse para la acción.

También en el infante deben formarse algunos diseños psicológicos antes que el movimiento. De forma que el inicio de la actividad infantil es psicológico y no motriz.

La parte más importante del desarrollo del ser humano está en la vida psicológica, no en los movimientos; porque los movimientos deben ser creados según la guía y los dictámenes de la vida psicológica. La inteligencia distingue al ser humano de los animales: el primer acto del hombre en esta vida debe ser, por tanto, la construcción de la inteligencia.

El resto espera.

Los órganos mismos no están completos: el esqueleto no ha terminado de osificarse; los nervios del movimiento no se han completado aún con el revestimiento de mielina que los aísla entre sí y permite transmitir las órdenes del centro. Y así el cuerpo permanece inerte, como si estuviese solo esbozado.

Entonces, el ser humano crece sobre todo en inteligencia, mientras que el resto del desarrollo tiene lugar en función precisamente de esta vida psicológica de la que desarrolla las características.

Nada mejor que esta observación para demostrar la importancia del primer año de vida y cómo el desarrollo preeminente de la inteligencia es característico del hijo del hombre.

Ahora bien, el desarrollo del infante consta de muchas partes, todas determinadas en el tiempo de sucesión por leyes que son comunes a todos. Un estudio pormenorizado del desarrollo embrionario postnatal indica cuándo el cráneo se va completando y se van cerrando poco a poco las fontanelas, gracias al encuentro de partes cartilaginosas, y cuándo se completan suturas, como la frontal, y cómo después la forma total del cuerpo se modifica cambiando en modo característico las proporciones relativas y cuándo se alcanza la osificación definitiva en los miembros y en sus extremidades. Y es también conocido cuándo se mielinizan los nervios espinales, y cuándo el cerebelo, el órgano del equilibrio del cuerpo, que es muy reducido en el nacimiento, emprende un brusco y rápido crecimiento hasta alcanzar las proporciones normales con los hemisferios cerebrales. Por último, cómo se modifican las glándulas endócrinas y las fisiológicas de la digestión.

Estos estudios son bien conocidos desde hace mucho tiempo, y denotan sucesivos grados de «madurez» en el desarrollo físico en relación con el desarrollo fisiológico del sistema nervioso. Así, por ejemplo, el cuerpo no se podría sostenerse en equilibrio, y el niño no podría mantenerse sentado o erguido, si el cerebelo y los nervios no hubiesen alcanzado el grado de madurez correspondiente.

La educación o el ejercicio no podrían nunca desplazar los límites de estas posibilidades. Los órganos motores se muestran disponibles, poco a poco, con su maduración, a las órdenes psicológicas; los mismos que más adelante permitirán el movimiento al acometer, de forma no determinada, las experiencias con el ambiente.

Por medio de estas experiencias y estos ejercicios, se desarrollan la coordinación de los movimientos y, por último, la voluntad se apodera de ellos para sus fines.

El ser humano, a diferencia de los animales, no tiene movimientos coordinados fijos; debe construirlo todo a partir de sí mismo y no tiene fines, sino que debe buscarlos. En cambio, los pequeños mamíferos, en gran parte, caminan, corren y saltan desde el nacimiento; según su especie, ejecutarán rápidamente ejercicios difíciles, si así deben hacerlo, por herencia, como trepar o saltar obstáculos o huir rápidamente. El ser humano, en cambio, no trae consigo ninguna habilidad, pero es el ser vivo capaz de llegar a ejecutar los movimientos más variados y difíciles, como los de los artesanos, los acróbatas, bailarines, corredores o campeones deportivos.

Pero en estos casos no es la madurez de los órganos lo que actúa como causa; sino las experiencias con el ambiente, los ejercicios y la educación. Cada individuo llega a ser el creador de las propias habilidades, pese a disponer de una condición fisiológica que en sí misma no cambia. El ser humano es, en consecuencia, el creador del propio perfeccionamiento.

Ahora bien, es necesario distinguir, en relación con el infante, estas diferentes particularidades.

Para orientarse en el estudio del niño, es necesario antes que nada aceptar el hecho de que, aunque él se mueve cuando el cuerpo ofrece condiciones de madurez, no es que sus condiciones psicológicas sean dependientes de estas. En el ser humano, como sugeriremos, la psiquis es la primera en desarrollarse, y los órganos esperan el tiempo necesario para prepararse y para servirse de ellos. Y cuando los órganos entran en acción, el posterior desarrollo psicológico acontece siempre con la ayuda de movimientos mediante experiencias activas sobre el ambiente. Así, el niño que no puede servirse de sus órganos en cuanto están listos, encuentra obstáculos en su desarrollo mental. Como el desarrollo psicológico no tiene límites, en gran parte depende de las posibilidades de usar sus instrumentos de ejecución, de superar los lazos de la impotencia: pero se desarrolla en sí mismo.

El desarrollo psicológico está ligado solo a un misterio: al secreto de sus potencialidades latentes, que son distintas en cada individuo y que nosotros no podemos aún investigar cuando el niño se encuentra en la época psicoembrionaria.

En esta época solo podemos notar la uniformidad en todos los niños del mundo. Se puede decir: los niños son todos iguales desde el nacimiento, siguen el mismo modo de desarrollarse y las mismas leyes. Sucede en el campo psicológico lo que sucede en el embrión físico: la segmentación de las células pasa por los mismos estadios, hasta el punto de no permitir, casi, reconocer la diferencia entre embriones, incluso cuando las células, en su multiplicación, preparan seres vivos muy diferentes, de las especies más lejanas, como una lagartija, un pájaro o un conejo. Pero después, en los animales que se formaron del mismo modo, tiene lugar y se manifiesta una diferenciación profunda.

Del embrión espiritual podrá, igualmente, derivar un genio artístico, un dirigente de pueblos, un santo o un hombre mediocre. Y los hombres mediocres podrán tener diversas tendencias que los conducirán a elegir un punto distinto en la sociedad. Porque, precisamente, ellos no están destinados a hacer «la misma cosa», a tener «el mismo comportamiento», como sucede en los seres limitados a la herencia de su especie.

Pero este desarrollo, estos diferentes puntos de llegada no podemos preverlos, ni podemos tenerlos en cuenta durante el periodo formativo embrionario, ese periodo postnatal en el que tiene lugar la formación del ser humano.

En este periodo, los cuidados consisten en ayudar a la vida a desarrollarse, y la vida se desarrolla en todos del mismo modo. En todos está primero el periodo de «adaptación», en todos el desarrollo psicológico inicia las aventuras de la vida. Y si ese periodo recibe ayuda según las finalidades humanas, a todos les será concedida la ventaja de desarrollar mejor las potencialidades propias de cada individuo.

No puede haber, pues, más que un único medio de tratar o educar a los niños en la primera edad; y si la educación debe comenzar a partir del nacimiento, no puede haber más que un solo modo. No se puede, en consecuencia, hablar de métodos concretos para tratar a los niños indios, chinos o europeos, ni niños pertenecientes a diferentes clases sociales; sino un método que siga «la naturaleza humana que se despliega», porque todos tienen las mismas necesidades psicológicas y siguen el mismo procedimiento para alcanzar la construcción del ser humano: cada uno debe pasar a través de las mismas fases de crecimiento.

Y dado que esto no es una opinión, no podrá ser un filósofo, ni un pensador, ni un experimentador de laboratorio quien dicte o sugiera este método de educación.

Solo la naturaleza, que ha establecido tales leyes y ha determinado algunas necesidades en el ser humano en vías de desarrollo, puede dictar el método educativo determinado por el fin, que es el de satisfacer las necesidades y las leyes de la vida.

Estas leyes y estas necesidades las debe indicar el infante mismo en sus manifestaciones espontáneas y en su progreso, en la manifestación de su paz y de su felicidad, en la intensidad de sus esfuerzos y en la constancia de sus libres elecciones.

Nosotros debemos aprender de él y servirlo como mejor podamos.

Mientras tanto, los psicólogos han distinguido un periodo breve, pero decisivo, el nacimiento, del desarrollo sucesivo; y aunque sus interpretaciones estén ilustradas solo según conceptos freudianos, nos ofrecen datos reales y distinguen entre los «caracteres de regresión», relacionados directamente con el «trauma del nacimiento»; y los «caracteres de represión», relacionados con las circunstancias de la vida que pueden presentarse durante el desarrollo. Las regresiones no son represiones, sino que implican una especie de decisión inconsciente del neonato: ir hacia atrás, es decir, retroceder, en vez de progresar en el desarrollo.

Este «trauma del nacimiento», como se ha observado en la actualidad, conduciría a algo mucho más terrible que las protestas y el llanto del bebé, conduciría a caracteres erróneos que el infante asume en su desarrollo. Esto daría lugar a una transformación psicológica, o más bien a una desviación. En vez de tomar el camino que nosotros llamamos normal, el niño se desviaría hacia un camino errado.

En vez de progresar, los individuos que sufren una reacción negativa al «trauma del nacimiento» parece que permanecen ligados a algo que existía antes del nacimiento. Estos caracteres de regresión son muchos, pero todos presentan la misma manifestación. Se diría que el infante juzga este mundo y dice: «Yo vuelvo allí de donde he venido». Las largas horas de sueño del recién nacido se consideran normales, pero un sueño demasiado largo no es normal, ni siquiera en el neonato, y Freud lo considera una especie de refugio en el que el niño encuentra una defensa y expresa el sentido de repulsión psicológica que tiene ante el mundo y la vida.

Por otro lado, ¿no es quizás el sueño el reino del subconsciente? Si hay algo que turbe dolorosamente nuestra mente, buscamos en el sueño la paz: porque en el sueño hay ensoñaciones y no realidad, en el sueño está la vida sin la necesidad de la lucha. El sueño es un refugio, un alejarse del mundo. Otro hecho que hay que tener en cuenta es la posición del cuerpo en el sueño. En el neonato, la posición natural es tener las manos cerca del rostro y las piernas replegadas. Esta posición continúa, sin embargo, en algunos casos también en personas más adultas y significa, podríamos decir, refugiarse en una posición prenatal. Hay, además, otro hecho que expresa claramente un carácter de regresión: es el llanto del niño al despertarse, como si estuviese asustado, como si tuviese que revivir el terrible momento del nacimiento que conduce a un mundo tan difícil. A menudo, los pequeños sufren pesadillas que forman parte del terror de la vida.

Otra expresión de esta tendencia que se manifiesta más tarde es aferrarse a alguien casi por el temor a ser dejado solo. Tal apego no es sugerido por el afecto, sino que es más bien una expresión de miedo. El infante teme y desea permanecer siempre junto a alguien, preferiblemente la madre. No desea salir, le gustaría permanecer siempre en casa, aislado del mundo. Todo lo debería hacerlo feliz de su entorno, lo asusta y le suscita un sentimiento de repugnancia hacia nuevos experimentos. El ambiente, en vez de resultar atrayente, como debería serlo para una criatura en desarrollo, suscita, en cambio, rechazo y si el niño, ya desde la primera infancia, siente repulsión por el ambiente, que debería ser un medio de su desarrollo, no se desarrolla normalmente. No será nunca ese el niño que quiere conquistar, que está destinado a absorber todo entero su ambiente y encarnarlo en sí. Esta absorción le resultará difícil y no será nunca completa. Se podría decir que constituye la expresión del pensamiento: «vivir es sufrir». Todo le resultará fatigoso, también la respiración le parecerá difícil. Cada acto le implica ir en contra de la propia naturaleza. Los individuos de este tipo tienen mayor necesidad de sueño y de reposo que los demás. Hasta su digestión parece difícil. Es fácil imaginar qué vida se prepara en el futuro para este tipo de niño, puesto que tales caracteres no son solo de la vida presente. Es este el tipo de infante que llora fácilmente, que tiene siempre necesidad de ayuda de alguien, que es indolente, triste y depresivo. No son características efímeras: son las que lo acompañarán durante toda la vida. Como adulto, sentirá siempre repulsión por el mundo, miedo de encontrarse con otras personas, y será siempre tímido. Hallamos en estos individuos a seres inferiores en comparación con los demás en la lucha por la existencia, en la vida social, y a quienes faltará alegría, coraje y felicidad.

Esta es la terrible respuesta de la psiquis subconsciente. Con nuestra memoria consciente olvidamos, pero el subconsciente, aunque parece no sentir ni recordar, obra algo peor que el no recordar, pues las impresiones del subconsciente se imprimen en la mneme y se esculpen como características del individuo. Este es el gran peligro de la humanidad: el infante no cuidado al final de una formación normal se vengará luego de la sociedad por medio del individuo adulto que él mismo forma. Nuestro descuido no fomenta rebeldes, como sucedería entre los adultos, sino que forma individuos que son más débiles de lo que deberían ser; forma caracteres que se volverán un obstáculo para la vida del individuo e individuos que serán obstáculos para el progreso de la civilización.

«Nébulas»

Querría hacer hincapié en las observaciones que han empezado a hacerse y que tienden a dar importancia al momento del nacimiento para la vida psicológica del ser humano. Hasta ahora solo nos hemos detenido en las primeras observaciones; sobre los caracteres regresivos. Ahora es importante poner en relación estos caracteres con los hechos de la naturaleza, que revelan evidentemente en los mamíferos instintos protectores hacia los recién nacidos. Las conclusiones de los primeros naturalistas aportan una contribución útil para profundizar en la psicología del niño neonato: en los primeros días después del nacimiento los cuidados maternos, tan característicos y particulares, están relacionados con una especie de despertar de los instintos generales de la especie en el ser recién nacido.

Estos conceptos ponen de manifiesto lo necesario que es dar importancia a la adaptación del infante al ambiente externo y considerar la brusquedad que conlleva el nacimiento, que requiere un tratamiento, del mismo modo que la madre requiere también un cuidado especial. Madre y pequeño no corren los mismos peligros, pero sobrellevan juntos graves dificultades. Al final, lo que está en riesgo no es tanto la vida material del niño, cuya importancia es, sin embargo, grande, como su vida psicológica. Si la causa de los caracteres regresivos fuese solo el trauma del nacimiento, todos los niños los presentarían. He aquí por qué hemos recurrido a una hipótesis que conlleva la observación del ser humano y de los animales. Es evidente que algún hecho de suma importancia tiene lugar en los primeros días de vida; como afirmé más arriba, al despertar en los mamíferos de características hereditarias de la raza que están conectadas a su comportamiento debe corresponder algo similar también en el infante, que no tiene un modelo hereditario de comportamiento para seguir, sino que posee «potencialidades» aptas para desarrollarlo a expensas del ambiente externo.

En este plano, nosotros hemos formulado el concepto de «nébula», al comparar las energías creativas que guiarán al infante a «absorber el ambiente» con las «nebulosas», a partir de las cuales se forman mediante sucesivos procesos los cuerpos celestes. En la nebulosa astral, las partículas están tan separadas una de la otra, que no adquieren consistencia, pero sin embargo forman juntas algo que, a gran distancia, es visible como un cuerpo celeste. Podemos ahora imaginar un despertar de la «nébula» justamente como podríamos imaginar un despertar de los instintos hereditarios. Por ejemplo, de la «nébula» del lenguaje, el infante recibe estímulos y directivas para crear en sí mismo el lenguaje materno que es característico de su ambiente y que él absorbe según leyes determinadas. Gracias a las energías nebulares del lenguaje, el niño llega a ser capaz de distinguir los sonidos del lenguaje hablado de los demás sonidos y ruidos que le llegan mezclados de su ambiente, y es gracias a ellas que él adquiere la propiedad de encarnar el lenguaje como una característica racial. Lo mismo se puede decir de las características sociales que harán del niño un hombre de su raza.

La nébula del lenguaje no contiene las formas concretas del lenguaje que se desarrollarán en el infante, sino que de esta nebulosa, que el niño encontrará al nacer en el ambiente, podrá ser reconstruida cualquier lengua y se desarrollará en el mismo tiempo y con el mismo procedimiento en todos los infantes del mundo.

Vemos aquí una diferencia esencial entre el ser humano y el animal. Allí donde el animal recién nacido, casi inmediatamente, produce los sonidos característicos de su raza, para los que tiene un modelo heredado, el infante permanece mudo por un periodo más bien largo, después del cual habla el idioma que ha encontrado en su ambiente. Sucede así que un niño holandés crecido entre italianos hablará el italiano y no el neerlandés, a pesar de la larga herencia holandesa de sus progenitores.

El infante, queda claro, no hereda un modelo preestablecido de lenguaje, sino la posibilidad de construir uno mediante una actividad inconsciente de absorción. Esta potencialidad que puede ser comparada con el gen de la célula germinal, cuyo poder es el de orientar los tejidos de tal modo que formen y creen órganos precisos y complicados, es la que nosotros hemos llamado «nebulosa del lenguaje».

Así, las nébulas que corresponden a las funciones de adaptación al ambiente y de reproducción del comportamiento social, que el infante encuentra a su alrededor en el momento de nacer, no producen por herencia esos modelos de comportamiento que se han desarrollado en la raza durante su evolución concreta y por los cuales se ha alcanzado un nivel concreto de civilización; sino que estas nébulas dan al infante, después del nacimiento, la capacidad de absorber dichos modelos del ambiente. Y esto es igualmente verdadero para todas las funciones mentales, como Carrell justamente escribe, hablando de actividad mental: «El hijo de un científico no heredará ningún elemento del saber de su padre. Dejado solo en una isla desierta, no será superior a nuestros antepasados de Cromañón».[22]

Antes de continuar sobre esta materia, querría dejar clara una cosa. El lector puede tener la impresión de que, al hablar de nébulas, imaginamos potencialidades de instintos existentes por sí mismos, que oscurecerían la esencial unidad de la mente. Si hablamos de nébulas es solo por abrir un debate y no porque nos inclinemos por una idea atomística de la mente. El organismo mental es para nosotros una unidad dinámica, que transforma su estructura mediante experiencias activas conducidas sobre el ambiente y guiadas por una energía (horme)[23] de la cual las nébulas son modos o grados diferenciados y especializados.

Valoremos la posibilidad de que, por un hecho desconocido, la nébula del lenguaje no funcionara o permaneciera latente por un motivo desconocido; entonces el desarrollo del lenguaje faltaría. Esta anormalidad, que no es rara, constituye una forma de mutismo en niños que son perfectamente normales en cuanto a los órganos del oído y de la palabra, y en los que el cerebro es también normal. Son a menudo infantes inteligentes y tienen el mismo

---

22. Carrell, Alexis, *L'Homme cet inconnu,* cit., p.177.

23. La palabra *horme* deriva del griego όρμάω (excitar) y significa fuerza o estimulo vital. Para una descripción más detallada, véase también la nota del capítulo siguiente.

comportamiento social que los demás. He hallado algunos casos así frente a los que especialistas del oído, y del sistema nervioso, confesaban sentirse ante un misterio de la naturaleza. Sería interesante examinar estos casos e investigar qué sucedió en los primeros días de vida de estas criaturas.

Esta idea explicará muchos hechos que son todavía oscuros en otros campos, como por ejemplo los que se vinculan con la adaptación al ambiente social: idea que puede parecer científicamente más práctica que las presuntas consecuencias del «trauma del nacimiento». Yo considero que estos hechos de regresión psicológica se deben a la falta del estímulo vital que guía a la adaptación social. En estos casos, el infante, por la ausencia de una sensibilidad concreta, no absorbe nada, o absorbe de modo imperfecto su ambiente: en vez de convocatorias y atracciones siente repulsión hacia su entorno y, entonces, el desarrollo de lo que se llama «amor del ambiente», gracias al cual el individuo está llamado a alcanzar su independencia mediante sucesivas adquisiciones, no se produce.

Entonces los caracteres de la raza, las costumbres, la religión, etc., no son absorbidos normalmente y de esto resulta un verdadero anormal moral, un marginal, un extra social, que presenta muchas de las características regresivas ya indicadas. Si estas sensibilidades creativas existen en el hombre en vez de los modelos hereditarios de comportamiento y si, gracias a ellas, deben crearse las funciones de adaptación al ambiente, es evidente que estas sensibilidades forman la base de la entera vida psicológica. Base que se establece en los primeros años de vida. Pero ahora podemos preguntarnos: ¿hay causas a las que podemos atribuir un postergado o más bien fallido despertar de estas sensibilidades creativas? Para esta pregunta no hay todavía una respuesta y cada uno debería investigar en la vida de aquellos ante los cuales la ciencia se declara todavía incompetente y habla de misterio.

De momento he conocido un solo caso que puede representar un principio de investigación. Se trataba de un joven incapaz de disciplina y aplicación a cualquier estudio, un muchacho difícil, con un mal carácter que lo volvía intratable y lo condenaba al aislamiento. Era bello, de buena constitución y también inteligente. Pero había sufrido en los primeros quince días después del nacimiento una grave desnutrición, causa de una notable pérdida de peso, suficiente para haberlo reducido a un esqueleto, especialmente en el rostro. La nodriza, que fue llamada después para amamantarlo, lo encontraba desagradable y lo llamaba «el descarnado». Durante el resto de su vida, desde las primeras semanas del nacimiento en adelante, se había desarrollado con normalidad. Por lo demás, era un niño fuerte, de lo contrario habría muerto, pero el joven que sobrevivió estaba predestinado a la criminalidad.

No perdamos tiempo en torno a estas hipótesis que aún deben ser confirmadas, más bien consideremos un hecho de extrema importancia. Las nébulas de la sensibilidad dirigen el desarrollo psicológico del bebé recién nacido, como el gen condiciona el huevo fecundado en la formación del cuerpo. Demos, por lo tanto, al neonato los mismos cuidados especiales que ejemplifican los animales superiores durante el breve periodo del despertar de las características psicológicas de la especie. No hablamos solo de cuidados de los niños en los primeros años o en los primeros meses de vida y aún menos reducimos estos cuidados solo al campo de la salud física; establecemos, en cambio, la importancia de un principio especialmente necesario para las madres inteligentes y para la familia en general: tiene que existir una «norma especial de tratamiento» exacto y celoso para el nacimiento y los primeros días después del nacimiento.

LA CONQUISTA DE LA INDEPENDENCIA

Donde no se presentan los caracteres de regresión, el infante presenta tendencias que apuntan clara y enérgicamente a la independencia funcional. El desarrollo es, entonces, un impulso hacia una independencia siempre mayor, es como la flecha que, lanzada desde el arco, va derecha, segura y fuerte. La conquista de la independencia comienza con el mismo inicio de la vida; mientras el ser se desarrolla, se perfecciona a sí mismo y supera todos los obstáculos que encuentra en su camino, una fuerza vital está activa en el individuo y lo guía hacia su evolución. Esta fuerza fue denominada por Percy Nunn: horme.[24]

Si se tuviese que encontrar algo a lo que comparar este horme en el campo psicológico consciente, sería la fuerza de voluntad, aunque solo haya una pequeñísima analogía entre ambas cosas. La fuerza de voluntad es demasiado pequeña y está demasiado asociada a la consciencia individual, mientras que el horme pertenece a la vida en general, a aquello que podríamos llamar una fuerza divina, promotora de toda evolución.

Esta fuerza vital de evolución estimula al infante a actos diversos y, cuando el niño ha crecido normalmente, su actividad no obstaculizada se manifiesta en lo que nosotros llamamos «alegría de vivir». El infante es siempre entusiasta, siempre feliz.

---

24. El horme puede compararse con el «impulso vital» de las teorías de Bergson y la «libido» de las teorías freudianas. El primero en proponer este término fue Numi y más tarde William McDougall lo adoptó en su libro *Psychology*. Para más detalles, véase el libro: McDougall, William, *An outline of psychology*, Methuen, Londres, 1948, pp. 71 y ss.

Estas conquistas de independencia son en principio los pasos de lo que se denomina «desarrollo natural». En otras palabras, si examinamos de cerca el desarrollo natural, podemos definirlo como la conquista de sucesivos grados de independencia, no solo en el campo psicológico, sino también en el físico; porque también el cuerpo tiene la tendencia a crecer y desarrollarse, un impulso y empuje tan fuertes que solo la muerte los puede truncar.

Examinemos, pues, este desarrollo. En el nacimiento, el niño se libera de una prisión, representada por el seno materno, y se independiza de las funciones de la madre. El recién nacido está dotado del estímulo, de la necesidad de afrontar el ambiente y de absorberlo. Podríamos decir que él ha nacido con la «psicología de la conquista del mundo». Él lo absorbe en sí y, al absorberlo, forma el propio cuerpo psicológico.

Esta es la característica del primer periodo de la vida. Si el infante siente el impulso de conquista del ambiente, es claro que el ambiente debe ejercer una atracción sobre él. Decimos, entonces, usando palabras no del todo apropiadas para nuestro caso, que el niño siente «amor» por el ambiente. Podemos también decir con Katz que «el mundo se presenta al infante como rico en aspectos, expresiones y estímulos emotivos».[25]

Los primeros órganos que empiezan a funcionar en el infante son los sensoriales. Ahora bien, ¿qué son estos sino órganos de agarre, instrumentos por medio de los cuales aferramos las impresiones que, en el caso del niño, deben ser encarnadas?

Cuando miramos, ¿qué vemos? Vemos todo lo que está en el ambiente; del mismo modo, cuando comenzamos a oír, oímos todos los sonidos que se producen en el ambiente. Podríamos decir que el campo de agarre es muy amplio, casi universal, y es esta la vía de la naturaleza. No se absorbe sonido a sonido, ruido a ruido, objeto a objeto; comenzamos por absorber cada cosa, una totalidad. Las distinciones entre objeto y objeto, entre sonido y ruido,

25. Katz, David, *La psicología della forma,* Einaudi, Turín, 1950, p. 188.

entre sonido y sonido se hacen a continuación como evolución de esta primera absorción global, lo que ha sido claramente demostrado por la «psicología de la Gestalt».

Tal es el cuadro de la psiquis del niño normal: primero absorbe el mundo y después lo analiza.

Ahora bien, imaginemos otro tipo de infante que no sienta esta irresistible atracción por el ambiente; un tipo en el que esta simpatía haya sido ofendida y menoscabada por el miedo, por el terror.

Es evidente que el desarrollo del primer tipo tiene que ser distinto al del segundo. Al examinar el desarrollo infantil, observándolo a los seis meses, se presentan fenómenos que se consideran indicios de crecimiento normal. A los seis meses el niño está sujeto a algunas transformaciones físicas. Algunas, invisibles, fueron descubiertas solo mediante experimentos; por ejemplo, el estómago empieza entonces a segregar el ácido clorhídrico necesario para la digestión. A los seis meses aparece también el primer diente. Tenemos, entonces, un sucesivo perfeccionamiento del cuerpo que se desarrolla según un proceso cierto de crecimiento. Este desarrollo hace que a los seis meses el infante pueda vivir sin la leche materna o por lo menos integrando la leche con otros alimentos. Si consideramos que el niño hasta esta edad es absolutamente dependiente de la leche materna, porque es intolerante a cualquier otro alimento e incapaz de digerirlo, nos damos cuenta del notable grado de independencia que conquista en dicho periodo. Se diría que el pequeño a los seis meses se dice: «No quiero vivir a cargo de mi madre, soy un ser vivo y ahora puedo nutrirme de todo». Un fenómeno análogo tiene lugar en los adolescentes que comienzan a sentirse humillados de depender de su familia y no quieren vivir a sus expensas.

Es más o menos en este periodo (que debe considerarse un momento crítico de la vida infantil) cuando el niño empieza a pronunciar las primeras sílabas. Es la primera gran piedra del gran edificio que creará con el lenguaje, otro gran paso y otra gran conquista de independencia. Cuando el infante adquiere el lenguaje, puede expresarse y no tiene ya que depender de que los demás adivinen sus necesidades; él se comunica entonces con la humanidad, porque no existe otro medio que el lenguaje para comunicarse entre los seres humanos. La conquista del lenguaje y la posibilidad de comunicación inteligente con los demás supone un paso impresionante en el camino de la independencia. El infante, que puede primero ser comparado con un sordomudo, porque no puede expresarse, ni entender lo que le dicen los demás, con la conquista del lenguaje parece adquirir al mismo tiempo el oído y la nueva posibilidad de emitir palabras.

Mucho tiempo después, al año de edad, el niño empieza a caminar, y esto equivale a liberarse de una segunda prisión. Ahora el infante puede correr sobre sus piernas, y si alguien lo alcanza puede irse y escapar, seguro de sus piernas que lo llevan donde él quiere. Así, gradualmente, el ser humano se desarrolla y gracias a estos sucesivos pasos hacia la independencia llega a ser libre. No se trata de voluntad, sino de un fenómeno de independencia. En realidad es la naturaleza la que ofrece al infante la posibilidad de crecer, le da la independencia y lo guía a la libertad.

La «conquista del caminar» es importantísima, sobre todo si se tienen en cuenta que, aunque no es especialmente compleja, se cumple en el primer año y al mismo tiempo que las conquistas del lenguaje, de la orientación, etc. Caminar es para el infante una conquista fisiológica de gran importancia. Los demás mamíferos no tienen necesidad de cumplirla; solo el ser humano alcanza la posibilidad de caminar gracias a un prolongado y refinado tipo de desarrollo. En su crecimiento, debe pasar por tres conquistas distintas antes de llegar a ser físicamente capaz de caminar o de tenerse en pie sobre las dos piernas. En efecto, los terneros y los demás animales, a diferencia del ser humano, empiezan a caminar en cuanto nacen, aun siendo animales tan inferiores a nosotros, si bien de constitución gigantesca. Nosotros somos aparentemente impotentes, porque nuestra construcción es mucho más refinada y exige por eso un tiempo mucho mayor. El poder de caminar y estar erguidos sobre las propias piernas implica un desarrollo profundo, que es resultado de diversos elementos, uno de los cuales concierne al cerebro, en concreto a una parte suya llamada cerebelo, situada en la base del cerebro mismo (figura 6).

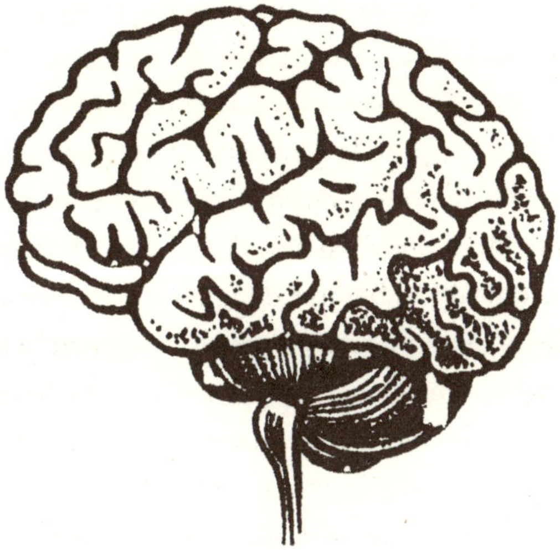

Figura 6. El cerebelo.

Precisamente a la edad de seis meses el cerebelo se desarrolla rápidamente y continúa con este veloz desarrollo hasta que el infante tiene 14-15 meses; después, el crecimiento del cerebelo se hace más lento, pero continúa hasta que el niño alcanza los cuatro años y medio. Del desarrollo de esta parte del encéfalo depende la posibilidad de estar erguidos sobre las piernas y caminar. En el infante, este desarrollo se puede seguir con facilidad: son dos cambios consecutivos. El niño comienza a sostenerse sentado a los seis meses, a los nueve comienza a desplazarse sobre las manos y los pies casi arrastrándose, se mantiene en posición erguida hacia los diez meses y camina hacia los doce-trece meses, mientras que a los quince camina ya con seguridad.

El segundo elemento de este complejo proceso es que algunos nervios completan su desarrollo. Si los nervios espinales a través de los cuales debe pasar la orden directa a los músculos no estuviesen completos, esta no podría pasar; solo el crecimiento completo de los nervios durante este periodo permite el movimiento del músculo. Deben así coordinarse armónicamente muchos elementos de un desarrollo complejo para que pueda tener lugar la «conquista del caminar». Debe contribuir un tercer elemento: el desarrollo del esqueleto, otra conquista de este periodo de la vida del infante. En el momento del nacimiento, como hemos visto, las piernas del niño no están osificadas del todo. Son en parte cartilaginosas y, por tanto, aún tiernas. ¿Cómo podrían soportar en esas condiciones el peso del cuerpo? El esqueleto, pues, tiene que completarse antes de que el infante pueda empezar a caminar. Hay otro detalle que se debe tener en cuenta: los huesos del cráneo, que no estaban soldados en el momento del nacimiento, se completan en este momento, de modo que si el niño cae ya no se expone al grave peligro de dañar el cerebro.

Si con la educación quisiéramos enseñar al infante a caminar antes de esta fase, no podríamos, porque caminar depende de una serie de desarrollos físicos que tienen lugar simultáneamente, es decir, es necesario que se haya establecido un estadio de madurez localizada. Intentar forzar el desarrollo natural no conduciría a nada sin dañar seriamente al niño. La naturaleza dirige, todo depende de ella y todo debe obedecer a sus órdenes precisas. Del mismo modo, si tratáramos de retener al infante cuando ya ha comenzado a caminar, no lo lograríamos, porque en la naturaleza, cuando un órgano está desarrollado, debe entrar en uso. En la naturaleza crear no significa solo hacer algo, sino también permitir que funcione. En cuanto el órgano está completo, debe entrar en funcionamiento inmediatamente en el ambiente. En lenguaje moderno, estas funciones han sido llamadas «experiencias sobre el ambiente». Si estas experiencias no suceden, el órgano no se desarrolla normalmente porque este, que al principio está incompleto, debe usarse para completar su desarrollo.

El infante puede solamente desarrollarse, pues, por medio de experiencias sobre el ambiente: a esta experimentación nosotros la llamamos «trabajo». En cuanto aparece el lenguaje, el niño comienza a charlar, y nadie puede forzarlo al silencio: una de las cosas más difíciles es hacer callar a un niño. Si el niño no hablase ni caminase, no podría desarrollarse normalmente y su desarrollo se estancaría. En cambio, el infante camina, corre, salta, y al hacerlo, desarrolla sus piernas. La naturaleza crea primero los instrumentos y después los desarrolla por medio de sus funciones y gracias a las experiencias sobre el ambiente. El niño, entonces, que ha ampliado la propia independencia mediante la adquisición de nuevas capacidades, puede desarrollarse con normalidad solo si se le permite operar libremente. El infante se desarrollará mediante el ejercicio de la independencia que él mismo ha conquistado: el desarrollo, en efecto, como se expresan los psicólogos modernos, no sucede por sí solo; «el comportamiento se afirma en cada individuo con las experiencias que él hace en el ambiente». Entonces, si entendemos la educación como una ayuda al desarrollo de la vida infantil, debemos alegrarnos cuando el niño da señales de haber alcanzado un cierto grado de independencia y no podemos no expresar nuestra satisfacción cuando el infante dice su primera palabra, aún más cuando sabemos que no podríamos haber hecho nada para provocar esto. Pero cuando tenemos en cuenta que, aunque el desarrollo infantil no puede ser destruido, sí puede mantenerse incompleto o retrasarse si no se permite al niño experimentar en el ambiente, surge el problema de la educación.

El primer problema de la educación es proporcionar al infante un ambiente que le permita desarrollar las funciones que la naturaleza le asigna. Lo que no significa solamente consentir al niño y permitirle hacer lo que le gusta, sino estar dispuestos a colaborar con una orden de la naturaleza, con una de sus leyes, que decreta que el desarrollo se efectúe mediante experiencias en el ambiente.

Con su primer paso, el infante alcanza un nivel más alto de experiencias. Si observamos al niño en este momento de su desarrollo, vemos que tiende a conseguir una ulterior independencia. Desea actuar según la propia voluntad, esto es, quiere transportar cosas, vestirse y desnudarse solo, comer por sí mismo, etc., y esto no es porque nuestras sugerencias lo estimulen. Él tiene en sí mismo un impulso vital tal que nuestros esfuerzos se emplean generalmente al contrario, para contener su actuación: ahora bien, al oponer esta resistencia, el adulto no se opone al niño, sino a la naturaleza misma, porque el pequeño, con su voluntad, colabora con la naturaleza y obedece sus leyes paso a paso; primero según una directiva, luego según otra, él adquiere una independencia siempre creciente respecto de quienes lo rodean, hasta que llega el momento en el que querrá conquistar también la propia independencia mental. Mostrará entonces la tendencia a desarrollar la propia mente por medio de experiencias propias y no experiencias de los otros; comenzará a buscar la razón de las cosas. Siguiendo esta línea de desarrollo, se construye la individualidad humana durante el periodo de la infancia. No se trata de una teoría ni de una opinión, sino de hechos claros y naturales contrastados mediante la observación. Cuando decimos que debemos completar la libertad del niño, que su independencia y su normal funcionamiento deben ser asegurados por la sociedad, no hablamos de un ideal impreciso, sino que nos referimos a observaciones directas sobre la vida, sobre la naturaleza, reveladoras de esta verdad. Solo mediante la libertad y las experiencias sobre el ambiente puede desarrollarse el ser humano.

Al hablar de independencia y de libertad del infante no trasladamos a este campo las ideas de independencia y de libertad que consideramos ideales en el mundo de los adultos. Si los adultos tuvieran que examinarse a sí mismos, no podrían hacerlo con exactitud, puesto que ellos tienen una idea muy mezquina de lo que es la libertad. No tienen la amplitud del infinito horizonte de la naturaleza. Solo el niño se ofrece a sí mismo la imagen de la majestad de la naturaleza, que da la vida otorgando libertad e independencia: y lo hace siguiendo determinadas leyes respecto al tiempo y a las necesidades del ser; hace de la libertad una ley de vida: ser libres o morir. Creo que la naturaleza nos ofrece una ayuda y un apoyo para la interpretación de la vida social. Es como si el niño nos ofreciese una imagen de la totalidad y nosotros tomásemos de ella solo pequeños detalles. El infante está en lo correcto, en el sentido de que nos revela una guía para la realidad, para la verdad. Cuando existe una verdad natural, no pueden existir dudas y, por lo tanto, la libertad del niño, que se alcanza con el desarrollo y con el crecimiento, se presta a interesantes consideraciones.

¿Cuál es el objetivo de esta creciente conquista de la independencia? ¿Cuál es su origen? Surge en la individualidad que se forma y llega a ser capaz de funcionar por sí misma. Pero, en la naturaleza, todos los seres humanos apuntan a este fin; cada uno funciona por sí mismo y he aquí entonces que, también en esto, el infante obedece al plan de la naturaleza. Él alcanza la libertad, que es la primera regla de vida en todo ser. ¿Cómo adquiere el niño la independencia? Lo hace mediante una continua actividad. ¿Cómo ejercita el infante su libertad? Mediante un esfuerzo continuo; solo una cosa no puede hacer en la vida: detenerse y parar. La independencia no es estática, es una conquista continua, y mediante un trabajo continuo se llega no solo a la libertad, sino también a la fuerza y a la autoperfección.

El primer instinto del niño es actuar solo, sin ayuda de los demás, y su primer acto consciente de independencia es defenderse de quienes tratan de ayudarlo. Para actuar por sí mismo, trata de hacer siempre un esfuerzo mayor. Si, como muchos de nosotros pensamos, el ideal del bienestar es estar sentados sin hacer nada y dejar que los demás trabajen para nosotros, el estado ideal sería el de la criatura antes del nacimiento. Sería como si el niño volviese al cuerpo de la madre para que ella le proveyera de todo. Lo mismo se podría decir respecto de la difícil conquista del lenguaje, destinada a permitir al ser humano la comunicación con sus semejantes; si adoptásemos como ideal de vida el reposo, el niño podría renunciar al esfuerzo de hablar, al del iniciar una nutrición normal, a la fatiga de caminar, a la labor de la inteligencia que le sugiere un interés irresistible por conocer las cosas que lo rodean.

Pero la realidad que manifiesta el infante no es esta. El niño revela que las enseñanzas de la naturaleza son muy distintas de los ideales que la sociedad va forjando por sí misma; el niño busca la independencia mediante el trabajo: la independencia del cuerpo y de la mente. Poco le importa lo que saben los demás: quiere aprender por sí mismo, quiere tener experiencia del mundo y percibirlo mediante su esfuerzo personal. Debemos entender claramente que, cuando damos libertad e independencia al infante, damos libertad a un trabajador incitado a actuar que no puede vivir si no es del propio trabajo y de la propia actividad. Esta es la forma de existencia de los seres vivos; el ser humano tiene también esta tendencia y si tratáramos de detenerla, seríamos causa de una degeneración del individuo.

Cada cosa de la creación es actividad, actividad suma es la vida y solo mediante la actividad se puede buscar y alcanzar la perfección de la vida. Las aspiraciones sociales que han llegado a nosotros a través de las experiencias de generaciones pasadas (el ideal de vida de menos horas de trabajo, de gente que trabaje para nosotros, de ocio siempre mayor) es lo que la naturaleza muestra e indica como características del niño degenerado. Estas aspiraciones son señales de regresión en el infante a quien no ayudaron a adaptarse al ambiente en los primeros días de vida y adquirió un sentimiento de disgusto por el ambiente y la actividad. Este tipo de niño se mostrará deseoso de ser servido y ayudado, transportado en brazos o en cochecito, esquivará la compañía de los demás y mostrará predisposición a dormir mucho: presentará las características que la naturaleza demuestra como pertenecientes a la degeneración, y que han sido reconocidas, analizadas y descritas como indicios de una tendencia al retorno a la vida embrionaria. Quien ha nacido y crece normalmente va hacia la independencia; quien la evita es un degenerado.

Estos niños degenerados presentan un problema educativo totalmente distinto. ¿Cómo tratar la regresión que retrasa y desvía el desarrollo normal? El infante desviado no ama el ambiente porque supone demasiadas dificultades y resistencia. Hoy, el niño desviado está en el centro del campo científico de la psicología cuya denominación más precisa sería «psicopatología». Para hacer frente al creciente número de niños desviados se han abierto más dispensarios para la guía del infante (*Child Guidance Clinics*) y se han creado nuevas técnicas como la de la «terapia del juego» (*play-therapy*). La pedagogía enseña que el ambiente debe ofrecer menor resistencia y se trata, pues, de reducir los obstáculos evitables que presenta el ambiente, posiblemente eliminándolos del todo. Hoy se procura hacer atrayente todo lo que rodea al infante, sobre todo cuando el niño siente repulsión por el ambiente, para ayudar al surgimiento de sentimientos de simpatía y benevolencia para vencer los recelos y el disgusto. Se crean también actividades placenteras para el infante, porque sabemos que el desarrollo se lleva a cabo mediante la actividad. El ambiente tiene que contener muchos motivos que hagan interesante la actividad e inviten al niño a conducir las propias experiencias. Son principios claros, dictados por la vida y por la naturaleza, que guían al infante desviado, que ha adquirido características regresivas, desde la inclinación al ocio hacia el deseo de trabajar, del letargo y de la inercia hacia la actividad, de aquel estado de miedo, que se expresa a veces con un excesivo apego a personas de las que el niño no quiere separarse, a una libertad jovial, libertad de moverse hacia la conquista de la vida.

¡De la inercia al trabajo! Esta es la línea de tratamiento, porque de la inercia al trabajo es la línea de desarrollo del infante normal. Para una nueva educación, esta tiene que ser la base; la naturaleza misma la indica y la establece.

El concepto de maduración

Aunque no es mi intención adentrarme en una larga discusión teórica, antes de pasar a otra cuestión, quiero aclarar algo relacionado con el concepto de maduración, pues considero importante para una adecuada comprensión de los capítulos siguientes, y también de otras partes de este libro, que mis puntos de vista en esta materia sean claros. El término «maduración» se aplicaba originalmente en la ciencia de genetistas y especialistas en embriología para describir el periodo de desarrollo anterior a la fecundación que transforma a una célula germinal inmadura en una madura.[26] Pero en el campo de la psicología infantil se ha dado a este término un significado más amplio, que designa una especie de mecanismo regulador del crecimiento que garantiza el equilibrio del modelo en su conjunto y la dirección del impulso del crecimiento. Arnold Gesell, en concreto, ha fijado este concepto, aunque no haya formulado una definición muy concisa. Pero, si lo comprendemos bien, él entiende que el crecimiento del individuo está sujeto a leyes determinadas que deben ser respetadas, porque un infante «tiene rasgos de constitución y tendencias en gran parte innatos, que determinan cómo, qué y en qué límites temporales aprenderá».[27]

En otras palabras, Gesell dice que hay funciones en el niño que no pueden ser influidas por la enseñanza.[28]

Esto es verdad en lo que respecta a las funciones fisiológicas. En efecto, como ya he dicho más arriba[29], nosotros no podemos enseñar a un niño a caminar antes de que se haya establecido un estado de maduración localizado, ni un niño podrá empezar a hablar antes de una cierta edad (del mismo modo que no se podrá detener esta actividad una vez que haya comenzado). Quien haya seguido mi trabajo sabrá que he sido siempre la primera en defender las leyes naturales del crecimiento del infante, que considero, incluso, el fundamento de la educación. Pero el punto de vista de

---

26. Para una exposición más clara de este proceso véase Jennings, Herbert S., *Genetics*, W.W. Norton Incorporated, Nueva York, 1935.

27. Gesell, Arnold, *Infant and child in the cultur of today*, Hamish Hamilton, Londres, 1943, p. 40.

28. Gesell, Arnold, *Stair-climbing experiments in Studies in child development*, Harper, Nueva York, 1948, p. 58.

29. *Ibid*, p. 129.

Gesell nos parece demasiado biologicista como para ser aplicado al crecimiento mental del infante. Según su concepción monista, él pretende que «el niño provenga de su mente igual que proviene de su cuerpo, lo que opera a través del proceso de desarrollo»[30]. Pero eso no es exacto. Si nosotros criásemos a un niño en un lugar aislado, lejos del contacto humano, dándole solo nutrición material, su desarrollo fisiológico sería normal, pero su desarrollo mental estaría seriamente comprometido. El doctor Itard nos ha proporcionado un ejemplo convincente al describir sus pacientes enseñanzas al niño salvaje de Aveyron.[31] Es verdad, como ya he dicho antes, que nosotros no podemos formar un genio, sino solo ayudar al individuo a completar sus potencialidades, pero si concebimos una «maduración biológica» debemos tener en cuenta también una maduración «psicológica», la cual, como hemos tratado de aclarar en los capítulos precedentes, avanza en paralelo con los fenómenos que hemos visto en la embriología.

En el proceso vital de la formación de organismos no se confirma un entero, una totalidad que crece, ni se produce un crecimiento gradual; el desarrollo de los órganos singulares tiene lugar de forma separada alrededor de puntos de actividad que actúan solo brevemente, esto es, hasta que los órganos aparecen, y luego se extinguen. La acción de estos puntos, o centros de actividad, tiene el fin creativo de determinar la formación de un órgano y más allá de ellos hay periodos sensitivos relacionados con actividades importantes, útiles para guiar al ser que viene para vivir en el ambiente externo, como el biólogo holandés Hugo De Vries ha demostrado. En el campo de la psicología hemos encontrado un proceso similar, que nos convence de que la naturaleza es fiel a sus métodos. El concepto de maduración es, por lo tanto, más complejo de lo que Gesell pretende.

---

30. Véase el prefacio de Gesell a su libro *The Embriology of Behaviour*, Harper, Nueva York, 1945.

31. Itard, Jean Marc G., *Rapports et mémoires sur le sauvage de l'Aveyron, l'idiotie et la surdi-mutité*, Hachette, París, 2012 (primera edición, 1891).

La «maduración» es mucho más «que la suma exacta de los efectos del gen operante en un ciclo de tiempo en sí mismo limitado»,[32] porque más allá de los efectos del gen está también el ambiente sobre el que actúan esos efectos, que es en parte determinante para la «maduración». En lo relativo a las funciones psicológicas, la maduración solo puede efectuarse mediante experiencias sobre el ambiente que varían según las diversas fases del desarrollo, el horme muta su estructura durante el proceso del crecimiento y se manifiesta en el individuo con un intenso interés por acciones concretas repetidas largamente sin utilidad aparente, hasta que, a partir de estos actos repetidos, de repente, se revela una función nueva de modo explosivo. Así, el modelo peculiar de esta función se construye mediante una maduración que no es visible exteriormente, porque las acciones repetidas no parecen tener ninguna relación directa con la función que nacerá de ellas, pero son abandonadas en cuanto la función se inicia, y el interés consciente del niño pasa a otra cosa que preparará otro mecanismo. Si el infante se mantiene lejos de la posibilidad de estas experiencias en el momento que la naturaleza le destina, la especial sensibilidad que estimula frente a ellas se desvanecerá, y el desarrollo y la maduración quedarán perturbados.

Si consideramos la definición más larga de maduración dada en un texto reciente de psicología: «La maduración consiste en cambios estructurales que son sobre todo hereditarios, es decir, que se originan en los cromosomas del huevo fecundado, pero que son también en parte producto de una actividad recíproca del organismo con su ambiente»[33] y si interpretamos a partir de esto nuestras constataciones personales, podemos decir que hemos nacido con un estímulo vital (horme) ya organizado en la estructura general

32. Gesell, Arnold, *The Embriology of Behaviour*, cit., p. 23.

33. Boring, Edwin G.; Langfeld Herbert S.; Weld Harry P., *Introduction to psychology*, John Wiley & Sons Inc, Nueva York, 1939.

de la mente absorbente, y cuya especialización y diferenciación están anunciadas en la nébula.

Esta estructura cambia durante la infancia según la dirección de lo que hemos llamado, según el término de De Vries, periodos sensitivos.[34] Ahora bien, estas estructuras que guían el crecimiento y el desarrollo psicológico, esto es, la mente absorbente, la nébula y los periodos sensitivos con sus mecanismos, son hereditarios y característicos de la especie humana. Pero solo pueden completarse mediante una acción libre sobre el ambiente.

34. Montessori, Maria, *Il segreto dell'infanzia*, Garzanti, Milán, 2022.

CUIDADOS PARA EL INICIO DE LA VIDA

Quien se proponga ayudar al desarrollo psicológico humano debe partir del hecho de que la mente absorbente del niño se orienta hacia el ambiente, y, sobre todo al principio de la vida, debe tomar mucha precaución para que el ambiente ofrezca interés y atracciones a esta mente que debe nutrirse de él para la propia construcción.

Como se ha visto, hay diferentes periodos de desarrollo psicológico y en cada uno de ellos el ambiente tiene un rol importante; pero en ninguno de ellos tiene la importancia que asume inmediatamente después del nacimiento. Pocos tienen en cuenta hoy en día esta importancia, porque hasta hace pocos años ni siquiera se sospechaba que en los dos primeros años los infantes tuviesen necesidades psicológicas tan imperiosas como que no pudieran ser ignoradas sin consecuencias dolorosas para el resto de la vida.

La atención de la ciencia se ha fijado en el lado físico: sobre todo en este siglo, la medicina y la higiene han elaborado un tratamiento infantil meticuloso para vencer la inmensa mortalidad antes prevalente. Pero precisamente porque se trataba de erradicar la mortalidad, este tratamiento se ha limitado solo a la salud física. El campo de la salud psicológica está todavía inexplorado, y quien se interese por él puede encontrar directivas solo en la consideración de que el objetivo principal de la edad infantil es la formación de un individuo apto para su tiempo y su ambiente, y en el estudio de la naturaleza.

Ahora bien, la naturaleza, como se ha visto, indica un periodo de aislamiento y de reacción psicológica al ambiente, necesario también para los mamíferos que tienen un comportamiento preestablecido.

Si se considera que el ser humano no tiene una predeterminación y que para el infante la cuestión no es despertar, sino la creación psicológica, se comprenderá fácilmente lo importante que es el ambiente para el hijo del hombre. Su valor y su importancia son gigantescos, como también lo son los peligros que puede representar. De ahí lo mucho que debe cuidarse el ambiente que rodea al neonato para facilitarle la absorción y que el infante no desarrolle actitudes de regresión, y que se sienta atraído en vez de rechazado por el mundo en el que ha entrado. De esto dependen el progreso, el crecimiento y el desarrollo del pequeño que están directamente relacionados con las atracciones que el ambiente puede ofrecer.

Durante el primer año de vida se pueden distinguir varios periodos que requieren cuidados especiales.[35] El primer periodo, breve, es el ingreso en el mundo con sus dramáticas circunstancias. Sin entrar en detalle, podemos enunciar algunos principios. El infante debería permanecer los primeros días después del nacimiento, cuando es más posible, en contacto con la madre y en un ambiente que no se diferencie mucho, por ejemplo, en cuanto a temperatura, de aquel donde se formó antes del nacimiento: sin demasiada luz, sin demasiado ruido, porque el niño viene de un lugar tibio, de perfecto silencio, de oscuridad. En las clínicas pediátricas modernas la madre y el niño son instalados en una habitación con las paredes de cristal con una temperatura fácilmente controlable, que se iguala gradualmente a la temperatura externa normal. El cristal es azul para atenuar la luz que entra en la habitación. La manipulación y el traslado del infante también requieren un cuidado especial. A diferencia de lo que se hacía antes,

35. Para un estudio completo del cuidado del niño, véase: Sherbon, Florence Brown, *The child*, Kessinger Publishing, Whitefish (Montana), 2007.

sumergir al niño en la bañera con una sacudida y vestirlo rápidamente sin ninguna preocupación por su sensibilidad, casi como si fuese un objeto privado de sentidos, la ciencia considera hoy que el neonato debe ser tocado lo menos posible y que ni siquiera debería vestirse, sino estar en una habitación con la temperatura adecuada para mantenerlo caliente y a salvo de corrientes de aire frío. Se ha cambiado la forma de transportar al niño; ahora se usa una camillita suave, similar a una hamaca, sobre la que se acomoda; se evita levantar y bajar rápidamente al neonato y se exige que sea manipulado con las mismas precauciones con las que se mueve a los heridos. No es solo una cuestión de higiene. Las enfermeras llevan una franja de tela delante de la nariz para que sus microbios no pasen al ambiente del recién nacido, y los cuidados modernos consideran a madres e hijos órganos de un solo cuerpo en comunicación entre sí. Así se favorece la adaptación al ambiente según la naturaleza, porque existe una conexión concreta entre madre e hijo, casi como una atracción magnética.

En las madres existen fuerzas a las que el niño está habituado y estas fuerzas constituyen para él una ayuda necesaria en los difíciles primeros días de adaptación.

Podríamos decir que el infante ha cambiado su situación respecto de la madre; ahora está fuera del cuerpo materno, pero todo permanece igual y siempre existe una comunicación entre ellos. De este modo se considera hoy el vínculo madre e hijo, mientras que hasta hace pocos años se acostumbraba, incluso en las mejores clínicas pediátricas, a separar a la madre del recién nacido.

He descrito los cuidados que se pueden considerar el último grito en el tratamiento científico del niño. La naturaleza nos muestra además que estos cuidados concretos no son necesarios durante toda la infancia; tras un breve tiempo, madre e hijo pueden salir de su aislamiento y entrar en el mundo social.

Los problemas sociales del infante no son los mismos que los del adulto. Se podría decir que, hasta ahora, la condición social pesa sobre el niño en modo inverso en comparación con el adulto, pues no es en absoluto paradójico decir que mientras entre los adultos es el pobre quien sufre, entre los infantes es el rico quien sufre más. Aparte de los impedimentos de la vestimenta, de las convenciones sociales, de la acumulación de parientes y amigos en torno al recién nacido, sucede que en la clase acomodada la madre confía a menudo al infante a los cuidados de una nodriza, o recurre a otros medios de crianza, mientras que la madre pobre sigue el método natural de tener al niño consigo. Muchas otras consideraciones detalladas nos llevarían a decir que en el mundo de los infantes, cosas y valores crean relaciones diferentes a las del mundo de los adultos.

Una vez superado este primer periodo, el niño se adapta serenamente al ambiente, sin reparo alguno. Emprende el camino de la independencia que hemos descripto y podríamos decir que abre los brazos al ambiente que lo recibe, lo absorbe hasta hacer suyas las costumbres del mundo en que vive. La primera actividad en este desarrollo, que podríamos llamar una conquista, es la actividad de los sentidos. A causa del carácter incompleto de sus tejidos óseos, el infante es inerte, sus miembros están sin movimiento, de forma que su actividad no puede ser la del movimiento. Su actividad es solo la de la psiquis, que absorbe las impresiones de los sentidos. Los ojos del infante son activísimos, pero debemos tener presente, como ha precisado recientemente la ciencia, que los ojos del niño no solo reciben el impacto de la luz. El infante no es pasivo. Padece indudablemente las impresiones, pero también es un activo investigador del ambiente: es el niño mismo quien busca estas impresiones.

Ahora bien, si observamos la especie animal, vemos que las bestias tienen en los ojos un tipo de aparato visual similar al nuestro: una especie de máquina fotográfica. Pero estos animales son conducidos por su sensibilidad a hacer un uso especial: los atraen algunas cosas más que otras, de modo que no los golpea el conjunto del ambiente. Tienen en su interior una guía que los induce a seguir ciertas direcciones y siguen por medio de los ojos la guía de su comportamiento.

Desde el inicio existe en ellos una guía; luego los sentidos se perfeccionan y se forman para seguirla. El ojo del gato se perfeccionará para la luz atenuada (como sucede con otros depredadores nocturnos), pero el gato, aunque siente interés por la oscuridad, siente atracción por las cosas que se mueven y no por las quietas. Cuando algo se mueve en la oscuridad, el gato se lanza encima, sin prestar atención al resto del ambiente. No existe, en él, un interés general por el ambiente, sino un impulso instintivo por cosas especiales en él contenidas. Del mismo modo, hay insectos a quienes les atraen las flores de colores concretos, porque es de ellas de las que se nutren. Ahora bien, un insecto recién salido de la crisálida no puede tener ninguna experiencia para seguir esa línea, sino que lo dirige un instinto-guía y el ojo le sirve para seguirlo. Mediante esta guía lleva a cabo el comportamiento de la especie. Por eso, el individuo no es víctima de sus sentidos, sino que es arrastrado por ellos. Los sentidos existen y trabajan al servicio de su patrón según una guía.

El infante tiene una facultad especial. Sus sentidos, estos también al servicio de una guía, no están limitados como los del gato. El gato se limita a las cosas que se mueven en el ambiente y solo lo atraen estas. El niño no tiene esas limitaciones: él observa cuanto lo rodea y la experiencia nos ha demostrado que es apto para absorberlo todo. Más aún, no absorbe solo por medio de la máquina fotográfica del ojo, sino que se produce en él una especie de reacción psicoquímica, de modo que estas impresiones llegan a convertirse en partes integrales de su vida psicológica. Podríamos observar (y no quiere ser esto una constatación científica) que la persona que solo se deja arrastrar por sus sentidos, que es víctima de ellos, tiene en sí algo erróneo. Su guía puede existir, pero en vez de actuar sobre esta persona, se ha debilitado y el ser permanece abandonado, víctima de los sentidos.

Es, por tanto, de máxima importancia que la guía existente en cada niño se cuide y se mantenga despierta.

Para aclarar qué sucede en esta absorción del ambiente, me gustaría hacer una comparación. Existen insectos que se parecen a hojas y otros que se asemejan a tallos. Estos insectos pueden ser citados como analogía de lo que sucede en la mente del infante; viven sobre ramas y hojas, a los que se parecen tanto que llegan a ser una cosa sola con su ambiente. Con el niño sucede algo similar. Él absorbe el ambiente y se transforma en armonía con él, como hacen los insectos con los vegetales que los sustentan. Las impresiones que el infante recibe del ambiente son tan profundas que, mediante una cierta transformación biológica o psicoquímica, termina por parecerse al propio ambiente. Los niños llegan a ser como lo que aman. Se ha descubierto que existe en cada tipo de vida este poder de absorber el ambiente y de transformarse en armonía con él, físicamente, como en los insectos por nosotros citados y en otros animales, y psicológicamente en el niño. Y esto debe considerarse una de las mayores actividades de la vida. El infante no observa las cosas como las observamos nosotros. Nosotros podemos, mirando algo, exclamar «¡Qué bello!» y pasar después a mirar otra cosa conservando solo una vaga memoria. Pero el niño se construye a sí mismo mediante las profundas impresiones de las cosas que él recibe, sobre todo en el primer periodo de vida. En la infancia, en virtud de las solas fuerzas infantiles, el infante adquiere las características que lo distinguen, como el lenguaje, la religión, el carácter de la raza, etc. Así se construye a sí mismo la adaptación al ambiente. En este ambiente es feliz y se desarrolla absorbiendo sus hábitos y el lenguaje.

No solo eso, sino que construye una adaptación para cada nuevo ambiente. ¿Qué significa construir una adaptación? Significa transformarse para llegar a ser apto para el propio ambiente, de manera que este ambiente forme parte de sí mismo. Debemos, entonces, preguntarnos qué hacer y qué ambiente preparar al infante para ayudarlo. Si tuviésemos que tratar con un niño de tres años, tal vez sabría decírnoslo él mismo. Deberíamos poner en el ambiente flores y cosas bellas; deberíamos proporcionar motivos de actividad pertenecientes a su línea de desarrollo. Podríamos fácilmente descubrir cuáles deberían estar en el ambiente para ofrecer al infante la oportunidad de hacer un ejercicio funcional. Pero si el «neonato» debe absorber el ambiente para construir una adaptación, ¿qué ambiente podemos prepararle? No hay una respuesta a esta pregunta: el ambiente del pequeño debe ser el mundo, todo lo que está en el mundo que lo rodea. Dado que debe adquirir el lenguaje, deberá vivir entre gente que habla, de lo contrario no llegaría a ser capaz de hablar; si debe adquirir funciones psicológicas especiales, deberá vivir entre gente que las ejercite habitualmente. Si el niño debe adquirir costumbres y hábitos, debe vivir entre gente que los siga.

Esta es en realidad una constatación excepcionalmente revolucionaria; al contrario de lo que se ha pensado y hecho en los últimos años, dado que, como consecuencia de un razonamiento higiénico, se había llegado a la conclusión (o absurdo) de que el infante debía ser aislado.

Sucedía así que el niño se ponía en una habitación reservada a los pequeños y, cuando se descubrió que la habitación de los niños no era lo suficientemente apta, higiénicamente hablando, se tomó el hospital como modelo y se dejó al niño solo y se lo hizo dormir el máximo de horas, como si fuese un enfermo. Constatemos que esto supone un progreso en el campo de la higiene física, pero también un peligro social. Si el infante se deja en una nursery aislado, con la única compañía de una niñera, sin que reciba una expresión de afecto verdaderamente materno, se obstaculizan su crecimiento normal y su desarrollo; el resultado son efectos deletéreos en el niño: un retraso, una insatisfacción, se podría decir un hambre psicológica. En lugar de vivir con la madre, a quien el pequeño quiere y con quien existe una corriente de comunicación concreta, está en contacto con la niñera, que poco le habla; está a menudo encerrado en un cochecito donde nada puede ver de lo que le rodea en el ambiente. Estas condiciones desfavorables eran tanto más graves cuanto mejores eran las condiciones económicas de la familia en la que el niño había nacido. Afortunadamente, después de la guerra, este estado de cosas ha cambiado mucho; la necesidad y nuevas condiciones sociales han restituido los padres al niño, con una cercanía amorosa y asidua.

El tratamiento del niño debe ser considerado en serio como una cuestión social. Hoy las observaciones y los estudios sobre el infante nos han convencido de que en cuanto puede salir de casa, se lo puede llevar y permitirle ver lo más posible. Así como se ha recuperado el cochecito más alto, la habitación de los niños ha sufrido una transformación: aunque teniendo en cuenta rigurosamente los requisitos higiénicos, sus paredes están ahora llenas de cuadros, y el niño yace sobre un apoyo ligeramente inclinado, para dominar el conjunto del ambiente y no estar obligado a fijar los ojos en el cielorraso.

La absorción del lenguaje presenta un problema difícil, sobre todo volviendo a la costumbre de las niñeras, que a menudo pertenecen a un ambiente diferente al del niño. Se plantea también otro aspecto de la cuestión: ¿debe estar el niño con los padres cuando conversan con sus amigos? Pese a las muchas objeciones planteadas, debemos decir que si queremos ayudar al niño, debemos tenerlo en medio de nosotros para que pueda ver lo que hacemos y oír nuestra palabra. Aunque no aferra conscientemente lo que lo rodea, se llevará una impresión subconsciente, la absorberá y esto lo ayudará en su crecimiento. Cuando el niño sale fuera de casa, ¿a qué se orientan sus preferencias? No podemos decirlo con seguridad, sino que tenemos que observarlo. Madres y niñeras expertas, cuando se dan cuenta de que el niño se interesa especialmente por algo, le permiten examinarlo atentamente cuanto guste. Permanecerán allí donde se fije la mirada del infante y verán su carita iluminarse de interés y de amor por lo que lo atrae. ¿Cómo podríamos, en efecto, juzgar nosotros qué tiene la virtud de interesar al niño? Debemos ponernos a su servicio. Toda la idea del pasado es, en consecuencia, trastocada, y la conciencia de esta revolución debe difundirse entre los adultos. Es necesario que estos se convenzan de que el infante construye una adaptación vital al ambiente y debe, por tanto, tener pleno y completo contacto con él, pues si el niño no pudiese construir esta adaptación, nos encontraríamos frente a un grave problema social. Muchos de los problemas sociales de hoy dependen de la falta de adaptación del individuo, sea en el campo moral o en otros. Es un problema básico, que pone de manifiesto cómo la educación de los pequeños llegará a ser en el futuro la más fundada e importante preocupación de la sociedad. ¿Cómo es posible, nos podemos preguntar, que tamaña verdad fuese desconocida? Es una consideración habitual, para quien oye hablar de algo nuevo, que la humanidad crecía también en el pasado, aunque ignorando los nuevos conceptos. Oiremos decir: «La humanidad es vieja, millares de seres humanos han vivido: yo mismo he crecido; mis hijos han crecido, y sin embargo no existían tales teorías. Los niños adquirían igualmente el propio lenguaje, adquirían hábitos tan tenaces como para llegar a ser prejuicios».

Ahora observemos un poco el comportamiento de grupos humanos en distintos niveles de civilización. En cuestión de crianza infantil, todos estos grupos nos parecen más inteligentes que nosotros, los occidentales, con nuestras ideas ultramodernas. En muchos países vemos que los infantes no son tratados tan en contra de las exigencias de la naturaleza como entre los occidentales. En la mayor parte de los países, el niño acompaña a la madre a donde ella vaya, y madre e hijo son como un solo cuerpo. A lo largo del camino, la madre habla y el niño escucha. La madre discute con el vendedor sobre los precios y el niño está presente; el niño ve y escucha cualquier cosa que la madre haga y esto dura todo el periodo del amamantamiento, que es la razón de esta convivencia estrecha, pues la madre tiene que nutrir al hijo y, por eso, no puede abandonarlo solo cuando sale de casa para ir al trabajo. Al amamantamiento se suma la ternura y la atracción natural entre madre e hijo. Así que la nutrición del bebé y el amor que une a las dos criaturas resuelven el problema de la adaptación al ambiente de forma natural. Madre e hijo no son, por tanto, sino una sola persona. Allí donde la civilización no ha destruido esta costumbre, la madre no confía al niño a otra persona; el infante participa de la vida de la madre y la escucha. Se dice que las madres son locuaces: también esto sirve para ayudar al desarrollo del infante y a la adaptación al ambiente. Pero si el niño oyera solo las palabras que la madre le dirige, aprendería poco; sin embargo, cuando él oye el diálogo complejo de personas adultas, poco a poco aferra también la construcción, ya no solo de las palabras separadas que la madre pronuncia; es la palabra viva en el pensamiento y manifestada por los actos.

Los distintos grupos humanos, razas y naciones, presentan otras características; los distintos métodos, por ejemplo, que usan para llevar al infante. Esta es una de las particularidades más interesantes, cuya importancia han destacado los estudios etnológicos. En general, las madres ponen al niño en la cuna o en una bolsa, pero no lo llevan en brazos. En algunos países, atan al infante con lazos a un trozo de madera que ponen luego sobre los hombros de la madre cuando va al trabajo. Algunas se atan al niño al cuello, otras a la espalda y otras lo ponen en un cesto, pero en cada pueblo la madre ha encontrado el modo de llevar consigo la propia criatura. En general, para resolver el problema de la respiración y el peligro de asfixia cuando se lleva la cara del niño, como es habitual, contra la espalda de la madre, se recurre a precauciones especiales. Los japoneses, por ejemplo, llevan al infante de forma que su cuello supere el hombro del adulto que lo lleva; por eso los primeros viajeros desembarcados en Japón llamaron a los japoneses «el pueblo de las dos cabezas». En India el niño se apoya sobre la cadera; y los indios color de cobre lo atan con lazos a la espalda, apoyado en una especie de cuna que lo pone espalda contra espalda con la madre, pero que le permite ver todo lo que queda detrás de ella. Es tan ajena a la madre la idea de dejar solo a su niño que, como sucede en una tribu africana, en la ceremonia de coronación de la reina, con gran sorpresa de los misioneros que asistían al rito, la reina apareció llevando consigo al suyo.

Se observa también en varios pueblos la costumbre de prolongar mucho el amamantamiento: en algunos países durante un año; en otros, un año y medio o dos y también hasta tres. Ahora bien, no se trata de una exigencia del infante, pues él ya hace tiempo que alcanzó la posibilidad de nutrirse con otros alimentos, sino que el prolongado amamantamiento es un motivo para que la madre no se separe del niño y también una necesidad subconsciente de ayudar a su criatura y darle un ambiente social completo que determine su desarrollo. Pues aunque la madre no dirija la palabra al niño, a su lado él ve el mundo, ve y oye a la gente que se mueve por la calle o en el mercado, carros, animales y todo se fija en su mente, aunque no conozca sus nombres. Veremos, en efecto, que cuando una madre discute en el mercado el precio de la fruta, los ojos del niño se iluminan con la intensidad del interés que la palabra y los gestos suscitan en él. Se observa también que el pequeño, llevado por la madre, no llora nunca salvo si está enfermo o herido, a veces se duerme, pero no conoce el llanto. Se ha observado en las fotografías, tomadas para documentar las costumbres sociales de un país, que en ninguna de ellas el niño fotografiado junto a su madre llora. En cambio, se puede decir que el llanto de los niños es un problema de los países occidentales. Es muy frecuente entre nosotros que los padres se lamenten porque el niño llora y se pregunten cómo se puede calmar y acallar el llanto de un infante. Hoy, la respuesta de algunos psicólogos es esta: el niño llora y está agitado, tiene una crisis de llanto y de mal humor porque sufre inanición mental, y tienen razón; está mentalmente desnutrido, prisionero en un campo limitado y lleno de obstáculos para el ejercicio de sus facultades. El único remedio es sacar al infante de su soledad y permitirle entrar en la sociedad. La naturaleza nos muestra este tratamiento del niño que siguen de forma inconsciente muchos pueblos. Entre nosotros debe ser comprendido y aplicado conscientemente mediante la reflexión y la inteligencia.

SOBRE EL LENGUAJE

Consideremos el desarrollo del lenguaje en el infante. Hay que reflexionar para comprender bien que el lenguaje es tan importante para la vida social que podríamos considerarlo su base. Es lo que permite a los seres humanos unirse en grupos, en naciones. El lenguaje determina la transformación del ambiente que nosotros llamamos civilización.

Veamos cuál es el punto central que distingue a la humanidad de las demás especies.

La humanidad no se guía mediante instintos como los animales. No se puede prever tras el nacimiento del ser humano qué tarea desempeñará en el mundo; solo es seguro que los seres humanos deben establecer armonía entre ellos, de lo contrario no podrían hacer nunca nada. Para ponerse de acuerdo y deliberar no basta con pensar, aunque todos los seres humanos tuviesen una inteligencia altísima; en cambio, sí es necesario e indispensable comprendernos entre nosotros. Ahora bien, el instrumento que hace posible la comprensión recíproca es el lenguaje, medio del pensar común. El lenguaje no existía sobre la tierra hasta que el ser humano apareció. ¿Qué es el lenguaje? Un puro aliento, una serie de sonidos puestos juntos.

Los sonidos, en efecto, no tienen lógica; el conjunto de los sonidos que forman la palabra «plato» no tiene lógica, lo que les da sentido es el hecho de que los seres humanos se han puesto de acuerdo para dar a estos sonidos concretos un significado concreto. Y así es para todas las palabras. El lenguaje es, en consecuencia, la expresión del acuerdo existente entre un grupo de seres humanos, y solo el grupo que se ha puesto de acuerdo sobre esos sonidos los puede entender. Otros grupos han acordado otros sonidos para expresar la misma idea.

El lenguaje llega a ser así una especie de muralla que encierra una comunidad de seres humanos y la separa de otra. He aquí por qué ha ido adquiriendo un valor místico; es algo que une grupos y seres humanos más aún que la idea de nacionalidad. El lenguaje une a los hombres y se ha ido complicando a medida que lo hacía el pensamiento humano; ha crecido, se puede decir, con el pensamiento humano.[36]

Lo curioso es que los sonidos que se usan para componer las palabras son pocos: sin embargo, pueden unirse formas distintas para formar muchas palabras. Son infinitas las combinaciones; a veces un sonido se pone antes que otro, a veces después, a veces con un tono dulce, a veces con fuerza, con los labios cerrados, abiertos, etc. Es notable la labor de la memoria para recordar todas las combinaciones y las ideas que representan. Pero más allá de las palabras, está el pensamiento en sí que, para ser expresado, tiene que usar palabras agrupadas en frases. Las palabras deben ponerse en la frase en un orden concreto conforme al pensamiento humano y no como si se acumularan objetos dispersos en el ambiente. Existen, pues, reglas para guiar a quien escucha hacia el pensamiento y la intención de quien habla. Si el ser humano desea expresar un pensamiento, debe poner en una posición predeterminada el nombre del objeto y al lado el adjetivo, el sujeto, el verbo y el objeto; no basta tener en cuenta el número de palabras usadas, también hay que observar su posición. Si queremos una prueba de todos estos requisitos, tomemos una frase con un significado claro y escribámosla sobre una tira de papel. Cortemos las distintas palabras y mezclémoslas; a pesar de estar compuesta por las mismas palabras, la frase dejará de tener sentido si están en otro orden. También sobre este orden deben ponerse de acuerdo los seres humanos.

---

36. Révész, Gesa, *Ursprung und Vorgeschichte der Sprache*, Verlag, Berna, 1946.

El lenguaje, por tanto, podría denominarse la expresión de una superinteligencia. Han existido idiomas que llegaron a ser tan complejos que, con la desintegración de la civilización de la cual eran instrumento, cayeron en desuso y fue tan difícil recordarlos que desaparecieron. A primera vista, parece que el lenguaje es una función con la que nos ha dotado la naturaleza, pero si reflexionamos nos damos cuenta de que está por encima de esta. Es una creación sobrenatural producida por una inteligencia colectiva consciente. En torno al lenguaje crece una especie de red que se extiende sin límites. No hay límites para su expresión. Así, el estudio durante años del sánscrito y del latín no serviría a nadie para hablarlos a la perfección. No hay nada más misterioso que esta realidad: los seres humanos, para expresar cualquiera de sus actividades, deben ponerse de acuerdo y, para hacerlo, deben usar el lenguaje, uno de los instrumentos más abstractos que existen.

La atención que recibe este problema (cómo el ser humano aferra esta abstracción) ha llevado a considerar que es el infante quien «absorbe» el lenguaje. La realidad de esta absorción es algo grande y misterioso sobre lo que los hombres no han reflexionado lo suficiente. Se suele decir: «Los niños viven entre la gente y por eso hablan». Constatación, esta, superficial, cuando se tienen en cuenta las innumerables complicaciones que presenta el lenguaje; no obstante, durante miles de años no se ha ido más allá de esta idea.

El estudio del problema del lenguaje ha suscitado otra observación: y es que un idioma, por más difícil y complicado que sea para nosotros, lo hablaba también en su momento la gente inculta del país donde este idioma había nacido. Así, el latín, difícil incluso para quienes hablan lenguas románicas modernas, lo hablaban los esclavos de la Roma imperial, a pesar de que hoy nos parece complejo y complicado. ¿Y no era acaso también la lengua de los hombres incultos que trabajaban entonces los campos y la de los niños de tres años de la Roma imperial? ¿No sucedió lo mismo en la India, donde hace muchos años, quien trabajaba en los campos o vagaba por las junglas se expresaba naturalmente en lengua sánscrita?

La curiosidad que suscitan estos misteriosos interrogantes ha atraído la atención sobre el desarrollo del lenguaje en los niños: sobre el desarrollo, no el aprendizaje. La madre no enseña el idioma al pequeño, sino que el lenguaje se desarrolla naturalmente como creación espontánea. Y lo hace siguiendo leyes determinadas iguales para todos los infantes. Periodos concretos de la vida del niño marcan las mismas etapas en el nivel alcanzado: cosa que se confirma en todos los infantes, da igual que el lenguaje de su raza sea simple o complejo. Hoy siguen existiendo lenguajes sencillísimos hablados por pueblos primitivos; esos niños alcanzan el mismo desarrollo en su lenguaje que quienes hablan un lenguaje mucho más difícil. Todos los niños atraviesan un periodo durante el cual no pronuncian más que sílabas, luego palabras enteras y por último usan a la perfección toda la sintaxis y la gramática.[37]

Las diferencias entre masculino y femenino, singular y plural, entre los tiempos y los verbos, entre prefijos y sufijos, se aplican en el lenguaje de los niños. La lengua puede ser compleja, tener muchas excepciones a las reglas, no obstante, el infante que la absorbe la aprende de forma integral y la puede usar a la misma edad en la que el infante africano usa las pocas palabras de su lenguaje primitivo.

Si observamos la producción de los distintos sonidos, hallamos que esto también sigue algunas leyes. Todos los sonidos que componen las palabras se producen mediante ciertos mecanismos: a veces la nariz actúa junto con la garganta y otras es necesario el control de los músculos de la lengua y de las mejillas. Diferentes partes del cuerpo concurren para construir este mecanismo, que funciona perfectamente para la lengua madre, la lengua aprendida por el infante; en cambio, de una lengua extranjera, los adultos no

37. Para un cuadro conciso de las diferentes fases de desarrollo del lenguaje en el niño: STERN, WILLIAM, *Psychology of early childhood: Up to the Sixth Year of Age*, cit.

sabemos ni siquiera aferrar todos los sonidos y muchos menos reproducirlos. Nosotros únicamente podemos usar el mecanismo de nuestro lenguaje, mientras que solo el niño puede construir el mecanismo mismo del lenguaje y puede hablar perfectamente cuantas lenguas se usen en su ambiente.

Esta construcción no es resultado de una labor consciente, sino que se lleva a cabo en lo más profundo del inconsciente. El niño comienza este trabajo en la sombra del inconsciente y en dicha sombra el lenguaje se desarrolla y se fija como adquisición permanente. Nosotros los adultos solo podemos concebir el deseo consciente de aprender una lengua, y disponernos a hablarla deliberadamente. Pero debemos adquirir otro concepto, el de los mecanismos naturales, o mejor sobrenaturales, que actúan fuera de la consciencia, y estos maravillosos mecanismos, o serie de mecanismos, se construyen en profundidades no directamente accesibles a nosotros, los observadores. Solo son visibles las manifestaciones externas, pero estas son claras en sí mismas, pues se muestran de igual modo en toda la humanidad.

Aunque todo el proceso es importante, hay algunos hechos especialmente impresionantes: uno es que en todas las lenguas los sonidos que las componen conservan su pureza de una edad a la siguiente y, otro, que las complicaciones se absorben con la misma facilidad que el lenguaje más simple. Ningún niño «se esfuerza» en el aprender la lengua materna, «su mecanismo» la elabora en su totalidad.

La absorción del lenguaje por parte del infante me sugiere una comparación que no tiene nada que ver con los varios elementos del fenómeno, ni con la realidad, pero que ofrece la imagen de algo similar a lo que sucede en la psiquis del niño, que se puede experimentar.

Si, por ejemplo, queremos retratar un objeto, tomamos lápiz y colores, pero también podemos hacer una fotografía y, entonces, el mecanismo es diferente. La fotografía de una persona se imprime en una película, que está preparada para recibir tanto la imagen de una persona como la de diez, sin ningún esfuerzo. El mecanismo trabaja instantáneamente. Sería igual de fácil hacer la fotografía si fuesen mil las personas a retratar. Igual que la película no se somete a un esfuerzo mayor si se fotografía un libro o una página en caracteres menudos o extranjeros. La película tiene, por tanto, la capacidad de retratar cualquier cosa, simple o compleja, en una fracción de segundo. En cambio, si quisiéramos dibujar la figura de un hombre, necesitaríamos cierto tiempo y si fuese un número mayor de figuras, haría falta más tiempo. Si copiamos el título de un libro, emplearemos cierta cantidad de tiempo; si, en cambio, copiamos una página en caracteres menudos, el tiempo necesario se multiplicará.

La imagen fotográfica se imprime en la película en la oscuridad y también en ella se revela; la imagen se fija sin luz y es solo después cuando puede mostrarse y es inalterable. Así sucede con el mecanismo psicológico del lenguaje del niño; empieza a actuar en la profundidad oscura del inconsciente, allí se desarrolla y se fija y luego se revela abiertamente. Es cierto que existe un mecanismo para llevar a cabo la adquisición del lenguaje.

Una vez reconocida la existencia de esta misteriosa actividad, se desea descubrir cómo tiene lugar. Y hoy se manifiesta un profundo interés en la investigación de este misterioso carácter del inconsciente profundo.

Pero otra parte de la actividad de observación que nosotros podemos explicitar consiste en vigilar las manifestaciones externas, porque solo de ellas podemos obtener la prueba. Tal observación debe ser exacta. Hoy se conduce con toda atención día a día desde el nacimiento hasta los dos años y más; se anota lo que acontece cada día y también en los periodos en los que el desarrollo permanece estancado. A partir de estas notas algunos datos emergen como pilares fundamentales: se ha revelado que mientras el misterioso desarrollo interior es notable, la correspondiente manifestación externa es mínima; hay evidentemente una gran desproporción entre la actividad de la vida interior y la posibilidad de expresión externa. Resulta que no existe un desarrollo regular y lineal, sino a saltos. Por ejemplo, se verifica en un cierto periodo la conquista de las sílabas, después de que, durante meses, el infante no emita otra cosa que sílabas; externamente no se percibe ningún progreso. Luego, el infante pronuncia de repente una palabra, pero a continuación durante mucho tiempo solo usa una o pocas palabras. De nuevo no se manifiesta ningún progreso y uno se siente casi desalentado al constatar un desarrollo externo tan lento. Parece extremadamente lento, pero otras expresiones nos revelan que en la vida interior el progreso se desarrolla constante y considerablemente. Además, ¿no se produce el mismo fenómeno en la vida social? Si observamos la historia, vemos que durante siglos la humanidad vivió a un mismo nivel, primitiva, conservadora, incapaz de progreso, pero esto no es más que la manifestación externa visible en la historia. En realidad, se da un continuo crecimiento interior hasta que se manifiesta una explosión imprevista de descubrimientos que llevan a una rápida evolución. Sigue luego otro periodo de calma y de progreso lento, seguido de un nuevo salto externo.

Lo mismo sucede con el infante respecto del lenguaje del ser humano. No hay solo un lento y continuo progreso de palabra en palabra, sino que existen también fenómenos explosivos (como los llaman los psicólogos) que tienen lugar sin ser provocados por la enseñanza de maestros y, en efecto, sin una razón aparente.

En el mismo periodo de vida, se da, para cada niño y de forma repentina, una irrupción de palabras, todas pronunciadas a la perfección. En tres meses el infante, casi mudo, aprende a usar con facilidad todas las formas complicadas de nombres, sufijos, prefijos y verbos, y para cada niño todo lo que acontece al final del segundo año de edad. El ejemplo del niño debe, pues, estimularnos. En las épocas de estancamiento histórico debemos esperar algo similar para la sociedad. Quizás la humanidad no es tan necia como parece; sucederán tal vez cosas maravillosas que serán la explosión de una vida interior para nosotros oscura.

Estos fenómenos explosivos y estas erupciones de expresión continúan en el infante después de los dos años; el uso de frases simples y compuestas, el uso del verbo en todos los tiempos y modos, incluso el subjuntivo, el uso de las diversas proposiciones subordinadas y coordinadas aparecen del mismo modo imprevisto y explosivo. Así se completa la construcción psicológica y el mecanismo de expresión del lenguaje del grupo, al que el niño pertenece (raza, nivel social, etc.). Este tesoro, preparado en el subconsciente, se confía a la consciencia y el niño, en plena posesión de este nuevo poder, habla y habla sin pausa.

Después de este límite de dos años y medio, que señala una frontera de la inteligencia, da inicio un nuevo periodo en la formación del ser humano, en la que la organización del lenguaje continúa desarrollándose sin explosiones, pero con gran vivacidad y espontaneidad. Este segundo periodo se extiende más o menos hasta los cinco o seis años. Es el periodo en el que el infante aprende un gran número de palabras y va perfeccionando la composición de las frases. Seguramente, si el niño vive en un ambiente en el que oye pocas palabras o una lengua dialectal, usará solo esas palabras; pero si vive en un ambiente con un lenguaje culto y con un vocabulario rico, el niño podrá fijarlo todo en sí mismo. El ambiente tiene, en consecuencia, una gran importancia, pero no hay dudas de que en este periodo el lenguaje del infante se enriquecerá en cualquier ambiente.

En Bélgica, algunos psicólogos descubrieron que el niño de dos años y medio posee solo entre doscientas y trescientas palabras, mientras que a los seis años alcanza el conocimiento de miles de palabras. Todo ello sucede sin maestro, por adquisición espontánea. Y he aquí que, después de que el infante aprenda todo esto solo, lo mandamos a la escuela y le ofrecemos como una gran adquisición el aprendizaje del alfabeto.

Tenemos que observar bien la doble vía que ha seguido: la de la actividad inconsciente que prepara el lenguaje y luego la de la consciencia que se despierta gradualmente y toma del subconsciente lo que este le puede ofrecer. ¿Cuál es el resultado final? El ser humano: el infante de seis años que sabe hablar bien su lengua, conoce y usa sus reglas; aunque no puede darse cuenta de esta labor inconsciente, él es en realidad el ser humano que crea el lenguaje. El niño lo ha creado por sí mismo. Si el infante no tuviese este poder y si no se apoderase espontáneamente del lenguaje, no habría habido trabajo posible en el mundo de los seres humanos, ni se habría desarrollado la civilización.

Este es el verdadero aspecto del niño y esta es su importancia: él lo construye todo; construye, por ende, las bases de la civilización. Por eso se le debería ofrecer al niño la ayuda que necesita y una guía para que no avance solo.

LA LLAMADA DEL LENGUAJE

Deseo ilustrar el maravilloso mecanismo del lenguaje.

Se sabe que en el mecanismo de relación del sistema nervioso participan los órganos de los sentidos, los nervios, los centros nerviosos y los órganos motores. Que exista un mecanismo que relativo al lenguaje va más allá, en cierto sentido, de los aspectos materiales. Los centros cerebrales que se relacionan con el lenguaje se descubrieron a finales del siglo pasado. Son dos los centros especiales relativos al lenguaje: uno es el centro del lenguaje oído, centro auditivo receptivo; y el otro es el centro para la producción del lenguaje, que es el hablar, el motor del discurso. Si observamos la cuestión desde el punto de vista de los órganos externos, vemos que hay también dos centros orgánicos; uno para oír el lenguaje (oído), y otro para hablar (boca, garganta, nariz). Estos dos centros se desarrollan por separado, tanto en el campo psicológico como en el fisiológico. El centro receptivo o auditivo está relacionado con la sede misteriosa de la psiquis donde se desarrolla el lenguaje en lo más profundo del inconsciente, mientras la actividad del centro motor se manifiesta en la palabra hablada.

Es evidente que la segunda parte, la que está relacionada con los movimientos necesarios para la emisión del lenguaje, se desarrolla más lentamente y se manifiesta después que la otra. ¿Por qué? Los sonidos oídos por el infante provocan los delicados movimientos que producen el sonido. Lo cual es muy lógico porque si la humanidad no posee un lenguaje preestablecido (la humanidad crea, en efecto, un lenguaje por sí misma) es necesario que el infante oiga los sonidos del lenguaje creado por su gente antes de poder reproducirlos. Por eso el movimiento para la reproducción del sonido debe estar basado en un sustrato de impresiones recibidas por la psiquis, dado que el movimiento depende de los sonidos que han sido oídos y que se han impreso en la psiquis. Esto es fácil de entender, pero es necesario tener en cuenta que el lenguaje hablado se produce mediante un mecanismo de la naturaleza y no por un razonamiento lógico; es la naturaleza que actúa lógicamente. En la naturaleza se advierten primero los hechos y luego, una vez entendidos, se dice: «¡Qué lógicos son!». Y después se añade: «Detrás de los hechos, debe existir una inteligencia que los organice». Esta misteriosa inteligencia que actúa en la creación de las cosas es a menudo más visible en los fenómenos psicológicos que en los naturales, aunque sean vistosos: pensemos en las flores y en la belleza de sus colores y de sus formas. Está claro que, al nacer, las dos actividades del oído y el habla no existen. ¿Qué existe entonces? Nada, aunque todo está listo para la realización.

Existen estos dos centros libres de todo sonido y toda herencia, en lo relativo a un lenguaje concreto, pero capaces de extraer el lenguaje y de elaborar los movimientos necesarios para reproducirlo. Estos dos puntos forman parte del mecanismo que está destinado al desarrollo del lenguaje en su totalidad.

Profundizando aún más en la materia, vemos que aparte de los dos centros existen una sensibilidad y una habilidad listas para actuar, también ellas centralizadas. La actividad del infante sigue, por tanto, a las sensaciones del oído, todo está estupendamente dispuesto de modo que cuando el niño nace puede enseguida comenzar el trabajo de adaptación y preparación para la palabra.

Observemos, entre el conjunto de los elementos preparados, los órganos. La creación de este mecanismo es no menos maravillosa que el mecanismo psicológico. El oído (el órgano del lenguaje auditivo), que según la naturaleza se forma en el ambiente misterioso en el que el ser se crea, es un instrumento tan delicado y complicado como para parecer obra de un genio musical. La parte central del oído es casi un arpa, que puede vibrar con sonidos diferentes según el largo de las cuerdas. El arpa de nuestro oído tiene sesenta y cuatro cuerdas dispuestas en gradación, y, como el espacio es tan pequeño, estas cuerdas están dispuestas como en un caracol. Constreñida en sus límites espaciales, la naturaleza ha construido sabiamente todo lo necesario para captar sonidos musicales. ¿Quién hace vibrar estas cuerdas? Dado que nada las percute, pueden permanecer silenciosas durante años, como las de un arpa abandonada. Pero delante del arpa hay un tambor y cuando algún ruido golpea dicho tambor, las cuerdas del arpa vibran y nuestro oído recoge la música del lenguaje.

El oído no acoge todos los sonidos del universo, porque no tiene cuerdas suficientes, pero sobre estas puede resonar una música compleja y se puede transmitir todo un lenguaje con sus delicadas y refinadas complicaciones. El instrumento del oído ha sido creado en la misteriosa vida prenatal; en el niño que nace, a los siete meses, el oído está ya completo y listo para cumplir su función. ¿Cómo transmite este instrumento los sonidos que le llegan, mediante las fibras nerviosas, hasta el punto del cerebro donde están localizados los centros especializados para recogerlos? Estamos aún frente a uno de los misterios de la naturaleza. Pero, ¿cómo se crea después del nacimiento el lenguaje hablado? Los psicólogos que han estudiado a los recién nacidos dicen que el sentido más lento a la hora de desarrollarse es el del oído: es tan holgazán que algunos afirman que el niño nace sordo. Todo ruido producido a su alrededor, que no sea violento, no suscita signos de reacción. Para esto tiene algo casi místico: no me parece una insensibilidad del neonato, sino un recogimiento profundo, una concentración de sensibilidad en los centros del lenguaje; especialmente en el que acoge las palabras. El motivo es que estos centros están destinados a captar el lenguaje, las palabras; parece que este potente mecanismo del oído responde y actúa solo con sonidos especiales: la palabra hablada, de modo que esta activa enseguida el mecanismo que reproduce el sonido con su movimiento.

Si no hubiese una separación de la directiva de sensibilidad y los centros fuesen libres de acoger cualquier sonido, el infante reproduciría los sonidos más singulares, propios de los diversos ambientes de su vida y, en consecuencia, también los ruidos. Precisamente porque la naturaleza ha construido y separado estos centros para el lenguaje, el ser humano puede aprender a hablar. Ha habido casos de niños lobo abandonados en la jungla que han sobrevivido milagrosamente y que, aunque habían vivido en medio de todo tipo de sonidos de pájaros, de animales, del rumor del agua y del crujido de las hojas, han permanecido completamente mudos. No emitían sonidos de ningún tipo porque no habían oído los del lenguaje humano, el único que tiene el poder de poner en marcha el mecanismo del lenguaje hablado.[38] Insisto en esto para demostrar que para el lenguaje existe un mecanismo concreto. No es la posesión del lenguaje en sí, sino la posesión de este mecanismo para la creación del propio lenguaje, lo que distingue a la humanidad; de modo que las palabras son el resultado de una especie de elaboración que hace el niño gracias al mecanismo a su disposición. En el misterioso periodo que sigue inmediatamente al nacimiento, el infante, ser psicológico dotado de refinada sensibilidad, puede ser figurado como un yo durmiente, que de repente se despierta y oye una música maravillosa: todas sus fibras comienzan a vibrar. El neonato podría decir que ningún otro sonido lo ha alcanzado antes, pero este ha tocado su alma y él no ha sido sensible a ningún otro sonido sino a esta llamada en concreto. Si recordamos las grandes fuerzas propulsoras que crean y conservan la vida, podemos comprender cómo las creaciones provocadas por esta música permanecen eternas y cómo el instrumento de esta eternización son los nuevos seres que vienen al mundo. Lo que se establece entonces en la mneme del neonato tiene tendencia de eternidad. Todos los grupos humanos aman la música, crean su propia música y su propio

38. Un ejemplo interesante de esto es el del salvaje de Aveyron. Véase la nota 31 del capítulo «La conquista de la independencia».

lenguaje. Cada grupo responde a su propia música con los movimientos del cuerpo y esta música se conecta con las palabras. La voz humana es una música y las palabras son sus sonidos, que en sí no tienen significado, pero a los cuales cada grupo les ha dado su sentido especial. En India, centenares de lenguajes separan a los grupos, pero la música los une a todos, señal de que las impresiones sobre el neonato han permanecido. Ahora bien, tengamos en cuenta que no existen animales que posean música y danza, mientras toda la humanidad en todas las partes del mundo conoce y crea la música y la danza.

Estos sonidos del lenguaje están fijados en el inconsciente. No podemos ver lo que acontece internamente en el ser, pero las manifestaciones externas nos ofrecen una guía. Primero, en el subconsciente del pequeño se fijan los sonidos singulares, y es esta la parte integral de la lengua materna: la podríamos llamar el alfabeto. Siguen luego las sílabas, después las palabras, dichas tal como un niño lee a veces en el silabario, sin conocer el significado. ¡Pero con cuánta sabiduría se desarrolla esta labor en el infante! En su interior hay un pequeño maestro que actúa como uno de esos viejos docentes que solían hacer recitar el alfabeto a los niños, después las sílabas y a continuación las palabras. Solo que el maestro manda esta tarea en un momento equivocado, cuando el niño ya la ha hecho por sí solo y posee ya su lenguaje. En cambio, el maestro interior hace las cosas en el momento justo, el infante fija los sonidos, luego las sílabas, con una construcción gradual, lógica como el lenguaje. Siguen luego las palabras y, por último, entramos en el campo de la gramática. Vienen primero los nombres de las cosas, los sustantivos. He aquí por qué la enseñanza de la naturaleza es tan útil para iluminar nuestro pensamiento: la naturaleza es maestra y enseña al infante la parte del lenguaje que a los adultos les parece más árida y por la cual el niño muestra un intenso interés, también en su desarrollo posterior hasta los tres y cinco años. Enseña metódicamente nombres y adjetivos, conjunciones y adverbios, verbos en infinitivo, luego la conjugación de los verbos, la declinación de los nombres, los prefijos, los sufijos y todas las excepciones del lenguaje. Sucede como en una escuela: tenemos al final el examen en el que el infante demuestra que sabe usar cada parte del discurso. Solo entonces nos damos cuenta de qué buen maestro ha actuado en la intimidad del niño y de lo diligente que ha sido él como estudiante, capaz de aprender todo correctamente. Pero nadie se percata de esta labor milagrosa y solo cuando el infante sea confiado a la escuela cobraremos interés y sentiremos satisfacción por lo que él vaya aprendiendo. Sin embargo, si es verdadera la profesión de amor de los grandes a los pequeños, son los milagros y no los así llamados defectos de los niños los que deberían relucir a nuestros ojos.

El infante es verdaderamente un milagro y este milagro debería ser percibido por el maestro. En dos años, este pequeño ser lo ha aprendido todo. En estos dos años, veremos en él una consciencia que se despierta gradualmente, con un ritmo cada vez más veloz; luego, de repente, veremos a esta consciencia tomar la delantera y dominarlo todo. A los cuatro meses (hay quien piensa que antes y estoy dispuesta a admitirlo), el infante se percata de que la música misteriosa de la que está rodeado y que lo toca profundamente viene de la boca humana. La boca y los labios, al moverse, la producen; a menudo pasa desapercibida la atención que el niño pequeño presta al movimiento de los labios de quien habla; los mira con gran intensidad y trata de imitar los movimientos.

Su conciencia interviene para asumir el impulso de la labor. Claro que el movimiento ha sido preparado inconscientemente y no todas las coordinaciones exactas de las menudísimas fibras musculares, necesarias para emitir el lenguaje, han sido completadas perfectamente, pero la consciencia cobra ya interés, reaviva la atención y hace una serie de investigaciones inteligentes y vivaces.

Después de haber observado durante dos meses la boca de quien habla, el infante produce los sonidos silábicos; esto es cuando tiene cerca de seis meses. De repente, incapaz como era de articular un sonido de lenguaje, se despierta una mañana, antes que nosotros, y lo escuchamos silabear «pa....pa...ma....ma...». El niño ha creado las dos palabras «papá» y «mamá». Seguirá después, durante un tiempo, pronunciando solo estas sílabas; y nosotros decimos que «el pequeño no sabe hacer otra cosa». Pero tengamos en cuenta que esto es un punto que se alcanza después de mucho esfuerzo, que es el punto de llegada del yo que ha hecho un descubrimiento y es consciente de sus capacidades; tenemos ya un pequeño hombre, no un mecanismo, sino un individuo que hace uso de los mecanismos a su disposición. Llegamos al final del primer año de vida: pero antes del primer año, a los diez meses, el infante ha hecho otro descubrimiento, esto es, que la música producida por la boca de un ser humano tiene un objetivo, no es solo música: cuando le dirigimos palabras de ternura, el pequeño se da cuenta de que están destinadas a él y empieza a comprender que son pronunciadas con una finalidad. Así, dos cosas han sucedido al final del primer año de vida: en la profundidad del inconsciente, él ha comprendido; a nivel de conciencia, ha creado el lenguaje, aunque por el momento este no consista más que en un balbuceo, un simple repetir sonidos y combinarlos.

Con un año, el niño dice sus primeras palabras con intención. Balbucea como antes, pero su balbuceo tiene una finalidad y esta intención significa inteligencia consciente. ¿Qué ha sucedido en su intimidad? El estudio del infante nos ha permitido conocer que en su interior hay mucho más que lo que se demuestra en las modestas manifestaciones de sus capacidades. Él se percata cada vez más de que el lenguaje se refiere al ambiente que lo circunda y su deseo de llegar al dominio consciente de dicho ambiente no deja de crecer. Y aquí comienza en el infante una gran lucha: la lucha de la conciencia contra el mecanismo. Es la primera lucha del ser humano: la primera guerra entre las partes. Para demostrar este hecho puedo referirme a mi experiencia personal.

Tengo muchas cosas que decir y querría, como a menudo me ha sucedido en un país extranjero, expresarlas en una lengua distinta de la mía para llegar al alma del auditorio, pero en una lengua extranjera mis palabras serían un balbuceo inútil. Sé que mi auditorio es inteligente y querría intercambiar ideas con él, pero esto no se me ha concedido y soy impotente para hablar.

El periodo en el que la inteligencia tiene muchas ideas y es consciente de que podría comunicarlas, pero no puede hacerlo por falta de lenguaje, es un periodo dramático de la vida del niño y procura las primeras desilusiones. En su subconsciente él tiende con todo su ser a aprender a expresarse, y este esfuerzo vuelve solícita y estupenda la conquista del lenguaje.

Un ser deseoso de expresarse necesita un maestro que le enseñe claramente las palabras. ¿Pueden los familiares actuar como maestros? Habitualmente nosotros no ayudamos al niño, no hacemos más que repetir su balbuceo y si él no tuviese un maestro interior, no aprendería nada. Este maestro lo empuja hacia los adultos que hablan entre ellos y no se dirigen a él. Lo empuja a adueñarse del lenguaje con la exactitud que nosotros no le ofrecemos. Sin embargo, a la edad de un año, el infante podría encontrar, como en nuestras escuelas, personas inteligentes que le hablen inteligentemente. No se han comprendido lo suficiente las dificultades que el niño encuentra entre el primer y el segundo año de edad, ni la importancia de darle la posibilidad de aprender exactamente. Debemos darnos cuenta de que el niño alcanza por sí mismo el conocimiento de los nexos gramaticales, no hay razón para que no se le hable gramaticalmente y para que no lo ayudemos en el análisis de la frase. Los nuevos asistentes de la infancia[39] para niños desde uno a dos años deberán tener nociones científicas acerca del desarrollo del lenguaje. Ayudando al infante, llegamos a ser asistentes y colaboradores de la naturaleza que crea, de la naturaleza que enseña, y encontraremos todo un método ya trazado para nosotros.

---

39. El ente moral Obra Montessori de Roma ha realizado, a lo largo de los años, numerosos cursos para formar asistentes de la infancia especializados en cuidar niños muy pequeños (uno o dos años de edad).

Volviendo a la comparación que hice más arriba, ¿qué podría hacer yo, balbuceando en una lengua extranjera, si quisiese comunicar algo especialmente interesante? No sabría dominarme y me pondría inquieta, y quizás también elevaría la voz.

Lo mismo le sucede al niño de uno o dos años cuando quiere hacernos comprender en una o dos palabras lo que desea expresarnos y no lo logra: he aquí, entonces, sus berrinches, su violenta inquietud, que en nuestra opinión no tienen razón de ser. Existirá, en efecto, quien diga: «¡Vemos la innata perversidad de la naturaleza humana!». Pero el infante, este pequeño hombre, lucha incomprendido para alcanzar su independencia: no tiene el lenguaje y su única expresión es el enojo, aunque tiene la capacidad de construir el lenguaje; la cólera es la expresión del esfuerzo obstaculizado en la búsqueda de la palabra que él debe formar a su manera. Sin embargo, ni la desilusión, ni los malentendidos lo hacen desistir de su tarea, palabras que en cierto modo se parecen a las usadas comienzan a aparecer gradualmente.

Cerca del año y medio el niño descubre otro hecho: que cada objeto tiene su propio nombre; esto significa que entre todas las palabras que él ha escuchado, ha podido distinguir los nombres y especialmente los nombres concretos; es un paso maravilloso del desarrollo. Existía para él un mundo de objetos, y ahora estos objetos son definidos por palabras. Lamentablemente, solo con nombres no se puede expresar todo; y él tiene que usar una sola palabra para expresar un pensamiento entero. Los psicólogos dirigen una especial atención a estas palabras que querrían expresar frases, y las llaman «palabras difusivas», o «frases de una sola palabra»; así, el infante, al ver ante sí la sopa gritará: «Ma pa» tratando de decir quiero un poco de papilla, y expresando así toda una frase en una palabra incompleta: pa...

Una característica de este lenguaje difusivo, de este lenguaje forzado del infante, es la alteración de la palabra; en este lenguaje las palabras alteradas y a menudo abreviadas se unen con algunas imitativas («guau guau» por perro) y otras inventadas. El conjunto constituye el denominado lenguaje infantil, que pocos se toman el trabajo de estudiar y que, en cambio, debería ser examinado por quienes cuidan la infancia.

A esta edad, el niño está construyendo muchas cosas aparte del lenguaje: entre ellas está el sentido del orden. No es una tendencia temporal, como muchos creen, es una necesidad real: refleja la necesidad intensa que sienten los infantes cuando atraviesan un periodo de actividad psicológica constructiva, que en este caso se expresa en ordenar lo que, según su lógica, está desordenado.

También en este campo, la inutilidad de los esfuerzos causa muchas angustias en el niño y la comprensión de su lenguaje permitiría calmar su ánimo atormentado.

Aunque todos los días se repiten casos similares, recuerdo un episodio ya referido por mí, porque ilustra de manera particular este argumento. Se trata de aquel niño español que decía «go» en vez de «abrigo» y «palda» en vez de «espalda»: las dos palabras, go y palda, eran manifestaciones de un conflicto mental del niño que lo hacía prorrumpir en gritos y actos descompuestos. La mamá del niño llevaba su abrigo sobre el brazo y el niño seguía gritando. Finalmente, se me ocurrió sugerir a la madre que se volviera a poner el abrigo; inmediatamente los gritos del niño cesaron y balbuceó feliz «to palda» para decir: ahora está bien, un abrigo está hecho para ser llevado sobre las espaldas. Y este episodio vale también a veces para insistir sobre el deseo de orden y sobre la aversión al desorden que son propios del infante.[40]

Reafirmo nuevamente la necesidad de una «escuela» concreta para los niños desde un año a un año y medio, y considero deber de las madres y de la sociedad en general hacer que los infantes, en vez de vivir aislados, vivan junto a los adultos y tengan frecuentes experiencias del mejor lenguaje en una dicción clara.

---

40. Estos y otros ejemplos de este tipo, que revelan también la posibilidad del niño de entender una conversación entera antes de poder expresarse, se pueden encontrar en mi libro ya citado *Il segreto dell'infanzia*.

LOS OBSTÁCULOS Y SUS CONSECUENCIAS

Ahora me gustaría, para entender mejor las tendencias ocultas del infante, hablar acerca de algunas sensibilidades íntimas. Llegar casi a un psicoanálisis de la mente del niño, por decirlo de algún modo.

La primera explosión del desarrollo del lenguaje de los niños es de palabras y la segunda, de frases. Pero para llegar a esta explosión se necesita, indudablemente, una preparación. ¡Algo oculto, secreto, no es una hipótesis, porque los resultados indican los esfuerzos que el infante ha tenido que hacer para expresar su pensamiento! Como los adultos no siempre comprenden lo que el niño quiere decir, son propios de esta fase de preparación el enojo y la agitación a los que he aludido. En este periodo, la agitación forma parte de la vida infantil. Todos los esfuerzos del niño no coronados por el éxito producirán en él un estado de agitación. Se sabe que los sordomudos suelen ser conflictivos, lo que se explica precisamente por la incapacidad para expresarse. Hay una riqueza interior que quiere encontrar el modo de expresarse y el infante normal la encuentra, pero solo con grandes dificultades.

Es un periodo difícil en el que el ambiente y las limitaciones propias del infante crean los obstáculos. Es el segundo periodo difícil de adaptación; el primero es el posterior al nacimiento, cuando el niño tiene de repente que funcionar por sí mismo, mientras que hasta entonces la madre lo había hecho todo por él. Vimos entonces que si faltan cuidados y comprensión, el terror del nacimiento actúa sobre el infante y es causa de regresión. Algunos niños son más fuertes que otros, otros encuentran ambientes favorables y, entonces, proceden directamente hacia la independencia, que es la base del desarrollo normal sin regresión. En este periodo se percibe una situación paralela. La conquista del lenguaje es un camino laborioso hacia la mayor independencia que brinda poder hablar, pero plantea también al mismo tiempo el peligro de la regresión.

Debe recordarse otra característica de este periodo creativo; tanto las impresiones como su resultado tienden a permanecer registradas para siempre: esto se confirma también con los sonidos y la gramática. Los niños retienen toda la vida las adquisiciones de este periodo, de modo que también los efectos negativos de los obstáculos que encuentran perduran durante toda la vida. Y esta es la característica de todas las fases de la creación. Una lucha, un miedo u otros obstáculos pueden producir consecuencias imborrables, pues las reacciones a estos obstáculos son absorbidas del mismo modo que los elementos positivos del desarrollo. (Es decir: si hay una mancha de luz sobre la película fotográfica, aparecerá en todas las reproducciones). Por lo tanto, en este periodo no hallamos solo el desarrollo del carácter, sino también el de algunas características psicológicas desviadas que se revelarán en el infante con su crecimiento. El conocimiento de la lengua materna y la función de caminar se adquieren en este periodo eminentemente creativo que va más allá de la edad de dos años y medio, pero deviene entonces menos intenso y fecundo. La conquista de estas funciones tiene lugar ahora, pero estas siguen creciendo y desarrollándose luego; así, los defectos y las dificultades adquiridos en este periodo quedan fijados y aumentan. Muchos defectos que se presentan en los adultos son, precisamente, atribuidos por el psicoanálisis a este lejano periodo de la vida.

Las dificultades que impiden el desarrollo normal están comprendidas en el término represión (término particularmente usado en psicoanálisis, pero también en la psicología general). Estas represiones, hoy conocidas por todos, se refieren a la edad infantil. Pueden darse ejemplos relacionados con el lenguaje mismo, aunque existen en relación con muchas otras actividades humanas. La masa de palabras que explota debe tener libertad de emisión. Del mismo modo, tiene que haber libertad de expresión cuando acontece la explosión de frases y el niño da forma regular a sus pensamientos. Se da gran importancia a la libertad de expresión, porque se considera ligada no solo con el presente inmediato del mecanismo en vías de desarrollo, sino también con la vida futura del individuo. Existen algunos casos en los que, como he dicho más arriba, no acontece nada a la edad a que debería suceder la explosión; el infante de más de tres años o de tres años y medio usa todavía solo las pocas palabras propias de una edad mucho más infantil o parece mudo, pese a que sus órganos de la palabra son perfectamente normales. Este fenómeno se llama «mutismo psicológico», tiene una causa puramente psicológica y es una enfermedad psicológica.

Este es el periodo en el que se originan algunas enfermedades psicológicas, objeto de estudio del psicoanálisis (que es, en realidad, una rama de la medicina). A veces, el mutismo psicológico desaparece de repente, como por milagro; el infante comienza de repente a hablar bien y plenamente, con total cognición de la gramática. Es evidente que todo había sido preparado ya antes en su intimidad y la expresión solo había sido impedida por algún obstáculo.

En nuestras escuelas hemos tenido a infantes de tres o cuatro años que no habían hablado nunca y que de repente, en el nuevo ambiente comenzaron a hacerlo; nunca habían pronunciado, ni siquiera, las palabras que usan los niños de dos años; gracias a la actividad libre que les fue concedida y al ambiente estimulante, manifestaron inesperadamente esta capacidad de expresión. ¿Por qué? Un grave impacto psicológico o una persistente oposición habían impedido hasta entonces que el infante diera vía libre a la riqueza de su lenguaje.

También algunos adultos encuentran dificultades en el habla: deben hacer un gran esfuerzo y parecen dudar de lo que tienen que decir, muestran una especie de vacilación que se manifiesta de distintas maneras:

1. no tienen el valor de hablar;
2. no tienen el valor de pronunciar las palabras;
3. tienen dificultades en el uso de las frases;
4. hablan más lentamente que una persona normal, intercalando: eh, um, pero, ah, etc.

Encuentran en sí mismos una dificultad ya invencible que los acompaña durante toda la vida; y que supone para ellos un estado de permanente inferioridad.

Existen también impedimentos psicológicos que roban al adulto la posibilidad de articular claramente las palabras; casos de tartamudeo y de mala pronunciación. Estos defectos tienen su origen en el periodo en el que los mecanismos de la palabra se van formando. Se confirman, pues, distintos periodos de adquisición y sus correspondientes periodos de regresión.

Primer periodo:

Se adquiere el mecanismo de la palabra. Regresión correspondiente: sigmatismo, balbuceo.

Segundo periodo:

Se adquiere el mecanismo de la frase (expresión del pensamiento). Regresión correspondiente: vacilación en la formulación.

Estas regresiones están relacionadas con la sensibilidad del infante; igual que él es sensible a la recepción para crear y aumentar sus posibilidades, lo es también a los obstáculos demasiado importante que se le interponen. Las consecuencias de esta sensibilidad obstaculizada se fijan luego como un defecto para el resto de la vida; pues debe recordarse siempre que la sensibilidad del niño es mucho mayor de lo que nosotros podemos imaginar.

Estos obstáculos que a menudo interponemos al infante, nos hacen responsables de anomalías que lo acompañarán toda la vida. El trato al niño debe ser en lo posible suave y alejado de toda violencia, porque a menudo no nos damos cuenta de nuestra dureza y violencia. Debemos vigilarnos. La preparación para la educación es un estudio de nosotros mismos; y la preparación de un maestro que tiene que ayudar a la vida implica mucho más que una simple preparación intelectual; es una preparación del carácter, una preparación espiritual.

La sensibilidad del niño presenta diversos aspectos, pero en este periodo la sensibilidad para los traumas es común a todos. Otra característica común es la sensibilidad al esfuerzo calmado, pero frío y decidido, del adulto de impedir las manifestaciones exteriores del niño: «¡No debes hacer esto! ¡Esto no se hace!». Quienes aún siguen confiando al infante a la llamada niñera deberían oponerse especialmente a la tendencia fríamente autoritaria que estas demuestran a menudo. A este trato se debe el apocamiento tan frecuente entre los individuos que proceden de clases altas, que no carecen de coraje, pero que cuando hablan revelan a menudo una timidez que se traduce en vacilaciones y tartamudeos.

También yo he tenido que usar modales demasiado ásperos con algunos niños y he dado ejemplo de ello en uno de mis libros.[41] Un niño había posado sus zapatitos de paseo sobre la manta de su lecho: los quité de allí con resolución, los puse en el suelo y limpié enérgicamente la manta con la mano para demostrarle que ese no era el sitio adecuado para poner los zapatos. Durante dos o tres meses, cada vez que el niño veía un par de zapatos, los cambiaba de lugar y miraba alrededor en busca de una manta o de un almohadón para limpiar. Su respuesta a mi lección demasiado

41. Montessori, Maria, *Il segreto dell'infanzia*, cit.

vigorosa no fue, por tanto, la de un espíritu resentido y rebelde, no dijo: «¡No me hables así; pongo mis zapatos donde me parece!», sino que respondió a mí y a mi comportamiento erróneo con una manifestación anormal. A menudo sucede que el infante no es violento en sus reacciones; y sería mejor que lo fuese, pues el niño, con sus berrinches, encuentra el modo de defenderse y puede alcanzar un desarrollo normal, pero cuando responde mudando el carácter o tomando el camino de la anormalidad, toda su vida resulta socavada. Los adultos no se preocupan por esto y se inquietan solo por los berrinches de sus pequeños.

Otro complejo de anomalías está representado por algunos miedos insensatos y por los «tics» nerviosos que sufren algunos adultos. La mayoría pueden ser reconducidos a la violencia empleada frente a la sensibilidad del infante. Algunos de estos miedos insensatos reflejan episodios desagradables con animales, gatos o gallinas; otros tienen su origen en el abatimiento de un niño que permaneció encerrado en una habitación. No es posible socorrer a las víctimas de estos miedos con la razón y la persuasión. Estos miedos irracionales se definen con el nombre de «fobias». Algunas de ellas son tan comunes que tienen una denominación concreta: como la «claustrofobia» (miedo de las puertas cerradas, a los espacios delimitados).

Se podrían citar más ejemplos si entráramos en el campo de la medicina, pero solo lo menciono para ilustrar la forma mental de los niños de esta edad y para insistir en que cada actitud nuestra en el trato hacia el infante no se refleja solo en él, sino también en el adulto que de allí surgirá.

Es verdaderamente necesario adentrarse en el sendero de la observación y de los descubrimientos para penetrar en la mente del infante, de igual modo que el psicólogo penetra en el subconsciente del adulto. Algo que no es fácil, porque a menudo no comprendemos el lenguaje infantil o, si lo comprendemos, no captamos el significado que los niños entienden dar a sus palabras. A veces hay que conocer toda la vida del infante, es decir, investigar el periodo anterior para dar paz a esta criatura en las dificultades que encuentra. A menudo necesitamos a un intérprete del niño y de su lenguaje que nos abra su estado mental.

Yo he trabajado mucho en este sentido, he tratado de convertirme en intérprete del niño y he observado con sorpresa cómo los niños corren hacia quien es su intérprete, porque entienden que allí hay alguien que puede ayudarlos.

El entusiasmo del niño es algo totalmente distinto del afecto que él tiene hacia quien lo mima o lo acaricia. El intérprete es para el infante «la gran esperanza»; es alguien que le abrirá la vía de los descubrimientos cuando el mundo le haya cerrado sus puertas. Este individuo que lo ayuda entra en íntima relación con él, una relación que supera el afecto, porque ofrece ayuda y no solo consuelo.

En una casa en la que yo vivía y trabajaba, tenía la costumbre de ponerme a hacerlo bien temprano por la mañana. Un día, un nene que no tenía más de un año y medio, entró en mi habitación a primera hora. Lo interrogué con afecto, pensado que deseaba comer; él me respondió: «¡Quiero los gusanos!». Repetí sorprendida: «¿Gusanos?». El niño se dio cuenta de que yo no había entendido y me ayudó agregando: «Huevo». Entonces pensé: no puede tratarse del desayuno. ¿Qué querrá? El niño agregó otras palabras: «Nena, huevo, gusanos». Entonces comprendí todo y recordé (y he aquí por qué digo que es necesario comprender las circunstancias de la vida del infante), que el día anterior su hermanita, Nene, había rellenado el contorno de un óvalo de líneas hechas con lápices de colores. El pequeño había querido los lápices, pero la hermanita se había negado y lo había echado. Y, vemos cómo trabaja la mente de un niño, él no se había enfrentado a la hermana, sino que había esperado la ocasión, con mucha paciencia y firmeza, para reponerse. Le di el lápiz y la plantilla ovalada: la carita del pequeño se iluminó, pero no fue capaz de hacer el contorno del huevo y tuve que trazarlo por él. Después, cuando se lo dibujé, lo llenó de líneas onduladas. La hermanita había empleado las típicas líneas rectas, pero él trató de hacer las cosas mejor y trazó líneas onduladas a modo de «gusanos». El niño había esperado, pues, a que todos durmiesen, menos su intérprete, y había recurrido a ella porque sentía que lo iba a ayudar.

Los berrinches y las reacciones violentas no son los rasgos destacados de esta edad infantil, sino que lo es la paciencia: la paciencia de esperar el momento oportuno. Las reacciones violentas o los berrinches expresan el estado de exasperación del infante que no sabe expresarse. El caso recordado revela también que el pequeño trata de desempeñar actividades propias de niños más mayores. Si se encamina a un niño de tres años a una forma de trabajo, se verá que también el pequeño de un año y medio estará ansioso por aplicarse a ella. Encontrará obstáculos en la ejecución, pero tratará de hacerlo. Un pequeño deseaba imitar a la hermana de tres años, que estaba aprendiendo los primeros pasos de danza. La maestra nos preguntaba cómo podría enseñar a una alumna tan pequeña los movimientos de ballet. Insistimos diciéndole que no se preocupara por si la niña era capaz o no de aprender; que tratara igualmente de enseñarle. Sabiendo que nuestra intención era ayudar a la niña en su desarrollo, la maestra aceptó y trató de enseñarle; el pequeño de un año y medio se adelantó inmediatamente con sus palabras: «Yo también». La maestra replicó que era absolutamente imposible, y que enseñar a un niño de un año y medio era una afrenta a su dignidad de maestra. La convencimos de dejar de lado la dignidad y de conformarse. Comenzó a sonar una marcha: el pequeño se enfureció inmediatamente y no quiso moverse. La maestra veía en la resistencia del niño una justificación de su actitud y de su rechazo. Pero el niño no estaba inquieto por la danza; estaba furibundo porque la maestra había dejado el sombrero sobre el sofá. No pronunciaba las palabras «sombrero» ni «maestra»; repetía otras dos con ira concentrada: «perchero», «entrada», para decir «El sombrero no puede estar sobre el sofá, sino en el perchero de la entrada». Había olvidado la danza y su alegría, casi como si sintiese el deber de transformar el desorden en orden. En cuanto el sombrero fue colgado en el perchero, la cólera del niño cesó y se dispuso a bailar. Está claro que la necesidad fundamental de orden supera cualquier otro estímulo en el infante.

El estudio de la palabra y de la sensibilidad del niño permiten penetrar en su ánimo a una profundidad a la que los psicólogos generalmente no llegan. La paciencia del infante en el primer ejemplo y la pasión por el orden en el segundo ofrecen materia para observaciones de gran interés. Si junto a estos ejemplos recordamos al niño que entendía toda una conversación, pero no aprobaba la opinión final sobre la feliz conclusión de una historia narrada[42], vemos que no existen solo los hechos, sino toda una vida mental, todo un cuadro psicológico, oculto a nosotros.

Cada descubrimiento sobre la mente del niño a esta edad debe difundirse, porque así se ayudará al infante a adaptarse mejor al ambiente que lo rodea. Cualquier esfuerzo que se nos imponga, cuando esté dirigido a ofrecer ayuda a la vida, asumirá un valor humano altísimo. La tarea del maestro en la primera infancia es sumamente noble. Precede y colabora con el desarrollo de una ciencia que será fundamental en el futuro para el desarrollo mental y la formación del carácter. Nos toca a nosotros mientras tanto asumir el rol de maestros para evitar que se determinen en los niños las desviaciones y los defectos que los transforman en individuos inferiores; por tanto, debemos recordar:

1. que la educación de los dos primeros años de vida es importante para toda la vida;
2. que el niño está dotado de grandes poderes psicológicos, de los cuales no nos damos aún cuenta;
3. que tiene una sensibilidad extrema que, por efecto de cualquier violencia, determina no solo una reacción, sino defectos que pueden permanecer en la personalidad.

---

42. Montessori, Maria, *Il segreto dell'infanzia*, cit.

MOVIMIENTO Y DESARROLLO TOTAL

El movimiento debe considerarse desde un nuevo punto de vista. Debido a errores y malentendidos se ha considerado siempre algo menos noble de lo que es: sobre todo el movimiento del infante, que ha sido tristemente descuidado en el campo educativo, donde se concede toda la importancia al aprendizaje intelectual. Solo la educación física tiene en consideración el movimiento, pero no lo relaciona con la inteligencia. Examinemos la organización del sistema nervioso en toda su complejidad. Tenemos, en primer lugar, el cerebro; a continuación, los sentidos, que recogen las impresiones para transmitirlas al cerebro; y, en tercer lugar, los músculos. Pero, ¿qué objetivo tienen los nervios? Comunicar energía y movimiento a los músculos (la carne). Este organismo complejo consta, por tanto, de tres partes:

1. el cerebro (el centro);
2. los sentidos;
3. los músculos.

El movimiento es el punto de llegada del sistema nervioso: sin movimiento no se puede hablar de individuo (los grandes filósofos también emplean sus músculos al hablar y escribir; si no expresaran sus meditaciones, ¿de qué servirían? Ahora bien, sin músculos, la expresión oral o escrita de sus pensamientos sería imposible).

Si observamos los animales, vemos que su comportamiento solo se expresa mediante los movimientos. No debemos, por lo tanto, descuidar en el ser humano precisamente esta expresión concreta de su vitalidad.

Los músculos deben considerarse integrantes del sistema nervioso, que en todas sus partes permite al ser humano relacionarse con su ambiente. De ahí que se denomine sistema de relación: permite al ser humano relacionarse con el mundo inanimado y animado y, por tanto, con los demás individuos, de modo que, sin él, no existiría relación entre individuo, ambiente y sociedad.

Los demás sistemas organizados del cuerpo humano, en comparación, tienen una finalidad egoísta, porque están exclusivamente al servicio del cuerpo del individuo: nos permiten solo vivir o, como decimos, «vegetar», por lo tanto, se denominan «sistemas u órganos de la vida vegetativa».

Los sistemas vegetativos sirven solo para ayudar al individuo a crecer y a vegetar. El sistema nervioso sirve para que el individuo se relacione con el ambiente.

El sistema vegetativo ayuda al ser humano a gozar del máximo bienestar, de la pureza del cuerpo y de la salud. El sistema nervioso debe considerarse desde otro punto de vista: nos brinda las impresiones más bellas, la pureza del pensamiento, una continua aspiración a elevarnos, pero no se debe rebajar al nivel de la pura vida vegetativa. Mantener solo el criterio de la pureza y la elevación del individuo conduce al ser humano a las esferas del egoísmo espiritual y es un error gravísimo, quizás el mayor que se pueda cometer. El comportamiento de los animales no tiende solo a la belleza y a la gracilidad del movimiento, sino a finalidades más profundas. De un modo similar, el ser humano tiene un objetivo que no es solo alcanzar mayor pureza y belleza espiritual; naturalmente, él puede y debería siempre tender a la perfección de la belleza física y espiritual, pero su vida sería inútil si su objetivo se limitase a esto. «¿Para qué servirían, en efecto, el cerebro y los músculos?». Nada existe en el mundo que no forme parte de una economía universal; y si nosotros tenemos una riqueza espiritual, una refinada conciencia estética, no es para nosotros mismos, sino para que estos dones nuestros lleguen a formar parte de la economía espiritual universal, y se empleen en favor de todos y de todo. Las funciones espirituales son una riqueza, pero no personal; deben ponerse en circulación para que los demás las disfruten, deben expresarse, usarse para completar el ciclo de relación. También la elevación espiritual, en sí, no vale nada; y si se apuntara solo a ella se descuidaría la mayor parte de la vida y su objetivo. Si alguien creyera en la reencarnación y se dijera: «Si vivo bien ahora, tendré una vida mejor en la próxima encarnación», solo estaría dando voz a su egoísmo. La espiritualidad habría quedado reducida a un nivel vegetativo. Si solo pensamos en nosotros mismos, también en la eternidad, estamos siendo egoístas para toda la eternidad. Hay que tener en cuenta el punto de vista de los demás, no solo en la práctica de la vida, sino también en la educación. La naturaleza nos ha dotado de funciones, que deben alcanzar su plenitud: y debemos ejercitarlas todas.

Hagamos una comparación: para gozar de buena salud, pulmones, estómago y corazón deben funcionar. ¿Por qué no aplicar la misma regla al sistema nervioso de relación? Si tenemos cerebro, sentidos y órganos del movimiento, todos ellos deben funcionar, deben ejercitarse todas las partes para que ninguna quede excluida. También si deseamos elevarnos y, por ejemplo, refinar nuestro cerebro, no alcanzaremos nuestro objetivo si no hacemos funcionar todas las partes. El movimiento puede, tal vez, ser la última parte que completa el ciclo. En otros términos, podemos alcanzar una elevación espiritual por medio de la acción. Desde este punto de vista debe tenerse en cuenta el movimiento; forma parte del sistema nervioso y no debe ser descuidado. El sistema nervioso es una totalidad única, aunque esté formado por tres partes. Al ser una unidad, debe ejercitarse en su totalidad para llegar a ser perfecto.

Considerar que el movimiento en sí es algo separado de las funciones más elevadas es un error de los tiempos modernos: se cree que los músculos existen y deben usarse solo para mantener la salud del cuerpo en las mejores condiciones; así, se cultivan los ejercicios y los juegos gimnásticos para mantenernos eficientes, para respirar profundamente, o para asegurarnos un mejor funcionamiento de las funciones digestivas y del sueño.

Es un error difundido en el campo educativo. Sería como si, fisiológicamente hablando, se obligara a un gran príncipe a servir a un pastor. Este gran príncipe, el sistema muscular, se usa como y queda reducido a ser un mero instrumento para el sistema vegetativo. Este grave error conduce a una fractura: la vida física de un lado y la mental del otro. El resultado de esto es que, como el niño debe desarrollarse tanto física como mentalmente, tenemos que incluir en su educación ejercicios físicos, juegos, etc., porque no podemos separar dos cosas que la naturaleza ha dispuesto unidas. Si tenemos en cuenta la vida física de un lado y la mental de otro, despedazamos el ciclo de relación y las acciones del ser humano quedan separadas del cerebro. La verdadera finalidad del movimiento no es, por tanto, favorecer la nutrición y la respiración, sino servir a toda la vida y a la economía espiritual y universal del mundo.

Los actos de movimiento del ser humano deben coordinarse en el centro, el cerebro, y situarse en su justo lugar; mente y actividad son dos partes del mismo ciclo y, además, el movimiento es la expresión de la parte superior. Al actuar de otro modo convertimos al hombre en una acumulación de músculos sin cerebro. La parte vegetativa se desarrolla, la relación entre la parte motriz y el cerebro sucede; las autodecisión del cerebro queda separada del movimiento de los músculos. Esto no es independencia, es fractura de algo que la naturaleza, en su sabiduría, ha unido. Al hablar de desarrollo mental, habrá quien diga: «¿Movimiento? El movimiento no tiene nada que ver, estamos hablando de desarrollo mental»; y al pensar después en el ejercicio de la inteligencia, nos imaginamos a todos sentados, inmóviles. Sin embargo, el desarrollo mental debe estar conectado con el movimiento y depender de él. Es necesario que esta nueva idea entre en la teoría y en la práctica educativa.

Hasta hoy, la mayor parte de los educadores han considerado el movimiento y los músculos una ayuda a la respiración y la circulación, o una práctica para adquirir mayor fuerza física. Nuestra nueva idea sostiene, en cambio, la importancia del movimiento como ayuda para el desarrollo mental, cuando el movimiento se relaciona con su centro. El desarrollo mental y el espiritual pueden y deben recibir ayuda del movimiento, sin el cual, mentalmente hablando, no hay progreso, ni salud.

La demostración de lo que acabo de decir procede de la observación de la naturaleza y la exactitud de esta deriva del seguimiento atento del desarrollo del niño. Cuando se vigila a un infante, es evidente que el desarrollo de su mente sucede con el uso del movimiento. El desarrollo del lenguaje demuestra, por ejemplo, un perfeccionamiento de la facultad de comprender, acompañada de un uso cada vez más amplio de los músculos que producen el sonido y la palabra. Observaciones llevadas a cabo sobre infantes de todo el mundo prueban que el niño desarrolla la propia inteligencia a través del movimiento; el movimiento ayuda al desarrollo psicológico y este se expresa, a su vez, con más movimiento y acción. Se trata, así, de un ciclo, pues psiquis y movimiento pertenecen a la misma unidad. También contribuyen los sentidos, dado que el infante que no tiene la posibilidad de ejercitar una actividad sensorial tiene un menor desarrollo de la mente. Ahora bien, los músculos (la carne), cuya actividad dirige el cerebro, se llaman músculos voluntarios, lo que significa que se mueven por la voluntad del individuo, y la voluntad es una de las expresiones más importantes de la psiquis. Sin esa energía de la voluntad, la vida psicológica no existe. Por tanto, resulta que, dado que los músculos voluntarios son los que dependen de la voluntad, son un órgano psicológico.

Los músculos constituyen la parte principal del cuerpo. La finalidad del esqueleto y los huesos es sostener los músculos, que también pertenecen a este conjunto. La forma que observamos del ser humano y del animal está constituida por músculos unidos a los huesos; son los músculos voluntarios los que dan al ser la forma que impacta en nuestra vista. Los músculos, cuyo número es casi infinito, son los que más interés despiertan por su forma: algunos son delicados, otros macizos, otros cortos, algunos tienen forma alargada y todos tienen funciones diferentes. Si hay un músculo que funciona en una dirección, existe otro que lo hace en dirección opuesta, y cuanto más vigoroso y refinado es este juego de fuerzas opuestas, más refinado es también el movimiento resultante. Los ejercicios cuyo objetivo es alcanzar un movimiento lo más armónico posible son capaces de crear la mayor armonía en el contraste. Lo que importa, en consecuencia, no es el acuerdo, sino el contraste armonizado, la oposición en concordancia.

No somos conscientes de este juego de oposición y, sin embargo, gracias a él se crea el movimiento. En los animales, la perfección del movimiento viene dada por la naturaleza; la gracilidad del salto del tigre, o el de la ardilla, se debe a una variedad de oposiciones en acción para alcanzar la armonía del movimiento, como una maquinaria complicada que trabaja a la perfección, como un reloj con engranajes que giran en direcciones opuestas; cuando todo el mecanismo funciona bien, nos indica la hora con exactitud. El mecanismo del movimiento es, pues, muy complicado y refinado. En el ser humano no está preestablecido antes del nacimiento y debe crearse y perfeccionarse mediante experiencias prácticas en el entorno. El número de músculos del ser humano es tan elevado que le permite ejecutar cualquier movimiento; no hablemos entonces de ejercicios de movimiento, sino de coordinación de movimientos. Esta coordinación no viene dada, sino que la psiquis debe crearla y completarla. En otras palabras, el infante crea sus propios movimientos y, una vez hecho esto, los perfecciona. En consecuencia, tiene un papel creativo en este trabajo y luego, mediante una serie de ejercicios, desarrolla lo que ha creado.

El ser humano no tiene movimientos limitados y fijos, sino que puede dirigirlos y controlarlos. Algunos animales tienen una habilidad característica para trepar, para correr o para nadar; estos movimientos no son característicos del ser humano, pero sí son habituales en él, lo que es característico es saber hacer todos los movimientos y ejercitarlos más allá de las posibilidades de los animales.

No obstante, para alcanzar tal versatilidad, el ser humano debe trabajar y crear con su voluntad, y mediante la repetición de los ejercicios, la capacidad de coordinar los movimientos de forma subconsciente según su finalidad y voluntariamente según su iniciativa. En realidad, ningún individuo conquista el uso de todos los músculos, pero estos existen; es como si el ser humano fuese rico, tan rico, que pudiera usar solo una parte de su riqueza y elegir su preferida. Que un hombre sea gimnasta de profesión no significa que cuente con una especial habilidad muscular, del mismo modo que quien baila profesionalmente no ha nacido con unos músculos refinados para la danza. El gimnasta o el bailarín se desarrollan mediante fuerza de voluntad. Cada uno, sea lo que sea lo que quiera hacer, está dotado por la naturaleza de una riqueza de músculos tal que puede elegir cuáles necesita, y su psiquis puede crear y dirigir su desarrollo. Nada está preestablecido, pero todo es posible a condición de que la psiquis individual imprima la dirección correcta.

No es propio del ser humano hacer lo mismo en serie, como sí es propio de los animales de una misma especie. Aunque distintos individuos hagan la misma cosa, cada individuo-ser humano la hará de forma distinta. Del mismo modo que todos escribimos, pero cada uno tiene una propia caligrafía. Cada ser humano tiene su propio camino.

En el movimiento vemos cómo se desarrolla la labor del individuo, y la labor del individuo es expresión de su psiquis y es la vida psicológica misma. Esta tiene a su disposición un gran tesoro de movimientos, que se desarrollan al servicio de la parte central y directiva, es decir, de la vida psicológica. Si el ser humano no desarrolla todos sus músculos, o si solo usa esporádicamente y para un trabajo tosco los que desarrolla, la vida psicológica del ser humano queda limitada por efecto de la acción elemental a la que se reduce la actividad de sus músculos. La vida psicológica está limitada también por el tipo de trabajo que ha elegido o al que puede acceder el individuo. La vida psicológica de quien no trabaja está en grave peligro porque, aunque es cierto que no todos los músculos se pueden usar y poner en movimiento, es peligroso para la vida psicológica usarlos en un número inferior a un cierto límite. Cuando esto sucede, se observa un debilitamiento de toda la vida del individuo. Por eso se introdujo la gimnasia y los juegos en la educación, para no dejar de lado una gran cantidad de músculos.

La vida psicológica debe poner en funcionamiento más músculos o deberíamos nosotros seguir también la vía de la educación habitual y alternar actividades físicas y mentales. El objetivo de usar estos músculos se limita a aprender determinadas cosas. En algunas formas de educación «moderna», el movimiento se desarrolla para servir a ciertos fines precisos de la vida social: un niño debe escribir bien porque tiene que llegar a ser maestro, otro debe aprender a trabajar bien con la pala porque será carbonero. Esta práctica limitada y dirigida no sirve al auténtico fin del movimiento. Nuestra idea es que el infante desarrolle la coordinación de los movimientos necesarios para su vida psicológica, para enriquecer la parte práctica y ejecutiva; de lo contrario, el cerebro se desarrolla por su cuenta, ajeno a lo que solo realiza el movimiento. En este caso, el movimiento trabaja por su cuenta, sin ser dirigido por la psiquis, y lo hace en detrimento de la totalidad. El movimiento es tan necesario que la vida humana se relacione con el ambiente y con los demás seres humanos que debe desarrollarse a este nivel, al servicio del todo y para la vida de relación.[43]

---

43. Para una exposición convincente y clara de esta necesidad véase: Buytendijk, J.J., Frederik, J.J., *Erziehung durch lebendiges Tun* (traducción italiana Giorgi, Amedeo, *L'educazione attiva*).

Los principios y las ideas actuales están demasiado dirigidos hacia la autoperfección y la autorrealización. Si entendemos el verdadero objetivo del movimiento, esta autocentralización no debe existir, sino que el movimiento debe extenderse hacia todas las posibilidades realizables. Debemos, en resumen, tener presente lo que podríamos llamar la «filosofía del movimiento». El movimiento es lo que distingue la vida de las cosas inanimadas: sin embargo, la vida no se mueve por azar, se mueve según objetivos y leyes. Imaginemos, para comprender mejor todo lo dicho, lo que sería el mundo si todo estuviese tranquilo e inmóvil; si las plantas cesaran todo movimiento. Dejaría de haber frutos ni flores. El porcentaje de gases venenosos en el aire aumentaría con todos los perjuicios que esto causaría. Si el movimiento se detuviese, si los pájaros permanecieran inmóviles sobre los árboles y los insectos cayesen al suelo, si los depredadores dejaran de rondar por las zonas solitarias y los peces de nadar en los océanos, ¡nuestro mundo sería terrible!

La inmovilidad es imposible. El mundo se convertiría en un caos sin finalidad, sin un objetivo útil asignado a cada ser. Cada individuo tiene movimientos propios característicos y finalidades propias predeterminadas y en la creación hay una coordinación armónica de todas estas actividades según un objetivo.

Trabajo y movimiento son una sola cosa. La vida del ser humano, como la de la sociedad, está estrechamente ligada al movimiento. Si todos los seres humanos dejaran de moverse solo un mes, la humanidad dejaría de existir. Se puede decir también que la cuestión del movimiento es social, no relativa a la mera gimnasia individual. Si se agotara toda la laboriosidad humana con ejercicios gimnásticos, la energía entera de la humanidad se consumiría para nada. El movimiento dirigido a un fin útil es fundamental para la sociedad; el individuo en el seno de la sociedad se mueve para alcanzar ese objetivo individual y social al mismo tiempo. Cuando hablamos de «comportamiento», comportamiento de los seres humanos y de los animales, nos referimos a sus movimientos dirigidos a un fin. Tal comportamiento es el centro de su vida práctica; pero no se limita a las actividades que sirven a la vida individual, por ejemplo, a llevar a cabo labores de limpieza y de utilidad doméstica, sino que debe conseguirse un objetivo más amplio. Movimiento y trabajo están al servicio de los demás. De no ser así, el movimiento del ser humano no tendría más sentido que un ejercicio gimnástico. La danza es, entre los movimientos, sin duda el más individual; pero tampoco la danza tendría finalidad si no existiera un público y, por tanto, una finalidad social y trascendental.

Si tenemos en cuenta el plan cósmico, en el que cada forma de vida se basa en movimientos intencionales que tienen un objetivo no solo en sí mismos, podremos entender y dirigir mejor el trabajo del niño.

LA INTELIGENCIA Y LA MANO

El desarrollo mecánico del movimiento, por su complejidad y valor de cada una de sus partes, y por ser en todo visible en sus sucesivas fases, se presta a ser estudiado con sumo interés en el infante.

El movimiento de los cuatro miembros se desarrolla de manera uniforme en todos los animales, mientras que en el ser humano cada pareja se desarrolla de un modo diferente, y lo que demuestra claramente que tienen funciones diversas: por un lado, la función de las piernas; por el otro, la de los brazos. Es evidente que el desarrollo del paso y del equilibrio es tan fijo en todos los seres humanos que puede considerarse un hecho biológico. Podríamos decir que, una vez que nace, el ser humano caminará y que todos los hombres usarán exactamente del mismo modo sus pies, mientras que, en cambio, no sabemos qué hará cada ser humano individual con sus manos. Ignoramos qué actividad concreta de las manos desarrollarán los recién nacidos de hoy en día, y lo mismo sucedía en el pasado. La función de las manos no es fija. En consecuencia, los tipos de movimiento tienen un significado diferente según si observamos las manos o los pies.

Está claro que la función de los pies es biológica y también está conectada a un desarrollo posterior del cerebro. Por otro lado, solo el ser humano camina sobre dos extremidades, mientras que los demás mamíferos lo hacen sobre cuatro. Cuando el ser humano llega a poder caminar solo sobre dos miembros, lo sigue haciendo y mantiene el difícil estado de equilibrio vertical. Este equilibrio no es fácil de conseguir, al contrario, es una auténtica conquista:

obliga al ser humano a apoyar todo el pie sobre el terreno, mientras que la mayor parte de los animales camina sobre las puntas, porque al usar las cuatro patas les basta un pequeño punto de apoyo. El pie que se usa para caminar puede estudiarse desde el punto de vista fisiológico, biológico y anatómico; y es interesante en todos y cada uno de estos tres aspectos.

Si la mano no tiene esta guía biológica, porque sus movimientos no están predefinidos, ¿qué la guía? Si no está relacionada con la biología ni la fisiología, debe depender de la psicología. Por lo tanto, la mano depende de la psiquis para su desarrollo, y no solo de la psiquis del yo individual, sino también de la vida psicológica de diferentes épocas. El desarrollo de la habilidad de la mano está relacionado en el ser humano con el desarrollo de la inteligencia y, si observamos la historia, con el desarrollo de la civilización. Podríamos decir que cuando el hombre piensa, piensa y actúa con las manos, y del trabajo que hace con sus manos, dejó huellas casi inmediatamente después de su aparición sobre la tierra. En las grandes civilizaciones de las épocas pasadas ha habido siempre ejemplos de labor manual. En la India encontramos trabajos tan finos que es casi imposible imitarlos; y en el antiguo Egipto existen pruebas de trabajos admirables, mientras que las civilizaciones de un nivel menos refinado han dejado ejemplos más toscos.

Por eso, el desarrollo de la habilidad de la mano avanza al mismo ritmo que el desarrollo de la inteligencia. Ciertamente, el trabajo manual refinado requirió para su ejecución la guía y la atención del intelecto. En la Edad Media, en Europa, hubo una época de gran despertar intelectual y en dicho periodo se iluminaron los textos que reflejaban los nuevos pensamientos. También la vida del espíritu, que parece tan lejana de la tierra y de sus cosas, tuvo esplendor y podemos admirar el milagro del trabajo en los templos, que reunían a los hombres en adoración y que surgieron en todos los lugares donde existía vida espiritual.

San Francisco de Asís, cuyo espíritu fue quizás el más simple y puro que haya existido, dijo una vez: «¿Veis estas montañas? Son nuestros templos, y en ellas debemos inspirarnos». El día en que fueron invitados a construir una iglesia, tanto él como sus hermanos espirituales, al ser pobres, usaron las piedras toscas de que disponían, y todos las cargaron para construir la capilla. ¿Por qué? Porque si existe un espíritu libre, este debe materializarse en algún trabajo y deben emplearse las manos. Vemos por todas partes rastros de la mano del ser humano y, mediante estas huellas, podemos reconocer el espíritu del hombre y el pensamiento de su tiempo.

Si nos transportamos con la mente a la oscuridad de los tiempos lejanísimos que del hombre no nos transmiten ni siquiera los huesos, ¿qué nos puede ayudar a conocer e imaginar a los pueblos de aquel entonces? Las obras de arte. Al observar esas épocas prehistóricas, encontramos una forma primitiva de civilización, basada en la fuerza: los monumentos y las obras de los hombres de aquella época están constituidos por enormes piedras, y nos preguntamos sorprendidos cómo las construyeron. En otros lugares, obras de arte más refinadas nos revelan la labor de hombres con un nivel indudablemente superior de civilización. Así, podemos decir que la mano ha seguido a la inteligencia, la espiritualidad y el sentimiento, y la huella de su labor ha transmitido las pruebas de la presencia del ser humano. También sin tener en cuenta las cosas desde un punto de vista psicológico, nos damos cuenta de que todos los cambios que han sucedido en el ambiente del ser humano se debieron a su mano. En realidad, se diría que el objetivo de la inteligencia es el trabajo de las manos; pues si el hombre hubiese creado solo el lenguaje hablado para comunicarse con sus semejantes, y su sabiduría se hubiese expresado solo mediante palabras, no habría quedado ningún registro de las estirpes humanas que nos precedieron: gracias a las manos, que han acompañado a la inteligencia, se ha creado la civilización; la mano es el órgano de este inmenso tesoro concedido al hombre.

Las manos están conectadas con la vida psicológica. En efecto, quienes estudian la mano demuestran que la historia del ser humano está estampada sobre ella, y que la mano es un órgano psicológico. El estudio del desarrollo psicológico del niño está íntimamente conectado con el estudio del desarrollo del movimiento de la mano. Se demuestra claramente que el desarrollo del infante está ligado a la mano, que revela el estímulo psicológico. Podemos expresarlo así: la inteligencia del niño alcanza un cierto nivel sin hacer uso de la mano; con la actividad manual, alcanza un nivel más alto, y el niño que usa las propias manos tiene un carácter más fuerte. De modo que también el desarrollo del carácter, que parecería un hecho típicamente psicológico, es rudimentario si el niño no tiene la posibilidad de ejercitarse sobre el ambiente (que es para lo que sirve la mano). La experiencia me ha demostrado que si, debido a condiciones concretas del ambiente, el infante no puede usar la mano, su carácter permanece en un nivel bajo, es incapaz de obedecer y de tener iniciativa, holgazán y triste; mientras que el niño que puede trabajar con las propias manos manifiesta un desarrollo marcado y fuerza de carácter. Este hecho nos recuerda un momento interesante de la civilización egipcia, donde el trabajo manual estaba presente en todas partes, en el arte, la arquitectura y la religión: si leemos las inscripciones sobre las tumbas de aquella época, constatamos que el mayor elogio que podía recibir un hombre era declararlo persona de carácter. El desarrollo del carácter era muy importante para este pueblo que realizó trabajos colosales con las manos. Es un ejemplo que prueba una vez más cómo el movimiento de la mano va en paralelo, a través de la historia, con el desarrollo del carácter y de la civilización y cómo la mano está ligada a la individualidad. Si, por otro lado, observamos cómo caminaban todos estos pueblos, hallamos naturalmente que caminaban sobre dos piernas, erguidos y en equilibrio; probablemente bailaban y corrían de forma un poco distinta de la nuestra, pero siempre usaban las dos piernas para el desplazamiento habitual.

El desarrollo del movimiento es, por tanto, doble: en parte ligado a leyes biológicas; en parte conectado con la vida superior, porque siempre está relacionado con el uso de los músculos. En consecuencia, al estudiar al infante, seguimos dos desarrollos: el de la mano y el del equilibrio y la marcha. Sabemos que con solo un año y medio se establece una relación entre ambos: es decir, cuando el niño desea transportar objetos pesados y sus piernas deben ayudarlo. Los pies, que pueden caminar y transportar al ser humano por las distintas zonas de la tierra, lo conducen donde él pueda trabajar con las propias manos: el ser humano camina largamente y ocupa poco a poco la superficie de la tierra, y al llevar a cabo esta conquista del espacio, vive y muere, pero deja tras de sí, como huella de su paso, la labor de las manos.

Al estudiar el lenguaje, hemos visto que la palabra está ligada especialmente al oído, mientras que el desarrollo del movimiento está ligado a la vista; ya que necesitamos los ojos para ver dónde ponemos los pies, y cuando trabajamos con las manos debemos ver qué es lo que hacemos. Estos son dos sentidos especialmente relacionados con el desarrollo: oído y vista. En el desarrollo del infante se despierta, antes que nada, la observación de lo que le rodea, porque debe conocer el ambiente donde se mueve. La observación precede al movimiento y cuando el infante comienza a moverse, se orienta en base a ella; ambas cosas, orientación en el ambiente y movimiento, están relacionadas con el desarrollo psicológico. Por eso el recién nacido, que al principio está inmóvil; seguirá la guía de su propia psiquis cuando empiece a moverse.

La primera manifestación del movimiento es la de agarrar o coger; en cuanto el infante agarra algún objeto, su conciencia es atraída por la mano que ha sido capaz de hacerlo.

El agarre que en un primer momento era inconsciente, llega a ser consciente; y, como se ve, en el ámbito del movimiento, es la mano y no el pie la que reclama la atención de la conciencia. Cuando esto sucede, el agarre se desarrolla rápidamente y pasa de ser instintivo a intencional a los seis meses. A los diez meses, la observación del ambiente ha despertado y atraído el interés del niño, que desea apropiarse de él. El agarre intencional, empujado por el deseo, deja así de ser un simple agarre. Es entonces cuando empieza el verdadero ejercicio de la mano, expresado especialmente con el movimiento y el cambio de lugar de objetos.

En posesión de una visión clara del ambiente y lleno de deseos, comienza a actuar: antes de cumplir un año, la mano se ocupa de varias actividades que representan, podríamos decir, otros tantos tipos de trabajo: abrir y cerrar tapas, cajones y cosas semejantes; poner tapones a las botellas; sacar objetos de un recipiente y volver a meterlos, etc. Con estos ejercicios se desarrolla siempre una mayor habilidad.

¿Qué cosa ha sucedido, mientras tanto, con el otro par de miembros?

Aquí no han intervenido ni la inteligencia ni la conciencia: en cambio, sucede algo anatómico en el rápido desarrollo del cerebelo, que dirige el equilibrio.

Es como si sonase una campanilla que convocara a un cuerpo inerte a levantarse y a mantener el equilibrio. El ambiente aquí no tiene nada que ver, es el cerebro el que ordena: y el infante, con esfuerzo y ayuda, se sienta y luego se pone de pie.

Los psicólogos han dicho que el ser humano se levanta en cuatro tiempos: primero se yergue para sentarse; luego se tumba sobre su vientre y gatea (y si, durante esta fase, recibe ayuda y se le ofrecen dos dedos para sostenerse, mueve los pies, uno delante del otro, pero apoyando solo las puntas). Por último, se sostiene solo apoyando todo el pie sobre el terreno: así alcanza la postura erguida normal del ser humano y puede caminar agarrándose a algo (por ejemplo, las faldas de la madre). Poco después, camina solo.

Todo este proceso se debe solo a una maduración interna. La tendencia sería decir: «Adiós; tengo mis piernas y me voy». Se alcanza otro estadio de la independencia: porque su adquisición consiste en el principio de poder hacer cosas por sí mismo. La filosofía de estos grados sucesivos de desarrollo nos dice que la independencia del ser humano se alcanza con esfuerzo. Ser capaz de hacer por uno mismo, sin ayuda de los demás, esto es la independencia. Cuando está presente, el infante progresa rápidamente;

cuando no, el progreso es muy lento. Si tenemos en cuenta este hecho, sabremos cómo comportarnos con el niño y tendremos una guía útil: aunque nuestra inclinación sería la de ofrecerle ayuda, él nos enseña a no hacerlo cuando no sea necesario. El infante que es capaz de caminar por sí solo debe hacerlo, porque todo desarrollo se refuerza y toda adquisición se fija mediante el desarrollo. Si un niño de tres años sigue yendo en brazos, como he visto a menudo, no se ayuda a su desarrollo, que se obstaculiza. En cuanto el infante adquiere la independencia de las funciones, el adulto que pretende seguir ayudándolo se convierte en un obstáculo.

Por eso, está claro que no tenemos que llevar al niño en brazos, sino permitirle caminar y, si su mano desea trabajar, debemos darle la posibilidad de desarrollar una actividad inteligente. Las propias acciones llevan al pequeño por el camino de la independencia.

Se ha observado que a la edad de un año y medio aparece un factor muy importante y evidente tanto en el desarrollo de las manos como en el de los pies: la fuerza. El infante que ha adquirido agilidad y habilidad se siente un ser humano fuerte. Su primer impulso para hacer algo no es solo ejercitarse, sino hacerlo con el máximo esfuerzo (qué distinto del adulto es en esto). La naturaleza parece advertir aquí: «Tenemos la posibilidad y la agilidad del movimiento; lleguemos a ser fuertes, de lo contrario, todo es inútil». Y es en este momento cuando se establece la relación entre manos y equilibrio. El infante, en vez de simplemente caminar, ama dar larguísimos paseos y llevar cargas pesadas. El ser humano, en efecto, no está destinado solo a caminar, sino también a transportar su carga. La mano que ha aprendido a agarrar debe ejercitarse para sostener y transportar peso. Así, vemos al niño de un año y medio que, abrazando una jarra de agua, la sostiene y regula el propio equilibrio caminando lentamente. Existe también la tendencia a quebrantar las leyes de la gravedad y a superarlas: el niño ama trepar y, para hacerlo, debe agarrarse a algo con las manos y levantarse. Deja de ser un agarre para poseer, sino que se agarra con el deseo de subir. Es un ejercicio de fuerza, y hay todo un periodo dedicado a este tipo de ejercicios. También aquí aparece una lógica de la naturaleza, pues el ser humano debe ejercitar la propia fuerza. A continuación, el niño, capaz de caminar y seguro de su propia fuerza, observa las acciones de los seres humanos que lo rodean y tiende a imitarlas. En este periodo, el infante imita las acciones de quien lo rodea, no porque alguien le diga que debe hacerlo, sino por una necesidad íntima. Esta imitación solo se observa si el infante es libre de actuar. He aquí, pues, la lógica de la naturaleza:

1. hacer que adquiera la posición erguida;
2. hacer que camine y gane fuerza;
3. hacer que participe en las acciones de las personas que lo circundan.

La preparación en el tiempo precede a la acción. Antes, el infante debe prepararse a sí mismo y a sus instrumentos, luego debe reforzarlos, a continuación, observar a los demás y, por último, empezar a hacer algo. La naturaleza lo empuja y le sugiere también ejercitarse mediante gimnasia, subirse a sillas y escalones. Solo entonces empieza la fase en la que desea hacer las cosas por sí mismo. «Me he preparado y ahora deseo ser libre.» Ningún psicólogo ha tenido lo bastante en cuenta el hecho de que el infante llega a ser un gran caminador y tiene necesidad de dar largos paseos. En general, o lo llevamos en brazos o lo subimos en un cochecito.

Para nosotros, él no puede caminar, por eso lo llevamos en brazos; no puede trabajar, por eso trabajamos por él: en el umbral de la vida, le transmitimos un complejo de inferioridad.

DESARROLLO E IMITACIÓN

En el capítulo anterior, hemos dejado al niño a la edad de un año y medio; esta edad se ha convertido en un centro de interés y se considera de máxima importancia en la educación. Puede parecer extraño, pero debemos recordar que se trata del momento en el que coinciden la preparación de los miembros superiores e inferiores. En esta época, la personalidad del infante está a punto de florecer, porque a los dos años él alcanza un grado de verdadera plenitud con la «explosión» del lenguaje. Sobre el umbral de este advenimiento, a un año y medio, realiza ya esfuerzos para expresar lo que está en su interior: es una época de esfuerzo y productividad.

Ante esta fase de desarrollo, hay que estar especialmente atentos para no destruir las tendencias de la vida. Si la naturaleza ha indicado de un modo tan claro que este es el periodo de máximo esfuerzo, debemos contribuir a él. Se trata de una afirmación genérica, pero quienes observan al infante ofrecen detalles más precisos. Afirman que en esta época el niño empieza a mostrar una tendencia a la imitación: esto no es, por sí mismo, un descubrimiento pues en todas las épocas se ha dicho que los niños imitan. Pero, hasta este momento, se trataba de una afirmación superficial: ahora nos damos cuenta de que el hijo del hombre debe entender antes de imitar. La idea anterior era que bastaba que actuásemos para que el infante imitara: no había casi otra responsabilidad para el adulto. Naturalmente, se hablaba también de la necesidad de dar un buen ejemplo, haciendo hincapié en la importancia de todos los adultos y, en especial, de los docentes. Tenían que dar un buen ejemplo, si queríamos una buena humanidad. Las madres, sobre todo, tenían que ser perfectas. Pero la naturaleza ha razonado de otro modo: ella no se ocupa de la perfección de los adultos. Lo importante es que el niño, para poder imitar, esté preparado para hacerlo: y esta preparación depende de los esfuerzos de cada niño en concreto. El ejemplo únicamente ofrece un motivo para la imitación, pero eso no es lo esencial: lo que cuenta es llevar a cabo el esfuerzo de imitación, no imitar a la perfección el ejemplo dado. En realidad, cuando el niño está centrado en este esfuerzo, a menudo supera en perfección y exactitud el ejemplo que le ha servido de incentivo.

Esto es evidente en algunos casos: si se desea que el infante se convierta en pianista, sabemos que no basta con imitar a quien toca; el niño debe preparar sus manos para lograr la habilidad necesaria para tocar. Sin embargo, a menudo seguimos el razonamiento simplista de la imitación para cuestiones de nivel mucho más elevado. Leemos y contamos al niño historias de héroes y de santos, y pensamos que estas pueden sugestionarlo: pero eso no es posible si su espíritu no se prepara convenientemente. No se llega a ser un gran hombre por simple imitación. El ejemplo puede suscitar inspiración e interés, el deseo de imitar puede estimular el esfuerzo, pero para poder realizar todo esto también hay que estar preparados, pues en el campo educativo, la naturaleza ha demostrado que sin preparación no es posible la imitación. El esfuerzo no apunta a la imitación, sino a crear en nosotros la posibilidad de imitar, de transformarnos en la cosa deseada. De ahí la importancia de la preparación indirecta. La naturaleza no nos proporciona solo la capacidad de imitar, sino también la de transformarnos para llegar a ser lo que el ejemplo nos demuestra; y si nosotros, como educadores, tenemos fe en la posibilidad de ayudar al desarrollo de la vida, debemos saber en qué cosa tenemos que ayudar.

Observando un infante de esta edad, vemos que tiende a actividades determinadas. Nos pueden parecer absurdas, pero eso da igual: él debe completarlas. Es la fuerza vital la que dirige ciertas actividades; si se interrumpe el ciclo de este estímulo, el resultado son desviaciones y falta de propósito. La posibilidad de terminar estos ciclos de actividad se considera ahora importante, como también se considera importante la preparación indirecta: esta es precisamente una preparación indirecta. Toda nuestra vida es preparación indirecta para el futuro. En la vida de los que han hecho algo esencial, ha siempre habido un periodo que ha precedido a la realización de la obra; puede no haber ido en la misma línea que el objetivo fijado, pero sin duda se ha llevado a cabo un esfuerzo intenso en cualquier línea que ofreciera una preparación al espíritu, y este esfuerzo tiene que expandirse plenamente: el ciclo debe ser completado. De modo que no debemos entrometernos en ninguna actividad de inteligencia que observemos en el infante, por absurda o contraria a nuestros deseos que nos parezca (naturalmente, a condición de que no sea nociva para él), porque el niño debe completar el ciclo de la propia actividad. Niños de esta edad muestran interesantes modos de lograr sus intenciones: vemos a pequeños de menos de dos años que parecen llevar pesos absolutamente superiores a sus fuerzas, sin razón aparente. En casa de amigos míos, donde había pesadas banquetas, vi a un niño de un año y medio que se dedicaba a transportarlas, con evidente esfuerzo, de una punta a la otra de la habitación. Los infantes ayudan con gusto a poner la mesa y llevan entre sus brazos hogazas de pan tan grandes que no ven sus piecitos. Continuarán con esta actividad, cargando objetos de un lado a otro hasta cansarse. Generalmente, la reacción de los adultos es liberar al pequeño del peso, pero los psicólogos se han convencido de que tal «ayuda», que interrumpe el ciclo de actividad elegido por el niño, es uno de los actos más graves de represión que se pueden llevar a cabo. Las desviaciones de muchos infantes «difíciles» se pueden rastrear remontándose a estas interrupciones.

Otro esfuerzo que el niño suele llevar a cabo es subir escaleras; para nosotros, esto tiene un objetivo, para él no. Cuando llegue a la cima no estará satisfecho, sino que volverá al punto de partida para completar su ciclo, y lo repetirá muchas veces. Los toboganes de madera o cemento que vemos en las plazas de juego para niños ofrecen a esta actividad un oportuno desahogo; no es el tobogán lo que importa, sino el placer de volver a subir, la alegría del esfuerzo.

Es tan difícil encontrar adultos que no se entrometan en la actividad infantil, que todos los psicólogos insisten en que se debería reservar al infante lugares donde pueda trabajar sin ser molestado: por eso son muy importantes las escuelas para niños pequeños, sobre todo las reservadas a niños de un año y medio en adelante. Se crean todo tipo de objetos para estas escuelas: pequeñas casas sobre los árboles con escaleras para subir y bajar; la casa no es un lugar donde vivir o reposar, sino un punto que alcanzar, el objetivo es el esfuerzo que se hace y la casa, el objeto de interés. Si el infante desea cargar algo, elegirá siempre los objetos más pesados. También el instinto de trepar, que es tan evidente en el niño, no es más que un esfuerzo para subir: busca algo «difícil» a su alrededor sobre lo que poder subirse, tal vez una silla. Pero las escaleras despiertan el placer más grande, porque en el infante existe la tendencia a subir.[44]

Con esta actividad, que no tiene fines externos por sí misma, el pequeño ejercita la coordinación de los movimientos propios y se prepara para imitar ciertas acciones. El objetivo de estos ejercicios no es su verdadera finalidad: el niño obedece a un estímulo interno. Una vez que se ha preparado, puede imitar a los adultos inspirándose en el ambiente. Si ve limpiar el suelo o amasar harina, eso le sirve de estímulo para hacer lo mismo.

Caminar y explorar

Observemos al infante de dos años y su necesidad de caminar. Es natural que manifieste la tendencia a hacerlo, en él se prepara el

44. En mi libro *Il segreto dell'infanzia*, el lector encontrará muchos ejemplos que ilustran este ciclo de actividad.

ser humano y se deben formar todas las facultades humanas esenciales. Un niño de dos años puede caminar entre uno y tres kilómetros y, si le gusta, subir escaleras; los puntos difíciles a lo largo del camino constituirán los elementos interesantes para él. Hay que entender que caminar significa para el niño algo muy distinto que para nosotros. La idea de que él no puede hacer recorridos largos se basa en nuestra pretensión de hacerlo caminar a nuestra velocidad, y esto es tan absurdo como sería para nosotros, por ejemplo, intentar ir al mismo ritmo que un caballo para que él nos dijera, al vernos sin aliento: «No tienes que hacerlo: monta sobre mi lomo y llegaremos juntos allí». Pero el niño no desea ir «montado», él quiere simplemente caminar; y dado que sus piernas son desproporcionadas respecto de las nuestras, no debemos hacernos seguir por él, sino seguirlo. La necesidad de seguir al niño resulta clara en este caso, pero no debe olvidarse que esa es la regla para la educación de los pequeños en cualquier campo. El infante tiene sus leyes de desarrollo y si deseamos ayudarlo a crecer, debemos seguirlo, no imponernos. Él camina no solo con las piernas, sino también con los ojos; son las cosas interesantes que lo rodean las que lo impulsan a seguir adelante. Camina y ve pastar un cordero, se sienta a su lado para observarlo, luego se levanta y se va un poco lejos… ve una flor y la huele… después ve un árbol, lo alcanza, lo rodea cuatro o cinco veces, se sienta y lo mira. Así, puede seguir adelante durante kilómetros: son paseos interrumpidos por periodos de reposo y, al mismo tiempo, llenos de descubrimientos interesantes y, si a lo largo del camino encuentra algún obstáculo, por ejemplo, una roca, el niño se llena de felicidad. El agua constituye para él otra gran atracción, se sentará al lado de un arroyuelo y dirá contento: «¡Agua!». El adulto que lo acompaña, y que desea llegar cuanto antes a un determinado lugar, concibe el caminar de forma muy distinta.

Las costumbres del infante son parecidas a las de las primeras tribus de la tierra. Entonces no se decía: «Vamos a París», París no existía… Ni se decía: «Vamos a tomar un tren para…», no había trenes. El ser humano caminaba hasta que encontraba algo que lo atrajera y le interesara: un bosque donde obtener leña, un campo del que extraer forraje, etc. Del mismo modo natural procede el infante. El instinto de moverse en el ambiente, pasando de un descubrimiento a otro, forma parte de la naturaleza misma y de la educación: la educación debe considerar al niño que camina un explorador. El principio de exploración (*scouting*), que hoy en día se considera una distracción y un reposo del estudio, debería en cambio formar parte de la educación misma y empezar cuanto antes en el curso de la vida. Todos los niños deberían caminar así, guiados por lo que los atrae; y, en este sentido, la educación puede ayudar al niño proporcionándole una preparación en la escuela, es decir, enseñándole los colores, la forma y la nervadura de las hojas, los hábitos de los insectos y de otros animales, etc. Todo ello ofrece razones de interés; cuanto más aprenda, más caminará. Para explorar, el infante debe guiarse por un interés intelectual, y somos nosotros quienes debemos proporcionárselo.

Caminar es un ejercicio completo en sí mismo, que no requiere otros esfuerzos gimnásticos. El ser humano caminando respira y digiere mejor, goza de todas las ventajas que buscamos en el deporte. Es un ejercicio que forma la belleza del cuerpo, y si durante un paseo se encuentra algo interesante para recoger y clasificar, o un foso que saltar, o leña que recolectar para el fuego, con estas acciones que acompañarán al paseo (extender los brazos, plegar el cuerpo), el ejercicio llega a ser perfecto. A medida que el ser humano progresa en el estudio, su interés intelectual se acrecienta, y con ello también la actividad del cuerpo. El sendero de la educación debe seguir el sendero de la evolución; caminar y mirar siempre más lejos, de modo que la vida del infante se enriquezca cada vez más.

Este principio debería formar parte de la educación, sobre todo hoy, que la gente camina poco y, en cambio, se hace transportar por vehículos de todo tipo. No está bien separar la vida en dos, ocupar los miembros con el deporte y la cabeza con la lectura de un libro. La vida debe ser una cosa sola, sobre todo en los primerísimos años, cuando el niño debe construirse a sí mismo según el plan y las leyes de su desarrollo.

DEL CREADOR INCONSCIENTE AL TRABAJADOR CONSCIENTE

Hemos hablado hasta ahora de un periodo del desarrollo del infante que hemos comparado con el del embrión. Este tipo de desarrollo continúa hasta los tres años y es rico en sucesos, porque es un periodo creativo. No obstante, se puede considerar el periodo de la vida que cae en el olvido. Es como si la naturaleza hubiese trazado una línea divisoria: de un lado, los sucesos que es imposible recordar; del otro, el inicio de la memoria. El periodo que se olvida es el periodo psicoembrionario de la vida, que puede compararse con el periodo prenatal físicoembrionario, que nadie puede recordar.

En este periodo psicoembrionario hay desarrollos que tienen lugar por separado e independientemente, como el lenguaje, los movimientos de los brazos, los movimientos de las piernas, etc., y existen ciertos desarrollos sensoriales. Así como en el embrión físico, en el periodo prenatal, los órganos se desarrollan uno por uno, cada uno separado del resto; en este periodo se desarrollan funciones separadas en el embrión psicológico. No podemos recordar este periodo porque todavía no hay unidad en el embrión psicológico. La unidad llegará solo cuando se completen las partes.

A los tres años, es como si la vida recomenzase, porque entonces la consciencia se evidencia plena y clara. Estos dos periodos, el periodo inconsciente y el sucesivo, de desarrollo consciente, parecen separados por una línea bien marcada. La posibilidad de la memoria consciente no existe en el primer periodo; solo cuando sobreviene la consciencia tenemos unidad en la personalidad y, por tanto, memoria.

Antes de los tres años está la creación de las funciones y, después de los tres años, el desarrollo de las funciones creadas. La frontera entre los dos periodos nos recuerda al río Leteo de la mitología griega, el río del olvido. Es muy difícil recordar lo que sucedió antes de los tres años y, todavía más, antes de los dos. El psicoanálisis ha intentado por todos los medios retrotraer la conciencia individual a su génesis, pero generalmente ningún individuo puede empujar el recuerdo más allá del tercer año de la propia existencia. Situación dramática, ya que durante ese primer periodo de vida se crea, partiendo de la nada; y ni siquiera la memoria del adulto, que es el resultado de esta creación, puede recordarla.

Este creador inconsciente, este infante olvidado, parece cancelado de la memoria del ser humano, y el niño que encontramos a los tres años parece casi un ser incomprensible. Los vínculos entre él y nosotros han sido cortados por la naturaleza. Existe entonces el peligro de que el adulto destruya lo que la naturaleza habría querido hacer. Debemos recordar que durante este periodo el infante depende completamente del adulto, dado que no puede proveerse a sí mismo, y nosotros, los adultos, si no nos dejamos enseñar por la naturaleza y por la ciencia sobre su desarrollo psicológico, podemos suponer el mayor obstáculo de su vida.

Después de este periodo de tiempo, el infante ha adquirido ciertas funciones especiales que le permiten defenderse si siente la opresión del adulto, porque puede explicarse con palabras, correr lejos y tener caprichos. La finalidad del niño no es defenderse, sino conquistar su ambiente y, con él, el medio para el propio desarrollo: pero, ¿qué debe desarrollar exactamente? Lo que él ha creado hasta ahora. Así, desde los tres a los seis años, cuando el infante conquista conscientemente su ambiente, entra en una etapa de verdadera construcción. Las cosas que ha creado en la época que precede a los tres años afloran gracias a las experiencias conscientes que lleva a cabo en su ambiente. Dichas experiencias no son simples juegos, ni acciones fruto de la casualidad, sino un trabajo de crecimiento. La mano, guiada por la inteligencia, cumple la primera labor del ser humano. Así, si en el periodo precedente el niño era casi un ser contemplativo, que miraba su ambiente con aparente pasividad tomando de él lo que le servía para construir los elementos de su ser, en esta nueva etapa ejercita su voluntad. Antes estaba guiado por una fuerza escondida en él, ahora lo guía su yo, y sus manos se muestran activas. Es como si el infante, que absorbía el mundo a través de una inteligencia inconsciente, ahora lo agarrase con la mano.

Otra forma de desarrollo que tiene lugar en esta época es el perfeccionamiento de las primeras adquisiciones. El ejemplo más claro lo da el desarrollo espontáneo del lenguaje, que se prolonga hasta aproximadamente los cinco años. El lenguaje existe ya desde los dos años y medio: está completo no solo en la construcción de las palabras, sino también en la construcción gramatical del discurso. Sin embargo, permanece aquella sensibilidad constructiva del lenguaje (periodo sensitivo) que ahora impulsa a fijarlo en los sonidos: sobre todo, a enriquecerlo con un gran número de palabras.

Existen, entonces, dos tendencias: la de desarrollar la consciencia mediante la actividad sobre el ambiente, y la de perfeccionar y enriquecer las conquistas ya hechas. Estas indican que el periodo entre los tres y los seis años es una etapa de «perfeccionamiento constructivo».

El poder de la mente de absorber del ambiente sin esfuerzo permanece; pero la experiencia activa ayuda a enriquecer lo que se adquiere mediante la absorción. Ya no son solo los sentidos, sino que la mano se convierte en un «órgano de presión» de la inteligencia. Mientras que antes el infante absorbía al mirar el mundo a su alrededor, al ser transportado de un lado a otro, y observaba cada cosa con vivo interés, ahora muestra una irresistible tendencia a tocarlo todo y a detenerse en los objetos. Está ocupado continuamente, feliz, siempre atareado con sus manos. Su inteligencia ya no se desarrolla solo viviendo: necesita un ambiente que ofrezca motivos de actividad, porque deben darse desarrollos psicológicos posteriores en esta etapa formativa.

Esto se llamó la «bendita edad de los juegos»: los adultos siempre la habían observado, pero desde hace poco tiempo se estudia científicamente.

En Europa y en América, donde el dinamismo incesante de la civilización ha alejado cada vez más a la humanidad de la naturaleza, la sociedad, para corresponder a su necesidad de actividad, ofrece al infante un número infinito de juguetes, en vez de ofrecerle medios que estimulen su inteligencia. A esta edad, él tiende a tocarlo todo, mientras que los adultos le permiten tocar pocas cosas y le prohíben muchas. Por ejemplo, la única cosa real que se le permite tocar a voluntad es la arena: es habitual en todo el mundo dejar que los niños jueguen con arena; a veces se les permite divertirse con agua, pero no mucha, porque el niño se empapa, y agua y arena ensucian, y a los adultos no les gusta tener que lidiar con las consecuencias.

En los países donde la industria del juguete no está tan desarrollada, encontramos niños muy diferentes; son más tranquilos, sanos y alegres. Se inspiran en las actividades que los rodean, son seres normales que tocan y manipulan los objetos que emplean los adultos. Cuando la madre lava o hace pan o tortillas, el niño la imita. Es una imitación, pero inteligente, selectiva, mediante la cual el infante se prepara para formar parte de su ambiente. No puede ponerse en duda que el infante debe hacer las cosas para sus propios fines. La tendencia actual es dar al niño la posibilidad de imitar las acciones de los adultos de la propia familia o comunidad proporcionándole objetos adecuados a su fuerza y a sus posibilidades, y un ambiente donde pueda moverse, hablar y centrarse en una actividad constructiva e inteligente.

Todo esto parece obvio ahora, pero cuando expusimos esta idea por primera vez, la gente se sorprendió. Cuando preparamos un ambiente proporcionado para niños de tres a seis, donde pudiesen vivir como dueños de su propia casa, esto maravilló. Las pequeñas sillas y mesas, las vajillas y los juegos de baño minúsculos; y las acciones reales de poner la mesa, lavar los platos, barrer y quitar el polvo, además de los ejercicios para vestirse por sí solos impresionaron como una propuesta original para la educación de los niños.

La vida social entre los niños hizo nacer en ellos gustos y tendencias sorprendentes: fueron los mismos niños quienes prefirieron los compañeros a las muñecas, y los objetos de utilidad práctica a los juguetes.

El profesor Dewey, famoso educador estadounidense, pensó que en Nueva York (el gran centro de la vida estadounidense) debían existir objetos dedicados a los pequeños infantes. Él mismo acudió a todas las tiendas de esta ciudad para comprar escobas, sillas y platos pequeños, entre otras cosas. Pero no encontró nada: no existía ni siquiera la idea de fabricarlos. Había solo un número enorme de juguetes de todo tipo.

Ante esto, el profesor Dewey dijo: «El niño ha sido olvidado». Pero, por desgracia, se olvida de muchas otras maneras; es el ciudadano olvidado que vive en un mundo donde hay de todo para todos, salvo para él, que vaga sin objetivo, reclamando capricho tras capricho, rompiendo juguetes, buscando en vano satisfacciones para su alma, mientras el adulto no logra ver su verdadero ser.

Cuando se rompió esta barrera y se rasgó el velo que ocultaba la realidad, cuando se dieron cosas reales al pequeño, esperábamos observar el placer y el deseo vivo de usarlas... pero sucedió mucho más. El infante manifestó una personalidad completamente diferente. El primer acto fue de independencia; parecía que dijese: «Deseo bastarme a mí mismo, no me ayudéis». Había llegado a ser, de repente, un hombre que buscaba la independencia y rechazaba toda ayuda. Nadie habría imaginado nunca que esta habría sido su primera reacción, y que el adulto se habría tenido que limitar a un rol de observador.

Enseguida, el pequeño se adueñó en ese ambiente adecuado para él. Vida social y desarrollo del carácter siguieron espontáneamente. La felicidad del infante no es solo el objetivo a alcanzar; queremos también que llegue a ser el constructor del ser humano, independiente en sus funciones; trabajador y dueño de lo que de él depende. Esta es la luz que revela el inicio de la vida consciente del individuo.

POSTERIOR ELABORACIÓN POR MEDIO DE LA CULTURA Y DE LA IMAGINACIÓN

Actividad espontánea

Las leyes naturales del desarrollo estimulan a los infantes de esta edad para tener experiencias del ambiente mediante el uso de las manos, y no solo con fines prácticos, sino también con fines culturales.

Dejados en el nuevo ambiente, los vemos manifestar características y capacidades diferentes de las que han sido comúnmente observadas. No solo se muestran más contentos, sino tan interesados por sus ocupaciones como para transformarse en «trabajadores» incansables. Gracias a estas experiencias, su mente parece dilatarse y volverse ávida de saber.

Así sucedió con la «explosión» de la escritura y fue este el primer fenómeno que atrajo la atención sobre esta vida psicológica desconocida del infante.

Pero la explosión de la escritura era solo el humo que sale de la pipa: la verdadera explosión era la de la personalidad del niño. Se podría comparar con una montaña, que parece sólida e inmutable, pero que contiene un fuego en su interior: un día se oye una explosión y el fuego se abre camino a través de esa masa pesada; gracias a este estallido de fuego, humo y substancias desconocidas, los expertos podrán deducir lo que contiene la Tierra.

Ahora, las manifestaciones psicológicas que procedían espontáneamente del infante puesto en un ambiente de vida real, con objetos adecuados para él, resultaron claras y sorprendentes al mismo tiempo. Y fue siguiendo dichas manifestaciones e interpretándolas como se construyó nuestro método educativo.

La manifestación de nuevos caracteres no fue obra de un método como se entiende generalmente; sino que fue el resultado de unas condiciones ambientales que alejaban obstáculos y ofrecían medios de actividad de libre elección. Y el método se construyó y elaboró según la guía de los fenómenos progresivos de los niños. Todo, se puede afirmar, comenzó a partir de un «descubrimiento» sobre la psicología infantil; en efecto, Peary, que en aquella época había descubierto el Polo Norte, llamó a nuestro trabajo «el descubrimiento del alma humana», en vez de llamarlo «nuevo método educativo».

Dos conjuntos de hechos importantes se aprecian en aquellas revelaciones. Uno es que la mente del infante es capaz de adquirir cultura en un periodo de la vida en el que nadie lo hubiera creído posible, pero lo hace solo a través de la propia actividad. La cultura puede recibirse solamente a través del trabajo y de la creciente comprensión de sí mismos. Hoy, que conocemos el poder de la mente receptiva en el periodo entre los tres y los seis años, sabemos que existe esta posibilidad de adquirir cultura a tan tierna edad. Otro hecho importante se refiere al desarrollo del carácter, del cual hablaré en otro capítulo. Ahora abordaré solamente el primer grupo: la adquisición de la cultura por medio de la actividad espontánea.

El infante se interesa especialmente en las cosas que ya sabe, las que ha absorbido en un periodo precedente, y se concentra mejor en ellas. Así, por ejemplo, la explosión de la escritura relacionada con la sensibilidad especial adquirida en el periodo de desarrollo del lenguaje. Dado que esta sensibilidad desaparece entre los cinco años y medio y los seis, es obvio que la escritura se puede adquirir con placer y entusiasmo solo antes de esa edad, mientras que los niños mayores, de seis o siete años, no muestran interés por ese aprendizaje. Otras observaciones sobre esta manifestación espontánea del infante nos revelan, además, que la explosión de la escritura no solo es fruto del hecho de que los niños estaban en el periodo sensitivo del lenguaje; sino también de que ya habían tenido una preparación de la mano, mediante ejercicios precedentes (el manejo exacto del material para la educación de los sentidos). Y así el principio de las «preparaciones indirectas» se aplicó como parte integral de nuestro método. Esta base es propia de los procedimientos de la naturaleza. Esta, en efecto, prepara los órganos en el embrión, no da órdenes (impulsos) antes de que el individuo haya desarrollado los órganos con los que podrá ejecutarlas.

Si, como hemos visto, el infante retoma las conquistas del primer periodo para elaborarlas en el segundo, el primer periodo puede servirnos de guía para el segundo, que sigue el mismo método de desarrollo. Observemos el lenguaje: hemos visto que en el primer periodo el niño sigue un método casi gramatical; emplea sucesivamente sonidos, sílabas, nombres, adjetivos, adverbios, conjunciones, verbos, preposiciones, etc. Así, sabemos que podemos ayudar al niño en el segundo periodo siguiendo el mismo método gramatical. La primera enseñanza es la de la gramática: parece absurdo, para nuestra forma de pensar, que la enseñanza del infante tenga que comenzar con la gramática, y que deba aprenderla antes de saber leer y escribir. Pero si observamos bien, ¿cuál es la base de la lengua, sino la gramática? Cuando nosotros (y el infante) hablamos, lo hacemos gramaticalmente; por ello, si le proporcionamos una ayuda gramatical cuando tiene cuatro años, mientras está perfeccionando la construcción de su lenguaje y enriqueciendo su vocabulario, favorecemos su labor. Al enseñarle la gramática le permitimos adueñarse perfectamente de la lengua hablada en su entorno. La experiencia nos demuestra que a los infantes les interesa mucho la gramática, y que este es el momento justo para ponerla a su disposición. En el primer periodo (0-3 años) la adquisición había sido casi inconsciente; ahora tiene que ser perfeccionada conscientemente mediante el ejercicio. Observamos otra cosa, y es que el infante a esa edad aprende muchas palabras nuevas; tiene una sensibilidad especial y un interés por las palabras, y espontáneamente se apropia de un gran número. Mediante muchos experimentos se ha constatado que el enriquecimiento del vocabulario es propio de esta edad. Son palabras usadas naturalmente en el ambiente del niño: un ambiente culto ofrecerá al infante mayores oportunidades; pero en cualquier ambiente el impulso natural es absorber el mayor número posible de palabras: el infante parece hambriento de ellas. Si no se le ayuda, las adquirirá con esfuerzo y desordenadamente; la ayuda que se le ofrezca consistirá en reducir el esfuerzo y presentarlas ordenadamente.

Otra particularidad del método se estableció precisamente tras esta observación. Los maestros no cultivados, que teníamos durante nuestros primeros experimentos, prepararon para los niños muchas palabras escritas en letreros: trascribieron cuantas sabían, pero pasado un tiempo vinieron a decirme que ya habían usado todas las palabras relativas a la vestimenta, la casa, la calle, los nombres de los árboles, etc., pero que los niños querían más. Entonces pensamos en enseñar a los infantes de esa edad las palabras necesarias para la cultura, por ejemplo, todos los nombres de las figuras geométricas que manejaban como material sensorial: polígonos, trapecios, trapezoides, etc. ¡Los niños lo aprendieron todo! Entonces preparamos nombres de instrumentos científicos: termómetros, barómetros; pasamos a los términos de botánica: sépalos, pétalos, estambres, pistilos, y así sucesivamente. Los aprendían todos con entusiasmo y nos pedían más. Los docentes casi se ofendían porque, cuando los acompañaban a pasear, aprendían de ellos los nombres de todos los tipos de automóviles, sorprendidos por su propia ignorancia. La sed de palabras de los niños de esta edad es insaciable y la posibilidad de aprender, inagotable, cosa que no sucede en el periodo siguiente: entonces se desarrollan otras facultades, y hay una mayor dificultad para aprender palabras difíciles. Observamos que los niños que habían tenido la oportunidad de aprender pronto todas estas palabras, las recordaban y las usaban con facilidad al volver a encontrárselas más tarde, en las escuelas normales, a los ocho o nueve años, y también en años sucesivos; sin embargo, a los niños que las oían por primera vez, esto les costaba mucho más. La conclusión lógica es que hay que enseñar términos científicos a los niños de entre tres y seis años. No de forma mecánica, naturalmente, sino relacionándolos con los objetos correspondientes y con la natural exploración del ambiente, de forma que el aprendizaje se base en la experiencia. Por ejemplo, les enseñaremos las partes de la hoja y de la flor, las configuraciones geográficas, y así en adelante; son cosas fácilmente visibles y apreciables en su entorno y, por eso, aptas para ser aprendidas. La dificultad no es de los niños, sino más bien de los docentes, que a veces no conocen esas palabras o no logran recordarlas o las confunden.

En Kodaikanal vi jóvenes de alrededor de catorce años, alumnos de escuelas normales, que se sorprendían al conocer el nombre de una parte de la flor; un pequeño de tres años se acercó a ellos y dijo: «Pistilo» y luego volvió corriendo a sus juegos. Mostramos a niños de siete y ocho años la clasificación de las raíces según los libros de botánica y la ilustramos con cuadros colgados en las paredes: entró uno de los pequeños y preguntó qué eran esas figuras. Se lo dijimos; poco después encontramos muchas plantas del jardín arrancadas de raíz, porque los pequeños se habían interesado en el tema y querían saber cómo eran las raíces de esas plantas. Pensamos, entonces, en darles nociones directas, y la consecuencia fue que los padres vinieron a protestar porque sus hijos arrancaban todas las plantas de los jardines y después lavaban las raíces para ver cómo estaban hechas.

¿Puede la mente del infante limitarse a lo que ve? No: el niño tiene un tipo de mente que va más allá de los límites de lo concreto, tiene el poder de imaginar muchas cosas. Este poder de ver cosas que no están ante sus ojos revela un tipo de mente superior; si la mente del ser humano estuviese limitada a lo que puede ver, sería muy estrecha. El ser humano no ve solamente con el ojo, y la cultura no está hecha de lo que se ve: un ejemplo de esto es la geografía. Si nosotros no podemos ver un lago o la nieve, debemos, para imaginarla, poner en marcha nuestra mente. ¿Hasta qué punto pueden imaginar los infantes? Como no lo sabíamos, comenzamos a hacer experimentos con los niños de seis años. En vez de partir de las particularidades geográficas, hicimos el intento de presentar una totalidad, es decir, el globo terráqueo, «el mundo».

El mundo es una palabra a la que no corresponde ninguna imagen sensorial en el ambiente del infante: de forma que si él se ha formado una idea del mundo, lo ha hecho solo con un poder abstracto de la mente, un poder imaginativo. Preparamos pequeños mapamundis, que representaban la tierra con polvo brillante y los océanos con azul oscuro. Los niños empezaron a decir: «esto es la tierra», «esto es el agua», «esto es América», «esto es la India». Les gustó tanto el globo, que llegó a ser el objeto favorito de nuestras clases. La mente del niño entre tres y seis años no solo fija las funciones de la inteligencia en relación con el objeto, sino también con un poder más alto, el de la imaginación, que permite al individuo ver cosas invisibles a los ojos. La psicología ha enseñado siempre que este periodo se caracteriza por el desarrollo de la imaginación. Incluso en los pueblos más ignorantes, los adultos cuentan a sus niños historias de hadas, que a ellos les encantan, como si estuviesen ansiosos por ejercitar esta gran fuerza que es la imaginación. Todos entienden que al infante le encanta imaginar; pero para ayudarlo no le ofrecen más que hadas y juguetes. Si un niño puede imaginar un hada y el país de las hadas, no le resultará difícil imaginar América, u otro lugar. En vez de hablarle vagamente de América, se puede ayudar concretamente a su imaginación mostrándole un globo donde esté dibujado el continente. Se olvida a menudo que la imaginación es un esfuerzo para la búsqueda de la verdad. La mente no es una entidad pasiva, sino una llama devoradora, nunca en reposo, siempre viva.

Cuando los niños de seis años tuvieron el mapamundi y comenzaron a hablar de él, un pequeño de tres años y medio se adelantó y dijo: «¡Dejadme ver! ¿Esto es el mundo?». «Sí», respondieron los otros un poco sorprendidos. Y el pequeño dijo: «Ahora lo entiendo. Yo tengo un tío que ha hecho tres veces la vuelta al mundo. Ahora lo entiendo». Al mismo tiempo, se comprendió que aquello era solo un modelo, porque sabía que el mundo es inmenso: lo había entendido por las conversaciones que había oído.

Teníamos otro niño, de cuatro años y medio, que también pidió ver el globo; lo observó con atención, escuchó a los niños más mayores, que hablaban entre ellos de América sin preocuparse por él. En un momento dado los interrumpió: «¿Dónde esta Nueva York?». Los demás, sorprendidos, se lo indicaron. Después preguntó: «¿Dónde está Holanda?». La sorpresa fue mayor. A continuación, tocando la parte azul, el pequeño dijo: «Entonces, esto es el mar». En ese momento los demás lo interrogaron con gran interés, y él explicó: «Mi papá va a Estados Unidos dos veces al año y está en Nueva York. Cuando parte, mamá dice durante muchos días: "Papá está en el mar". Lo dice muchos días y, luego: "Papá ha llegado a Nueva York". Y después de otros pocos días dice: "Papá vuelve a estar en el mar", y después, un día: "Ahora está en Holanda y nosotros vamos a ir a buscarlo a Ámsterdam"». Había oído hablar tanto de Estados Unidos que, cuando los demás niños reunidos alrededor del globo se lo señalaron y le hablaron al respecto, se detuvo de golpe ansioso por ver, y su expresión parecía decir: «He descubierto América». La visualización de esas cosas debía de ser un descanso para él, que había buscado en vano orientarse en su ambiente mental, de forma similar a como lo había hecho anteriormente en el ambiente material, porque hasta entonces había tenido que conformarse con las palabras que oía y revestirlas con la fantasía. Este es el hecho.

Se ha afirmado siempre que jugar con juguetes y ejercitar la imaginación mediante fábulas son dos necesidades de ese periodo de la vida: la primera actividad está orientada a crear una relación directa con el ambiente, de forma que el infante, por decirlo de alguna manera, se adueña de él y, al hacerlo, lleva a cabo un gran desarrollo mental. La segunda actividad revela la fuerza de la imaginación, que vuelca en sus juegos. Si nosotros le proporcionamos objetos relacionados con cosas reales para ejercitarla, es lógico que esto sea de gran ayuda para él, porque se encuentra en condiciones de mejorar su relación con el ambiente.

A esta edad, los niños suelen desear explicaciones: se sabe que el infante es curioso y que pregunta insistentemente. Las preguntas de los niños son siempre interesantes si no se consideran un tormento, sino la expresión de una mente que busca saber. A esta edad no pueden seguir explicaciones largas, aunque, en general, la gente sí quiere dar explicaciones exhaustivas. Un pequeño preguntó una vez a su padre por qué las hojas son verdes; el padre pensó que su hijo era muy inteligente y la habló largamente de la clorofila, de las funciones clorofílicas de los rayos solares y así sucesivamente... Poco después, oyó que el hijo mascullaba: «¡Yo quiero saber por qué las hojas son verdes, no todo ese asunto sobre la clorofila y el sol!».

Juego, imaginación y preguntas son tres de las características de esta edad; lo sabe todo el mundo, pero generalmente se entiende mal. A veces las preguntas son difíciles: «Mamá, ¿de dónde vengo?», pero el niño ya ha meditado sobre esta pregunta. Una señora inteligente, que se suponía que un día de estos tendría que responder esa duda, decidió decir la verdad y en cuanto el pequeño, que tenía cuatro años, la interrogó, respondió: «Hijo mío, soy yo quien te ha hecho». La respuesta fue rápida y breve, y el niño se calmó enseguida. Casi un año después, ella le dijo: «Ahora estoy haciendo otro niño», y cuando fue al hospital le anunció que al volver traería al otro niño. Cuando regresó se lo enseñó: «Este es tu hermanito: lo he hecho como te hice a ti». Pero entonces el niño ya tenía seis años y protestó poco convencido: «¿Por qué no me dices cómo venimos al mundo de verdad? Ahora soy mayor, ¿por qué no me cuentas la verdad? Cuando me dijiste que estabas haciendo otro niño, yo te miré, pero no estabas haciendo nada». Decir la verdad tampoco es tan fácil como podría parecer: hace falta una sabiduría especial por parte de los enseñantes y de los padres para saber cómo saciar la imaginación infantil.

El maestro necesita una preparación especial, porque no es nuestra lógica la que puede resolver estos problemas. Debemos conocer el desarrollo del infante y abandonar nuestras ideas preconcebidas. Para seguir la mente de un niño desde los tres a los seis años hacen falta gran tacto y delicadeza, y un adulto no los tiene casi nunca en cantidad suficiente. Por suerte, el niño adquiere más del ambiente que del enseñante; pero nosotros tenemos que conocer su psicología para ayudarlo cuanto podamos.

Desarrollo mental

La forma de actuar del infante es un continuo manantial de revelaciones para nosotros.

Todo nos demuestra los muchos prejuicios que teníamos sobre los niños, en lugar del justo «conocimiento» de su psicología y es una prueba de que no podíamos ser aprioristas en nuestra guía, porque era una incógnita: solo el propio infante, con sus manifestaciones, puede darse a conocer y enseñarnos a conocerlo.

Así hemos podido constatar, en miles de casos, que el infante necesita, no solo un objeto interesante, sino también conocer el modo exacto de proceder en los movimientos cuando manipula dicho objeto. Lo que lo interesa es la exactitud, que lo entretiene en su trabajo; señal de que él, al manipular objetos, tiene también el propósito inconsciente, la necesidad, el instinto de coordinar los propios movimientos.

Otro hecho relevante es que el niño, cuando trabaja con interés, repite muchas veces el mismo ejercicio. Nada nos sorprende más que verlo tan interesado en los así llamados ejercicios de vida práctica, como limpiar y lustrar un florero de hojalata, siguiendo exactamente las instrucciones recibidas, hasta lograr dejarlo reluciente. Lo veremos luego, rápidamente, recomenzar la misma labor con todos sus detalles y repulir el florero ya reluciente muchas veces más. Es la prueba de que el propósito externo es solo un estímulo. Porque el verdadero objetivo procede de impulsos internos; el propósito llega a ser, entonces, formativo, pues con la repetición del ejercicio el niño establece la coordinación de los movimientos. Sucede igual en el deporte y en otros juegos que repetimos con pasión: el tenis, el fútbol y similares no tienen como objetivo real mover exactamente un balón, sino entrenar una habilidad de movimiento que forma parte, precisamente, del placer del juego.

Podríamos decir que en todos sus ejercicios el infante juega. Pero estos juegos lo llevan a adquirir unas habilidades, unos poderes necesarios para su formación, para su desarrollo.

El instinto de adaptación se despierta y emprende la vía de una construcción laboriosa mediante la actividad, como si alguien dijese: «El esfuerzo de desarrollar tus movimientos no debe hacerse al azar; porque tú estás destinado a ejecutar estos movimientos y no otros». Pero los medios para efectuarlo son propios de la naturaleza del niño. Por esto digo que la imitación es una especie de inspiración para una labor constructiva.

Se ve así una especie de dinamismo en la construcción de la psiquis. Las acciones que el niño ha visto realizar llegan a ser un estímulo para actividades conducidas según un método que las fija en el individuo. ¿Qué se fija? Así como en el lenguaje se fija solo una trama, es decir, sonidos de las palabras con su ritmo y la cadencia de la voz, junto con el orden de las palabras en la construcción gramatical; mediante estos ejercicios se va fijando la trama de un comportamiento propio de una raza especial. El periodo entre los tres y los seis años es un periodo de realización y de perfeccionamiento. En él se decide una construcción individual que queda encarnada en la personalidad. La forma de moverse, de actuar, se establecen en caracteres que indicarán si un individuo pertenece a una clase inferior de la sociedad o a una clase superior, así se establecen diferencias entre los grupos sociales, como el lenguaje establecía diferencias entre los pueblos.

De este modo, si las circunstancias llevan a un hombre de origen social bajo a formar parte de una vida superior, llevará consigo los estigmas de su origen. Y si un aristócrata quiere esconderse bajo la apariencia de un obrero, algo en sus hábitos y en su comportamiento lo traiciona. Lo mismo vale para el lenguaje. A esta edad se fijan las modificaciones dialectales, por lo que también en un profesor universitario que hable en una lengua perfecta o rebuscada, o llena de términos científicos, su manera de pronunciar revela la provincia en la que se formó de niño. Ninguna educación posterior puede cancelar lo que se encarnó en las épocas constructivas de la infancia. Se puede comprender así la importancia social de la educación a esta edad. En ella existe aún la posibilidad de corregir los defectos procurados por obstáculos que desviaron la construcción de la psiquis infantil durante los primeros tres años de vida: porque este es un periodo natural de perfeccionamiento. Al mismo tiempo, al conducir la educación con criterios científicos, se puede atenuar de verdad, y conducir hacia una mayor armonía, las diferencias que dividen a los seres humanos en sociedades y razas. Es decir, que la civilización puede influir sobre los seres humanos como influyó sobre el ambiente externo de la naturaleza; y esto confiere un poder mágico.

Ejercicios de los sentidos y mente matemática

El aspecto formativo de la personalidad se muestra en todas las actividades del infante. Sucede así también en los ejercicios con el material sensorial.

¿Qué hay que pensar de la educación de los sentidos?

Los sentidos son puntos de contacto con el ambiente, y la mente, al ejercitarse en la observación del ambiente, adquiere un uso más refinado de estos órganos, como un pianista capaz de obtener del teclado sonidos que pueden variar en perfección infinita. Así, la mente puede extraer de los sentidos impresiones cada vez más precisas y refinadas. Las trabajadoras de la seda, por ejemplo, adquieren tal delicadeza en el tacto que llegan a sentir si el hilo delgadísimo que pasa bajo sus dedos es simple o doble. Existen pueblos primitivos que oyen los sonidos más imperceptibles que hacen las serpientes u otros animales feroces.

Tal es la educación de los sentidos que se adquiere con la actividad sobre el ambiente, aunque siempre modificada por las diferencias individuales. Ahora bien, sin un trabajo total de la inteligencia y el movimiento juntos, no existe educación de los sentidos. Y las diferencias individuales dependen de la actitud interna que estimula el interés, que puede estar más o menos desarrollado en los individuos. Hay, por tanto, tendencias innatas a crecer y desarrollarse según la propia naturaleza.

El infante que emplea nuestros materiales incorpora, junto con una modificación y habilidad en los movimientos de la mano, un refinamiento de la percepción de los estímulos sensoriales del ambiente. Ese mismo ambiente se enriquece a medida que él llega a ser capaz de percibir diferencias más finas entre las cosas; porque lo que no se distingue es como si no existiera. Con los materiales sensoriales damos una guía, una especie de clasificación de impresiones que se pueden recibir de cada sentido: los colores, los sonidos, los ruidos, las formas y las dimensiones, los pesos, las impresiones táctiles, los olores y los sabores. Esto constituye también sin duda una forma de cultura que dirige la atención sobre uno mismo y sobre el ambiente; una de esas formas de cultura que conducen hacia el perfeccionamiento de la personalidad, como lo son también el lenguaje y la escritura. Es decir, que enriquecen las potencialidades naturales.

Los sentidos, al ser los exploradores del ambiente, abren la vía para el conocimiento. Los materiales para la educación de los sentidos se ofrecen como una especie de llave para abrir una puerta a la exploración de las cosas externas, como una luz que hace ver cosas y detalles que en la obscuridad (en el estado inculto) no se podrían ver.

Al mismo tiempo, todo lo que se relaciona con las energías superiores se vuelve un estímulo que pone en movimiento las fuerzas creativas, lo que aumenta los intereses de la mente exploradora.

Hay un prejuicio en la educación común según el cual habría que ofrecer al niño un objeto para hacerlo apreciar sus diversas cualidades de colores, superficie, forma, etc. Pero los objetos son infinitos y, en cambio, las cualidades son limitadas. Las cualidades se podrían comparar con el alfabeto: pocos sonidos en comparación con las innumerables palabras.

Dar las cualidades separadas entre sí es como dar el alfabeto de la exploración: una llave que abre las puertas del conocimiento. Quien no solo ha ordenado las cualidades, sino que también ha apreciado las gradaciones de cada cualidad, puede aprender a leer todas las cosas en el ambiente y en la naturaleza.

Este alfabeto que se relaciona con el mundo exterior es de una importancia incalculable. En efecto, la cultura, como decíamos más arriba, no se adquiere solo con el aprendizaje, sino también ensanchando la personalidad. Enseñar a niños que tienen los sentidos educados o a niños que han crecido sin esta ayuda educativa son dos experiencias muy distintas. En el primer caso, cuando damos a los niños los objetos y los elementos de la cultura, o los llevamos a explorar directamente el ambiente, ellos se interesan porque ya son sensibles a esas pequeñas diferencias entre la forma de las hojas, los colores de las flores y las particularidades de los insectos. Todo está en la observación de las cosas y en el interés por conocerlas. Es importante tener una mente preparada, y de poco sirve tener un maestro más o menos hábil.

Ahora bien, en nuestros materiales, como decía, hay una clasificación de las cualidades de los objetos y de ahí deriva una de las ayudas más eficaces para el orden mental.

La mente es naturalmente proclive a distinguir las cualidades de los objetos independientemente. Todo el mundo distingue colores, sonidos, formas, etc., sin ninguna educación. Pero este es un hecho que se relaciona con la forma misma de la mente humana.

La mente humana, por su naturaleza, no tiene solo la propiedad de la imaginación, que permite realizar lo que no se ve directamente, sino también la propiedad de hacer la síntesis, es decir, de extraer un alfabeto de las cosas que se encuentran sin número en el ambiente externo. Esta propiedad es la aptitud natural de la abstracción en la mente. Quienes inventaron el alfabeto tuvieron, precisamente, un poder de abstracción: definieron y emitieron los pocos sonidos de los que están compuestas las palabras. Por eso, el alfabeto es algo abstracto, mientras que lo que realmente existe son las palabras. Si el ser humano no tuviese la capacidad de imaginar y de abstraer, no sería inteligente; o su inteligencia sería similar a la de los animales superiores: estática y limitada a las necesidades de su comportamiento particular y, por lo tanto, sin posibilidad de desarrollo.

Ahora bien, las abstracciones son limitadas, mientras que las cosas imaginadas pueden penetrar en el infinito. Los límites tienen más valor cuanto más exactos son y construyen en el campo mental una especie de órgano de precisión necesario para orientarnos en el espacio, así como un reloj para orientarnos en el tiempo.

Estas dos cualidades de la mente, que van más allá de la simple percepción de las cosas presentes, se relacionan entre sí en la construcción mental. Ambas son necesarias para la construcción del lenguaje: por un lado el alfabeto y, por otro, las reglas gramaticales permiten el enriquecimiento indefinido de las palabras. Las palabras, para poder ser utilizadas para enriquecer el lenguaje, tienen que poder disponerse dentro de la trama precisa de los sonidos y del orden gramatical. Y lo mismo que sucede en la construcción del lenguaje, lo hace en la construcción mental.

Cuando decimos: «Ese individuo tiene una mente imprecisa, es inteligente pero no conclusivo», nos referimos a la mente que ha desarrollado algunas ideas, pero sin orden. De otro individuo, en cambio, decimos: «Tiene una mente encuadrada; sabe ponderar las circunstancias».

Demos pues un nombre a esta parte de la mente que se construye mediante la exactitud, y llamémosla «mente matemática». El término se lo debemos al filósofo, físico y matemático francés Pascal. Él decía que la forma de la mente humana es matemática: la apreciación de las cosas exactas permite el conocimiento y el progreso.

La forma del lenguaje la dan los sonidos del alfabeto y el orden de las palabras. Así, la forma mental del ser humano, la trama sobre la que pueden depositarse todas las riquezas que se deben a las percepciones directas o a la imaginación es un orden fundamental. Y al examinar las acciones de quienes dejaron en el mundo huellas de sus inventos útiles para el progreso de la civilización, se ve que partían de un orden, de una exactitud que los condujo a crear algo nuevo. También en el campo imaginativo de la música y de la poesía hallamos que música y poesía tienen una base tan exacta como para poder llamarla «metro», es decir, medida.

En educación, debemos tener en cuenta dos cualidades mentales y, aunque una prevalezca en cada individuo, las dos deben existir juntas e integrarse. Si la educación mental del infante tuviese en cuenta solo la imaginación, conduciría hacia el desequilibrio y crearía un obstáculo para orientarse de forma útil en el mundo, es decir, para llegar a una conclusión práctica en la vida.

Ahora bien, la evidencia en nuestros niños pequeños de una mente matemática se ha manifestado de forma singular y espontánea.

En efecto, si les enseñábamos una precisión exacta en la acción, esta parecía retener su interés. Tener un objetivo real que alcanzar con sus acciones era la primera motivación, pero la forma de ejecutarlas exactamente era el sostén para dar constancia al niño y para llevarlo, así, a progresar totalmente en el desarrollo. El orden y la precisión constituyen la guía en el trabajo espontáneo.

Volviendo entonces al material sensorial capaz de producir un acto de concentración, sobre todo en los niños pequeños, de entre tres y cuatro años de edad, no hay dudas de que este material debe considerarse una ayuda no solo en tanto clave de exploración, sino también como medio de desarrollo de la mente matemática.[45]

Los resultados que se constatan en nuestros pequeños contrastan totalmente con el hecho de que, en general, en las escuelas, las matemáticas son un escollo en vez de una atracción y que la mayoría de las personas tienen barreras mentales relacionadas con ellas. Concluyamos entonces: todo se hace más fácil si el conocimiento ha enraizado en la mente absorbente.

Los objetos matemáticos no están diseminados en el ambiente como los árboles, las flores y los animales. Por eso faltan las ocasiones para desarrollar espontáneamente la mente matemática en la edad infantil, lo que acaba convirtiéndose en un obstáculo para el desarrollo mental posterior. Mi plan de educación matemática está expuesto en otras dos obras, que son un tratado de psicología especial sobre este desarrollo en concreto.[46]

Diseños embrionarios

El hecho de que el infante, en el encuentro, siga una primera trama de las conquistas que deberá hacer sobre el ambiente es un fenómeno embrionario. Porque el embrión está determinado por diseños: tanto de los órganos del cuerpo en los genes, como del comportamiento según el descubrimiento de Coghill.

Del mismo modo, el infante, en relación con el lenguaje, presupone una trama precisa y fija: los sonidos y el orden gramatical de las palabras. Esos sonidos y ese orden del lenguaje no estaban en la naturaleza, sino que fueron construidos por la sociedad porque, como hemos visto, el establecimiento del significado de las palabras se fundamentó en un acuerdo entre los seres humanos que tenían que entenderse.

---

45. Quien quiera saber más sobre mi material de desarrollo, puede consultar mi libro *La scoperta del bambino* (Garzanti, Milán, 2017).

46. Montessori, Maria, *Psicogeometria* (2012) y *Psicoaritmetica* (2012), Opera Nazionale Montessori, Roma.

Otras cosas fueron establecidas también por la sociedad. Por ejemplo, las costumbres, que luego fueron sancionadas como moral del grupo. Es interesante fijarse en que las costumbres no se fueron creando para facilitar la vida, como se proclamó en los conceptos sobre la evolución. La adaptación y las construcciones sociales tienen algunos aspectos que son más bien contrarios en sí mismos a tales conceptos. El «instinto de vivir» no es solo el de procurarse las mejores condiciones de vida; al contrario, surgen lo que serían restricciones a este instinto que nos hacen pensar en instintos innatos de sacrificio, si no pensáramos que para dar forma a un bloque sin forma hay que modelarlo, quitando, es decir, sacrificando, algunas de sus partes. Al estudiar los pueblos primitivos, en efecto, se hallan restricciones (prohibiciones y tabúes) y sacrificios corporales incluidos en las costumbres de todas las razas.

En ocasiones, se ha llegado a buscar la belleza en deformaciones artificiales infligidas aunque supusieran grandes sacrificios (nos referimos, por ejemplo, a los famosos pies de las mujeres chinas, o a las orejas y narices perforadas y deformadas por joyas).

Pero las restricciones se relacionan sobre todo con el alimento. Los millones de indios que han muerto de hambre recientemente, vivían entre una cantidad de manadas y rebaños que se cuentan entre los más numerosos del mundo. Pero ellos habían encarnado en sus costumbres la imposibilidad de matarlos para alimentarse, y la costumbre era más fuerte que la muerte.

Ahora bien, la moral es una superestructura de la vida social, que la establece de una forma determinada. Además, hay que olvidar que estos usos característicos debieron establecerse también mediante un común acuerdo a medida que se desarrollaban.

Lo mismo se podría decir de las religiones: el ídolo, para llegar a serlo, debe reconocerse mediante un acuerdo social. Las religiones no son solo un acuerdo sobre determinadas ideas, sino que nacen sin duda de exigencias espirituales de la especie humana que conducen a adorar y no solo a aferrar intelectualmente ciertos hechos. Así, los primitivos, golpeados por las misteriosas grandezas de la naturaleza, adoran algunas de sus manifestaciones, y unen la gratitud o el temor a la maravilla. Se termina por fijar, mediante el consenso general, estas profundas reacciones psicológicas a determinados fenómenos y a algunos objetos, que llegan a ser sagrados para el grupo. No son fenómenos y objetos que golpean la mente solo en su vertiente imaginativa, sino que la mente los adquiere en forma de síntesis, como sucede con las impresiones sensoriales a partir de las que se llega a la abstracción. Las cualidades de las cosas se definen mediante un funcionamiento mental fundamental. Pero allí donde actúa la influencia del inconsciente, como en las sensaciones que conducen a la adoración, se consigue la representación de esas abstracciones; lo que sucede con los símbolos que las encarnan. Estos símbolos, para ser elementos sociales, deben ser reconocidos mediante el consenso común. Y entre las expresiones simbólicas están también los actos de la adoración y, por tanto, los ritos que se establecen en el grupo. Todo esto se construye con el paso de los siglos; no solo se adquiere de forma estable como las costumbres morales, sino que llega a ser carácter de unidad para la gente de un grupo social, un carácter que ayuda a distinguirlo de otros grupos. Se van formando así los caracteres distintivos de los grupos humanos como se forman los caracteres de una especie. Se transmiten de generación en generación como los caracteres de la especie se transmiten por herencia.

Así, estos caracteres no solo se delinean, aceptan y establecen en la imaginación. La imaginación recoge los corolarios de exigencias espirituales, igual que lo hacen los sentidos en otro plano; pero la abstracción los sintetiza y así la mente va precisando la inmensidad con infinitas formas determinadas.

Son formas precisas y estables que se expresan mediante símbolos sencillos a los que todos se pueden adherir. De ahí surge la estabilidad de actos que se definen casi matemáticamente. De este modo, se establecen y reconocen las impresiones imaginativas y espirituales, por medio de las propiedades matemáticas de la mente reguladora.

Ahora bien, cuando un infante absorbe las costumbres, la moral y la religión de un pueblo, ¿qué absorbe en realidad?

Análogamente a lo que sucede con el lenguaje, él asume un diseño, es decir, adquiere estabilidad y precisión derivadas de las abstracciones y las ordena según la mente matemática. Incorpora este diseño en modo embrionario, es decir, como un diseño biológico potente y creativo, que dará forma a la personalidad, como hace la herencia indicada en los genes, y como hace el diseño del comportamiento señalado en los centros nerviosos.

El infante en su periodo embrionario psicológico, es decir, postnatal, absorbe del ambiente los diseños de los caracteres distintivos que se han construido en la sociedad de un determinado grupo. O sea, él no absorbe las riquezas mentales de su raza, sino solo los diseños resultantes de ella. Absorbe, pues, la parte fundamental, esquemática, precisa y, por tanto, repetida en la vida cotidiana del pueblo. Absorbe la parte matemática. Ahora bien, una vez establecidos los diseños, estos permanecen como caracteres, como sucede con la lengua materna.

El ser humano podrá desarrollarse indefinidamente, pero lo hará sobre dicho diseño. Del mismo modo que la lengua materna podrá enriquecerse indefinidamente, pero lo hará sobre la base del diseño de los sonidos y del orden establecido en el periodo embrionario.

Que la mente matemática actúa desde la primera edad de la vida se ve claramente no solo (como hemos sugerido) en la atracción que la exactitud ejerce en las acciones del infante (que sostiene su actividad solo si hay un procedimiento exacto que ejecutar y solo en base a esto puede alcanzar la concentración y constancia en la ejecución de los actos); sino también en que el orden es una de las sensibilidades propias más potentes y preeminentes del inicio del periodo formativo. La sensibilidad para el orden de las cosas, sus posiciones recíprocas, es contemporánea a las simples sensaciones, es decir, a la absorción de las impresiones del ambiente.

De esto deriva nuestra idea de una «construcción fundamental» de los caracteres psicológicos de la personalidad: un organismo psicológico se forma, y se forma en base a diseños establecidos. El mundo psicológico sería, de lo contrario, ordenado solo por medio de la razón y la voluntad; es decir que se crearía mediante capacidades que se adquieren después. Así como el ser humano no crea su cuerpo siguiendo un razonamiento lógico, tampoco sigue un razonamiento lógico para crear su forma psicológica. La creación es el misterioso hecho primitivo que da origen a «algo» que antes no existía y que está destinado luego a crecer según las leyes de la vida. Pero todo parte de alguna creación: *Omne vivum ex ovo.*

Así, la psiquis humana se construye también sobre una parte creativa, pero en el periodo postnatal, porque la psiquis debe formarse a expensas del ambiente, encarnándolo como diseño fundamental, para hacer de cada individuo un tipo de la propia raza. Es así como se obtiene la continuidad diferencial propia de los diversos grupos humanos, que van desarrollando su civilización a lo largo de generaciones. La continuidad de un proceso no fijo por naturaleza, sino gradual por evoluciones sucesivas, como es el desarrollo de una civilización, solo es posible porque los nuevos individuos que nacen tienen un poder psicológico creativo, que produce la adaptación al ambiente en el estado en el que el individuo lo encuentra. Esta es la función biológica del niño. Y es ella la que asegura nuestro progreso social. Pero precisamente porque es un hecho creativo que puede suceder bajo nuestro control, tiene para nosotros una importancia incalculable.

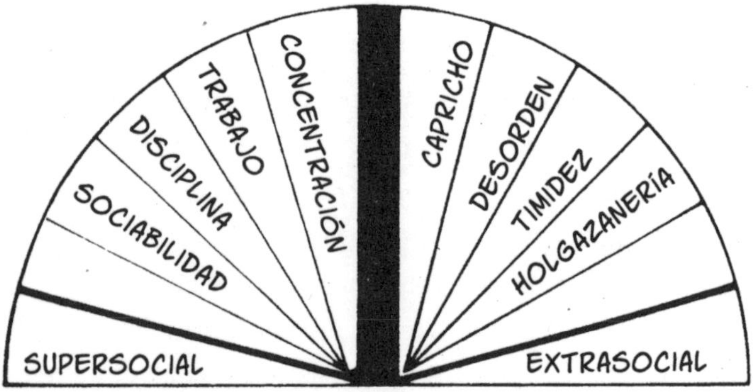

Figura 7. Alineamientos normales y desviados del carácter del infante.

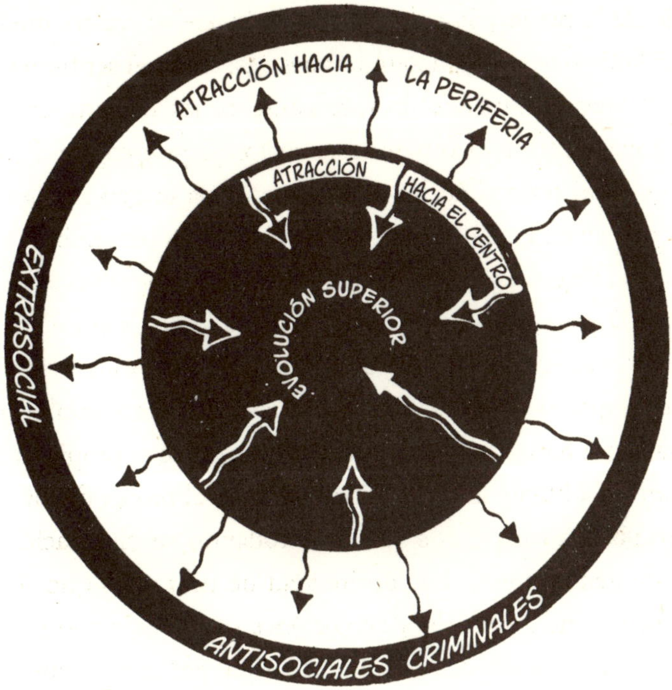

Figura 8. Círculos de atracción hacia la masa de gente en función de su desarrollo.

EL CARÁCTER Y SUS DEFECTOS EN LOS NIÑOS

Construcción natural del carácter

Otro conjunto de hechos importantes se refiere a la formación del carácter en los niños pequeños.

La educación del carácter era un elemento esencial de la vieja pedagogía, uno de sus objetivos principales.

Pero, al mismo tiempo, esta pedagogía no daba una definición clara del carácter, ni un método para educarlo, se limitaba a decir que la educación mental y también la práctica no bastaban y que era necesaria también esa incógnita, esa x, contenida en la palabra carácter. Estos viejos educadores muestran, no obstante, una cierta intuición al respecto, porque lo que ellos querían era la adquisición de valores humanos. Aunque no ven claro cómo alcanzarlos. Valoran una serie de cosas, como las virtudes: valentía, constancia, seguridad en lo que uno debería hacer, relaciones morales con sus semejantes, porque la educación moral es un aspecto importante del carácter.

Por lo demás, las ideas sobre la esencia del carácter son imprecisas en todo el mundo.

Aunque los filósofos y biólogos se hayan ocupado del tema desde la antigüedad, no se ha alcanzado aún una definición precisa de qué es el carácter. Desde tiempos de los griegos hasta hoy, desde Teofrasto hasta Freud y Jung, ha habido múltiples intentos de determinarlo, pero, como bien declara Rümke,[47] nos hallamos siempre en el ámbito de la tentativa, aún no se ha construido un concepto definido que pueda ser aceptado por todos los científicos que sienten, sin embargo, la importancia de este conjunto, intuido, que se llama carácter. Con esta palabra, los más recientes estudiosos han valorado elementos físicos, morales e intelectuales; el querer, la personalidad y la herencia. Se puede decir que casi se fundó una rama científica sobre el estudio del carácter cuando Bahnsen introdujo por primera vez, en 1876, la palabra «caracterología».

Y fue en este campo de elaboraciones, más que de conocimientos determinados, donde contribuyeron también los más modernos estudiosos e innovadores. Pero todos ellos parten del ser humano, ya sea como figura abstracta o como persona concreta. También quienes se han referido a la educación, ya sea desde un punto de vista positivo o religioso, en general han descuidado en sus investigaciones a los niños pequeños; aunque muchos hablen de «herencia» y, por tanto, de influencias que preceden al nacimiento. En el conjunto se da, de este modo, un salto desde la herencia a la formación de la personalidad humana y queda un vacío sin explorar, que pocos se proponen estudiar.

Fue precisamente este el terreno de nuestras indagaciones y fue una contribución espontánea del infante lo que nos señaló nuevos conceptos sobre la cuestión no definida del carácter. Nos permitió entender la cuestión como construcción natural del carácter y de su desarrollo mediante esfuerzos individuales, que ciertamente no se refieren a factores de «educación», sino que dependen de la energía vital creativa y de los obstáculos que se pueden encontrar en el ambiente. Así, nuestro interés se dirigió a observar e interpretar la labor que hace la naturaleza en la construcción del ser humano desde el nacimiento en relación con su lado psicológico, y se prestó especial atención al niño pequeño: desde el neonato,

47. Rümke, Henricus Cornelius, *Introduzione agli studi sul carattere*, De Erven F. Bohn, Haarlem, 1937.

cuyo carácter y personalidad están en cero, hasta la edad en la que comienza a definirse, pues a partir del inconsciente existen sin duda leyes naturales comunes a todos los seres humanos y determinantes del desarrollo psicológico; mientras que las diferenciaciones individuales, en cambio, dependen en gran parte de las vicisitudes de la vida en el ambiente, de los progresos rápidos o de las caídas o regresiones, sucesos psicológicos por los que avanza el individuo entre los obstáculos interpuestos por la vida.

Sin duda, tal principio debe ser capaz de orientar también las interpretaciones sobre el carácter a lo largo del desarrollo en las edades sucesivas hasta la madurez del ser humano; sirve, así, para considerar la vida que se desarrolla como base esencial y como guía entre las infinitas variaciones que pueden presentar los individuos en su esfuerzo de adaptación.

Desde el punto de vista de la vida, podríamos considerar comportamiento humano todo lo que se relaciona con el carácter. Como ya he dicho, la vida del individuo desde los 0 a los 18 años se puede dividir en tres periodos: 0-6 años (que es el tema de este libro), 6-12 años y, por último, 12-18 años; cada uno, a su vez, se divide en dos fases secundarias. Si consideramos estos grupos por separado, la mentalidad que cada uno de ellos representa es muy diferente de las de los otros dos, hasta el punto de dar la impresión de que se trata de individuos distintos.

Como hemos ya visto, el primer periodo es de creación; en él hallamos las raíces del carácter, aunque el niño recién nacido no lo posea. El periodo de 0 a 6 años es, por ello, la parte más importante de la vida también en lo relativo al carácter. Todos reconocen que, a esta edad, el infante no puede ser influido por el ejemplo o por la construcción externa; así pues, debe ser la naturaleza misma quien sienta las bases del carácter. El niño a esta edad no comprende la diferencia entre bien y mal, vive fuera de nuestros conceptos morales. En efecto, nosotros no llamamos al pequeño de esa edad malvado o malo, sino travieso, en el sentido de que su conducta es infantil. De modo que en este libro no hablaremos ni de mal, ni de bien, ni de moral. En el segundo periodo, de 6 a 12 años, el niño comienza a ser consciente del bien y del mal, no solo en sus propias acciones, sino también en las de los demás. El problema del bien y del mal es característico de esta edad; la conciencia moral se forma y conduce a la conciencia social. En el tercer periodo, de los 12 a los 18 años, surge el sentimiento de amor al propio pueblo, el amor por pertenecer a un grupo y el honor de este.

Ya he sugerido que, pese a que el carácter de cada periodo sea tan radicalmente distinto en comparación con el de los otros dos periodos, cada uno de ellos sienta las bases para el siguiente. Para que uno se pueda desarrollar normalmente en el segundo periodo, tiene que haberse desarrollado bien en el primero. También la oruga y la mariposa son muy distintas en aspecto y manifestaciones, pero la belleza de la mariposa es consecuencia de su vida como oruga y no puede proceder de la imitación de otra mariposa. Para construir el futuro hay que vigilar el presente. Cuanto más se cuiden las necesidades de un periodo, mayor éxito tendrá el siguiente.

La vida comienza a partir del acto de la concepción. Si esta resulta de la unión de dos seres sanos, no alcoholizados o degenerados, el individuo nacerá libre de ciertas taras. El desarrollo del embrión está, por ello, condicionado por la concepción. A continuación, el infante recibirá influencias, pero solo del ambiente, es decir, de las condiciones de la madre durante la gestación. Si el ambiente es favorable, el resultado será un ser fuerte y sano; así es como la gestación y la concepción condicionan la vida postnatal.

Nos hemos referido al trauma del nacimiento y a la posibilidad de que dé lugar a regresiones: sus características son graves, pero no tanto como las del alcoholismo o de las enfermedades hereditarias (epilepsia, etc.).

Al nacimiento siguen los años determinantes, de los que ya nos hemos ocupado. Durante los dos o tres primeros años el infante recibe influencias que pueden alterar el carácter en la vida futura: si el niño ha tenido algún trauma, o alguna experiencia violenta, o ha encontrado obstáculos considerables durante este periodo, todo ello puede causar desviaciones. El carácter se desarrolla, por tanto, en relación con los obstáculos encontrados, o con la libertad que ha favorecido su desarrollo. Si durante la concepción, la gestación, el nacimiento y el periodo que sigue el niño ha sido tratado científicamente, a los tres años debería ser un individuo modelo. Este ideal de perfección nunca se alcanza ya que, junto con otras razones, pueden surgir muchos obstáculos. A los tres años, los niños presentan características diferentes entre sí, con distinta importancia no solo según la seriedad de la experiencia, sino sobre todo en relación con la época de la vida en la que dicha experiencia ha tenido lugar. Si las características se deben a dificultades después del nacimiento, serán menos graves que las contraídas en el periodo de gestación, y estas últimas, a su vez, serán menos graves que las del periodo de la concepción. En el cuadro de las posibilidades de corregir los defectos de los infantes, resulta que los defectos adquiridos durante el periodo postnatal, de 0 a 3 años, se pueden corregir en el periodo sucesivo, de 3 a 6, que ha sido creado particularmente activo por la naturaleza, para lograr el perfeccionamiento.

Para este periodo, nuestras escuelas nos han proporcionado una cantidad notable de experiencias y resultados que nos han permitido actuar con ayudas externas, es decir, con la educación. Pero si los defectos surgidos entre los 0 y los 3 años no se corrigen durante este periodo por negligencia o por tratamiento errado, no solo permanecerán, sino que empeorarán. Así, a los 6 años, se puede tener un niño con desviaciones del periodo de 0 a 3, y con las nuevas taras adquiridas durante el periodo siguiente. Después de los 6 años estas, a su vez, influirán en el segundo periodo y en el desarrollo de la conciencia del bien y del mal.

Todos estos defectos tienen un reflejo en la vida mental y en la inteligencia. Los infantes aprenden con mayor dificultad si en el periodo anterior no han encontrado condiciones favorables para su desarrollo. Por eso, un infante de seis años presenta una acumulación de características que pueden no ser suyas en realidad, sino el resultado de circunstancias desfavorables y puede carecer, por ejemplo, de la conciencia moral que se desarrolla entre los siete y los doce años, o no tener una inteligencia normal. Y tendremos entonces a un niño sin carácter e incapaz de aprender: se sumarán otras carencias en el último periodo a causa de su inferioridad, y llegará a ser un hombre con taras causadas por las dificultades a las que se ha enfrentado.

En nuestras escuelas (y en muchas otras escuelas modernas) se considera un diagrama biológico de las características de cada niño para saber cómo comportarse al educarlo. Si conocemos las perturbaciones de los diversos periodos, obtenemos una orientación sobre su gravedad y el tratamiento conveniente. Por esto preguntamos a los progenitores si existen enfermedades, qué edad tenían cuando nació el niño y nos informamos con prudencia sobre la vida de la madre durante la gestación, si sufrió una caída, etc. Luego, también, sobre si el nacimiento fue normal, si el bebé estaba bien o si nació con asfixia. Otras preguntas están relacionadas con la vida del infante en casa: ¿sus padres eran severos? Si nos hallamos frente a niños difíciles o caprichosos, buscamos los motivos para su carácter en su vida anterior. Cuando llegan a nosotros con tres años, casi todos muestran características no normales, pero corregibles. Observemos brevemente, entonces, las desviaciones del carácter más habituales. La idea general es considerar los defectos de los niños de esta edad uno a uno, e intentar corregirlos directamente y por separado.

Nosotros agrupamos en solo dos categorías los innumerables defectos que pueden presentar los niños de esta edad, es decir, los del infante fuerte que lucha y vence los obstáculos que le presenta el ambiente, y los del niño débil que sucumbe a las condiciones desfavorables.

Defectos de los niños fuertes

La primera categoría presenta caprichos violentos, estallidos de ira, actos de rebeldía y de agresión. Una de las principales características de estos infantes es la desobediencia y otra es el instinto de destrucción. Existe también el deseo de posesión y, por tanto, el egoísmo y la envidia (esta última no se manifiesta pasivamente, sino con el intento de adueñarse de lo que tienen los demás niños). Inconstancia (muy común en los pequeños), incapacidad de atención; dificultad para coordinar los movimientos de las manos, de forma que los objetos que les dan se les caen y se rompen; mente desordenada, fuerte imaginación. A menudo gritan, chillan y hacen un gran estruendo; molestan, atormentan y son, a menudo, crueles con los niños débiles y con los animales. Es frecuente en ellos la glotonería.

Defectos de los niños débiles

Los que pertenecen a la segunda categoría son tipos pasivos y presentan defectos negativos: indolencia e inercia; lloran para obtener cualquier cosa e intentan que trabajen los demás en lugar de hacerlo ellos; quieren que los diviertan y se aburren fácilmente. Tienen miedo de todo y se aferran a los adultos. A menudo también son mentirosos (una forma pasiva de defensa) y roban (otra forma de adueñarse de lo que pertenece a los demás), etc.

Puede suceder también que el infante presente ciertas características físicas defectuosas cuyo origen es psicológico: por ejemplo, el rechazo del alimento y la falta de apetito; o, por el contrario, la glotonería excesiva. También las pesadillas, el miedo a la oscuridad, los sueños agitados que producen daño al físico y causan anemia. (Algunas formas de anemia y de problemas del hígado se deben, precisamente, a motivos psicológicos). Existen también formas nerviosas. Todas estas, cuyo origen es psicológico, son por lo general incurables con los medios ofrecidos por la medicina común.

Estas características entran en el cuadro de los problemas morales del comportamiento y, en general, de los defectos del carácter. A muchos de estos niños (sobre todo del tipo fuerte) sus familias no los consideran una bendición: los padres intentan librarse de ellos y los confían gustosos a niñeras y escuelas, y ellos se convierten prácticamente en huérfanos con progenitores vivos. Están enfermos aunque tengan un cuerpo sano, e inevitablemente tendrán una mala conducta. A los padres les gustaría saber qué hacer con ellos: algunos piden consejos, otros intentan resolver su problema sin ayuda. A veces optan por la severidad, convencidos de que así los niños se corregirán. Recurren a todos los medios: bofetadas, gritos, mandarlos a la cama sin cenar...; pero los niños se vuelven más feroces y malos, o bien presentan el equivalente pasivo del mismo defecto. Se prueba entonces la táctica persuasiva, se razona con ellos y se apela a su afecto: «¿Por qué haces sufrir a mamá?» y, al final, los progenitores dejan de preocuparse.

Los infantes de tipo pasivo no suelen reclamar la atención de sus padres y no constituyen un problema. La mamá piensa que el niño es bueno y obediente, ya que no hace nada malo; cree que está a su lado por afecto. La quiere tanto, dice, que no quiere irse a la cama sin ella. Pero luego se da cuenta de que su movimiento y su habla son lentos y su caminar, débil: «¡Está sano, pero es tan sensible que tiene miedo de todo! Ni siquiera tiene ganas de comer; es un niño muy espiritual: para inducirlo a comer siempre le tengo que contar historias. ¡Debe de ser un santo o un poeta!». Al final, cree que está enfermo y llama al médico. Se podría decir que las enfermedades psicológicas hacen de oro a los pediatras.

Todos estos problemas se pueden resolver si sabemos cómo se ha desarrollado el ciclo de construcción de cada niño. Sabemos que todos los defectos del carácter se deben a un tratamiento equivocado durante el primer periodo. Cuando los infantes han sido descuidados en ese periodo, su mente está vacía porque no han recibido la oportunidad de construirla. Esa mente hambrienta (por la cual se interesan mucho los psicólogos) es la principal causa de muchos males. Otra es la falta de actividad espontánea dirigida por los impulsos constructivos. Pocos de estos niños han encontrado las condiciones necesarias para un desarrollo pleno; han estado a menudo aislados y casi dormidos: los adultos lo han hecho todo por ellos, y no han podido cumplir libremente su ciclo de actividad. Así han llegado a ser pasivos e inertes. No han tenido la oportunidad de observar los objetos porque se los quitaban de las manos: no podían tocarlos, y como deseaban tenerlos, cuando lograban coger una flor o un insecto no sabían qué hacer y los rompían.

También el miedo es rastreable hasta el primer periodo.

Uno de los motivos de la difusión de nuestras escuelas fue la visible desaparición de estos defectos en los infantes en cuanto los poníamos en condiciones de experimentar el ambiente, y el libre ejercicio nutrió sus mentes. Así, rodeados del interés por sus actividades, repetían sus ejercicios y pasaban de un periodo de concentración a otro. Cuando el niño había alcanzado este estadio y podía concentrarse y trabajar en algo que de verdad le interesaba los defectos desaparecían: el que era desordenado se volvía ordenado; el pasivo, activo; y el niño que molestaba llegaba a ser ayudante en la escuela. Este resultado nos hizo entender que sus defectos eran adquiridos, no propios. Y que los infantes no eran distintos entre sí porque uno dijera mentiras y otro molestara. Sino que todos los problemas procedían de la misma causa: la falta de alimento para la vida psicológica.

¿Qué consejo podemos dar a las madres? Dar a sus niños trabajos y ocupaciones interesantes, no ayudarlos sin necesidad y no interrumpirlos cuando inicien una labor inteligente. Dulzura, severidad y remedios no ayudan: los niños sufren hambre mental. Si uno tiene hambre de alimento, no lo llamamos estúpido ni le pegamos, ni apelamos al sentimiento: no serviría de nada, necesita comer. Tampoco en este caso, ni la dureza, ni la dulzura solucionarán el problema. El ser humano es una criatura intelectual, y necesita alimento mental casi más que pan. A diferencia de los animales, debe construirse su comportamiento. Si se encamina al niño hacia una vía que le permita construir su conducta y su vida, todo irá bien: desaparecerán los malestares, las pesadillas, la digestión llegará a ser normal y desaparecerá la glotonería. Llegará a ser normal porque su psiquis será normal.

Este no es un problema de educación moral, sino de desarrollo del carácter. La falta de carácter, los defectos del carácter desaparecen sin necesidad de prédicas o de ejemplos por parte del adulto. No serán necesarias ni amenazas, ni adulaciones, solo condiciones normales de vida.

CONTRIBUCIÓN SOCIAL DEL INFANTE: NORMALIZACIÓN

Todas las características que hemos descrito en el capítulo anterior, al hablar de la conducta del niño fuerte y del débil, no se consideran malas por parte de la opinión pública; algunas son, más bien, apreciadas. Los niños que demuestran un carácter pasivo se consideran buenos; los que presentan las características opuestas, como la exuberancia física y la imaginación vívida, se consideran particularmente brillantes o, incluso, superiores.

Así, podemos decir que los niños se clasifican en tres tipos:

1. los que tienen defectos que deben ser corregidos;
2. los buenos (pasivos), que sirven como modelo;
3. los considerados superiores.

Los dos últimos tipos pertenecen a los denominados deseables, y sus padres están muy orgullosos de ellos, aunque (como sucede con el último tipo) cuando se observan de cerca no resultan especialmente agradables.

He insistido en esto y he hecho hincapié en esta clasificación porque se estableció hace siglos. No obstante, yo vi en mi primera escuela y en las siguientes que estas características desaparecen en cuanto los niños se interesan por un trabajo que los atrae. Las llamadas cualidades malas, las buenas, las superiores, todas desaparecen, y queda solo un tipo de niño que no tiene ya ninguna de esas características. Esto significa que el mundo no ha sabido hasta ahora medir el bien y el mal, o lo que supera estas dos cualidades: lo que se consideraba verdad, no lo es. Nos hace pensar en un aforismo místico: «No existe nada justo excepto tú, Dios, toda otra cosa es un error». Los niños de nuestras escuelas nos demostraron que su verdadera aspiración era la constancia en el trabajo: algo que no se había observado nunca, como tampoco se había constatado la elección espontánea del trabajo por parte del infante. Los niños, siguiendo una directiva posterior, se ocupaban (cada uno a su manera) de algo que les proporcionaba serenidad y placer; sucedía además otra cosa que aún no había visto en un grupo de niños: una disciplina espontánea. Este hecho sorprendió más que cualquier otro. La disciplina en la libertad resolvía, al parecer, un problema aparentemente insoluble hasta entonces. La solución consistía en obtener la disciplina dando libertad. Estos niños que andaban buscando tareas en libertad, cada uno concentrado en un tipo distinto de ocupación y no obstante unidos en un solo grupo, daban la impresión de la disciplina perfecta. Esto se ha repetido durante cuarenta años en los países más diversos y demuestra que, en un ambiente que les permita desempeñar una actividad ordenada, los niños manifiestan este nuevo aspecto, desarrollan un tipo psicológico común a toda la humanidad, que antes no se podía ver porque estaba escondido debajo de otras características aparentes. Este cambio, que crea casi una uniformidad de tipos, no sucede gradualmente, sino que se revela de golpe. Se produce siempre que el infante está concentrado en una actividad; no hace falta que la maestra empuje al niño holgazán al trabajo, sino que basta que facilite el contacto con medios de actividad presentes en el ambiente preparado para él. En cuanto el infante encuentra su forma de trabajar, sus defectos desaparecen. No hay que ofrecerle razonamientos, algo en su interior parece liberarse hacia una actividad externa, que atrae la energía y la fija en una labor constante y repetida.

El individuo humano es una unidad. Ahora bien, esta unidad debe construirse y fijarse mediante experiencias activas sobre el ambiente, estimuladas por la naturaleza.

Los desarrollos embrionarios que se han llevado a cabo por separado de 0 a 3 años, cada uno en un momento determinado, deben actuar finalmente juntos y organizarse al servicio de la personalidad. Esto sucede en el periodo siguiente, de 3 a 6 años, la mano trabaja y la mente guía en el trabajo.

Si las circunstancias externas no permiten esta integración, las energías siguen empujando esas formaciones parciales que se desarrollan desorganizadas, desviándose de su fin.

La mano se mueve sin objetivo; la mente divaga alejada de la realidad; el lenguaje busca complacerse en sí mismo; el cuerpo se mueve sin orden. Y estas energías separadas que nunca encuentran satisfacción, dan lugar a innumerables combinaciones de desarrollos errados, desviados, origen de conflictos y turbaciones.

Tales desviaciones no se pueden atribuir a defectos de la personalidad, sino que deben ser interpretadas como consecuencias de una organización de la personalidad fallida.

Son apariencias efímeras; no obstante incorregibles en sí mismas, porque solo se pueden corregir cuando todas las actividades contribuyen conjuntamente a su fin.

Pero cuando el ambiente reclama con sus atracciones u ofrece motivos para una actividad constructiva, todas las energías se concentran y las desviaciones desaparecen. Aparece entonces un tipo único de infante, «un nuevo niño», es decir, la «personalidad» del infante que ha logrado construirse normalmente.

En la figura 7 (véase la página 220) vemos, en el lado derecho, las diferentes características de los niños tal como las conocemos, representadas por distintas líneas que se abren en abanico. Más allá, la línea media, ancha, perpendicular, simboliza la concentración en un punto: es la línea de la normalidad. Cuando los niños pueden concentrarse, todas las líneas a la derecha de esta línea media desaparecen, y queda solo un tipo que nos ofrece las características representadas por las líneas que están a la izquierda. La pérdida de todos esos defectos superficiales no es obra de un adulto, sino del infante mismo, que avanza por la línea principal con toda su personalidad y entonces alcanza la normalidad.

Este fenómeno se ha repetido constantemente en nuestras escuelas con niños pertenecientes a diversas clases sociales, y a razas y civilizaciones diferentes.[48]

Y es esta la experiencia más importante de nuestro trabajo.

«El paso de un estadio a otro sucede siempre tras una labor ejercitada por la mano sobre objetos, trabajo que va acompañado de concentración mental.» Hemos denominado «normalización» a este fenómeno psicológico, que recuerda las curaciones que se obtienen en el adulto mediante el psicoanálisis.

Hoy, después de tantos años y de tan vastas experiencias, el hecho se ha afirmado. Los dispensarios para la guía del niño (*Child Guidance Clinics*) que se van creando para el cuidado de los «niños difíciles» consisten, precisamente, en ofrecer al infante un ambiente rico de motivos de actividad, donde él puede elegir la propia actividad libre de todo control de maestros o, en general, de adultos.

También la terapia del juego deja al niño libre de elegir entre muchos juguetes o juegos imitativos; más variados y numerosos que los que puede ofrecer en general la familia.

En estas instituciones modernas se advierte una mejora en el carácter de los niños.

Esta mejora debe atribuirse además de a la libertad, también a la vida «social» con otros niños.

Pero el objetivo de estas instituciones es demasiado limitado. Ellas representan solo un lugar de «cuidado» como si fuesen «casas de salud» para niños enfermos (difíciles). Hay que entender que si trabajo y libertad sanan defectos de crecimiento, esto significa que trabajo y libertad son normalmente necesarios para el desarrollo del infante.

En efecto, a menudo, cuando niños curados o mejorados vuelven a vivir en las mismas condiciones en que se determinaron sus

---

48. Montessori, Maria, *Il segreto dell'infanzia*, cit.

«desviaciones de la normalidad», no tienen la fuerza o los medios para permanecer en un estado normal y su mejoría es pasajera.

Por ello, en algunos países se ha tratado de aplicar libertad y actividad también en las escuelas; pero la libertad y la actividad se interpretan demasiado empíricamente.

La libertad se entiende de un modo primitivo, como adquisición inmediata de una independencia de vínculos represivos: como una suspensión de correcciones y sometimientos a la voluntad del adulto. Esta idea evidentemente negativa implica solo la eliminación de coerciones. De esto ha derivado a menudo una sencilla «reacción»: un desencadenamiento desordenado de impulsos no controlados, porque antes solo lo había por la voluntad de los adultos. «Dejar hacer lo que quiere al niño que no ha desarrollado la voluntad» es traicionar el sentido de la libertad.

Así, el resultado de esto son niños desordenados, porque el orden había sido impuesto por el arbitrio de los adultos; niños ociosos, porque el trabajo había sido impuesto por los adultos; niños desobedientes, porque la obediencia había sido una necesidad forzada.

La libertad es, en cambio, una consecuencia del desarrollo; es el desarrollo de guías latentes, ayudado por la educación. El desarrollo es activo, es construcción de la personalidad, que se alcanza mediante el esfuerzo y la experiencia propia; es la larga tarea que debe cumplir cada infante para desarrollarse a sí mismo.

Todos pueden mandar y reprimir a una persona débil y sometida, pero nadie puede «desarrollar» a otra persona. El «desarrollo» no se puede enseñar.

Si la libertad se entiende como dejar moverse a los niños como quieran, usando, o más bien usando mal, los objetos que los rodean, es evidente que se abre la puerta al «libre desarrollo de las desviaciones» y se agravan las condiciones anormales de los infantes.

La normalización procede de la «concentración» en un trabajo. Para este fin, es necesario que existan en el ambiente motivos aptos para provocar esta atención; que los objetos se usen según el fin para el que han sido construidos, lo que lleva a un «orden mental»; y, aún más, que se «usen exactamente», lo que lleva a la «coordinación de los movimientos».

El orden mental y la coordinación de los movimientos, guiados según un criterio científico, preparan la concentración que, cuando se logra, «libera las acciones del niño» y lo lleva a la cura de sus defectos. Decimos «concentración» y no solo «ocupación». Porque si los infantes pasan indiferentemente de cosa en cosa, aunque las usen bien, no por esto desaparecen los defectos.

Es necesario que manifestar, en relación con una ocupación, un interés que implique la personalidad.

En nuestras escuelas, esta «curación» no es el punto de llegada, como en las clínicas para niños difíciles, sino que es el punto de partida, tras alcanzar la «libertad de actuación», se consolida y desarrolla la personalidad.

Solo los niños «normalizados» que reciben ayuda del ambiente muestran en su desarrollo sucesivo las maravillosas capacidades aquí descritas. La disciplina espontánea, el trabajo continuo con alegría, los sentimientos sociales de ayuda hacia los demás y de comprensión.

La actividad para la «libre elección de las ocupaciones» se convierte en el modo constante de vivir: la curación es el ingreso a una nueva forma de vida.

La característica principal es siempre la misma: «la aplicación para el trabajo». Un trabajo interesante, elegido libremente, que tenga la virtud de concentrar, en vez de cansar, aumentar la energía y las capacidades mentales y otorgar dominio de uno mismo.

Ahora bien, para contribuir a ese desarrollo no bastan «objetos» de cualquier tipo, sino que hay que organizar un ambiente de «intereses progresivos». Así, el resultado de todo eso es un método de educación basado en la psicología del desarrollo infantil.

En nuestras escuelas no solo se refuerza el carácter, sino que la inteligencia parece volverse insaciable en la búsqueda de conocimientos.

Se diría que los infantes hacen ejercicios de vida espiritual, al haber encontrado una vía de perfeccionamiento y ascenso.

El trabajo en su desarrollo recuerda a algunos principios que se encuentran en el Gita, el libro de la sabiduría india: «Dar el trabajo apropiado es una cosa importante. La mente tiene continua necesidad de trabajo. Tenerla siempre empeñada en ocupaciones sanas es un ejercicio espiritual. Cuando la mente se deja quieta, en el no hacer nada, entra el diablo. Un ser humano sumido en la inercia no puede ser espiritual».

Y nuestra idea explica también las palabras de Gibran: «El trabajo es amor hecho visible».[49]

---

49. Gibran, Kahlil, *The Prophet*, Alfred A. Knops, Nueva York, 1948, p. 33.

LA CONSTRUCCIÓN DEL CARÁCTER ES UNA CONQUISTA

Como se ha ilustrado en los capítulos anteriores, los niños construyen el carácter elaborando las cualidades que admiramos en él. Estas cualidades no surgen del ejemplo que el adulto puede dar, ni de sus amonestaciones; sino solo mediante un largo ejercicio individual gradual que va desde los 3 a los 6 años.

En este periodo, los adultos no pueden «enseñar» los valores que forman parte del carácter: la única cosa que se puede es establecer una educación sobre bases científicas, de modo que el infante pueda desarrollar su tarea provechosamente, sin molestias y sin obstáculos.

Solo a continuación será posible abordar la mente del niño e intervenir con razonamientos y exhortaciones. Solo después de los seis años podemos llegar a ser misioneros de la moralidad, porque entre los seis y los doce años su conciencia se ha despertado, y percibe los problemas del bien y del mal. Aún más se podrá obtener entre los doce y los dieciocho años, cuando el joven comienza a tener algunos ideales, como el sentimiento patriótico, el sentido social, la religión, etc. Entonces podremos convertirnos en misioneros para ellos, igual que para los adultos. Lo malo es que, después de los seis años, los jóvenes no pueden desarrollar «espontáneamente» cualidades de carácter, y los misioneros, también imperfectos, se enfrentan a grandes dificultades: trabajan sobre el humo, no sobre el fuego. Los educadores lamentan el hecho de que, a pesar de saber enseñar ciencia, literatura, etc., se hallan ante jóvenes que no logran aprender, no porque carezcan de inteligencia, sino porque no tienen carácter y, en ausencia de este, falta la fuerza propulsora de la vida. Solo tienen una personalidad quienes, atravesando tempestades y errores en su ambiente, han podido salvar algunas o todas las dotes fundamentales del carácter. Lamentablemente, la mayoría carece de ellas. Así, no podemos ordenarles que se concentren, porque lo que les falta precisamente es la concentración. ¿Cómo pretender que lleven a cabo sus tareas con constancia y exactitud si carecen de las cualidades necesarias? Sería como decir «Camina» a quien carece de piernas. Estas cualidades solo se pueden adquirir mediante el ejercicio, nunca dando un orden. Entonces, ¿qué se puede hacer? La sociedad generalmente dice: «Seamos pacientes con la juventud: hay que insistir con buenas intenciones y ejemplos». Y se cree que, con tiempo y paciencia, se puede hacer algo: en cambio, no se hace nada, con el pasar del tiempo nos volvemos más viejos, pero no se crea nada. No hay nada que pueda hacerse solo con tiempo y paciencia si no se aprovechan las oportunidades que se presentan durante el periodo creativo.

Al observar a la humanidad, queda clara otra cosa. Parece ser que, al igual que los niños, los adultos difieren entre sí en los defectos, pero tienen algo íntimo, común a todos, que permanece escondido. En todos los seres humanos hay una tendencia, aunque vaga e inconsciente, a mejorarse y a aspirar a algo espiritual; y dicha tendencia, que ejerce una acción más bien leve sobre los defectos del carácter, tiene después la virtud de estimular el perfeccionamiento. Los individuos y la sociedad tienen esto en común: el continuo progreso. Ya sea en el plano exterior o en el ulterior, hay una pequeña luz en el inconsciente de la humanidad, que la guía hacia la mejora. En otras palabras, el comportamiento del ser humano no es invariable como en los demás animales, sino que puede progresar, y es natural que el ser humano sienta por ello este impulso hacia el progreso.

En la figura 8 (véase la página 221) vemos en el centro un círculo negro, el centro de la perfección; está rodeado de un área de color azul, que representa la categoría humana del tipo más fuerte y normal. El espacio blanco que la circunscribe indica la gran masa de gente que, en diversos grados, no ha alcanzado un desarrollo normal. En la periferia vemos un círculo rojo, de menor área, que representa la categoría de quienes están fuera de la humanidad normal, los poquísimos extrasociales o antisociales (los extrasociales son los imbéciles o los locos; los antisociales, los delincuentes). Los criminales y los locos no han podido adaptarse a la sociedad; todos los demás, más o menos, lo han hecho. Los problemas de la educación, por lo tanto, se refieren a quienes han sabido, hasta un cierto punto, permanecer en los límites de la adaptación.

Esta adaptación al ambiente se lleva a cabo durante los primeros seis años: aquí, por lo tanto, está el origen del carácter humano. ¡Tremendo problema el de encontrar una adaptación! El círculo azul incluye a quienes están más cerca de la perfección; son los más fuertes, aunque sea porque encontraron mejores condiciones de ambiente; mientras que los del círculo blanco tienen menor fuerza vital o han encontrado mayores obstáculos. En la sociedad, los primeros se reconocen como los caracteres fuertes, mientras que los otros (zona blanca) se consideran caracteres débiles. Los primeros sienten una atracción natural hacia la perfección (centro negro), los segundos tienden a deslizarse hacia el círculo anti y extrasocial. Estos últimos hallan muchas tentaciones en su camino. Si no hacen un esfuerzo continuo sienten que se vuelven inferiores y necesitan, por ello, ser apoyados moralmente para no ceder a la tentación. No es atracción hacia el placer, ya que nadie puede disfrutar ante la idea de encaminarse hacia la criminalidad, o hacia la locura; es una atracción casi irresistible, como la fuerza de gravedad, y exige una lucha y una defensa continuas. El esfuerzo de resistir al mal se considera una virtud porque, en efecto, nos impide caer en el marasmo moral. Estos individuos se impondrán una regla que los salve de la caída, se aferrarán a alguien que sea mejor que ellos, suplicarán al Omnipotente que los ayude contra las tentaciones, se revestirán por siempre de virtud, pero tendrán una vida difícil. La penitencia no es alegría: es un esfuerzo similar al del alpinista que tiene que aferrarse a una cornisa para no precipitarse de una roca. La juventud siente este terror al vacío, y el educador trata de ayudarla con ejemplos y exhortaciones, proponiéndose como modelo, aunque a veces sienta el mismo impulso y el mismo terror. Cuántas veces se dice: «Debo servir de ejemplo, si no, ¿qué puedo hacer por mis alumnos?»; y siente el peso de esta consigna sobre sus hombros. Alumnos y educadores pertenecen a la categoría de la gente virtuosa (círculo blanco). En este ambiente se educa el carácter y se enseña la moral hoy en día, y se ha aceptado como el único tipo de educación posible. De ahí que la mayoría permanezca siempre dentro de esos límites, y la humanidad considera generalmente que el ser humano real es quien está continuamente a la defensiva.

En el círculo azul están las personas más fuertes, atraídas hacia la perfección: aquí no existe fuerza de gravedad, sino un verdadero deseo de acercarse a lo que es mejor. A menudo se puede tratar de aspiraciones sin posibilidad de alcanzar lo que de verdad es perfecto, pero en todo caso, estos seres se orientan hacia la perfección de forma natural y sin esfuerzo. El motivo por el que no roban no es que teman la prisión; no tienen dificultades para vencer el deseo de poseer lo que no es suyo; ni sienten inclinación por la violencia y se contienen por falsa virtud: simplemente no sienten la atracción de apoderarse de las cosas de los demás y sienten repugnancia por la violencia. Los atrae la perfección porque está en su naturaleza y, cuando se encaminan hacia ella, no lo hacen con sacrificio, sino como si satisficieran su deseo más ardiente.

Es un poco como los vegetarianos y los nos vegetarianos. Muchos que comen carne se abstienen algunos días de la semana y, durante la cuaresma, ayunan durante cuarenta días, o sea, se privan voluntariamente de la carne y de otros alimentos. Esto supone para ellos un largo periodo de verdadera penitencia y, por eso, se consideran virtuosos en la resistencia a la tentación.

Son individuos que cumplen las reglas dictadas por otros y por sus propios directores espirituales. Los del campo azul serían los celestiales, los vegetarianos, a quienes no tienta la carne: la evitan. Es inútil mandarles un misionero: ellos respetan el mandamiento con plena adhesión de su voluntad.

Otro ejemplo lo dan el ser humano físicamente fuerte y el débil. Un individuo que padece, por ejemplo, bronquitis crónica tendrá que proteger sus pulmones con indumentaria de lana bien abrigada; necesitará baños y masajes para su mala circulación. Aunque normal en apariencia, tendrá que cuidarse. O tal vez tiene malas digestiones y debe comer alimentos especiales a determinadas horas para vivir. Estos tipos de persona se mantienen a flote entre las normales, pero con grandes cuidados y con el temor continuo de tener que ir al hospital o, incluso, de morir. Están siempre pegados a médicos, enfermeras y a la gente de su casa, y pidiendo ayuda continuamente. Pero observemos a quienes tienen buena salud: comen lo que quieren sin seguir normas, salen a la calle con frío, se lanzan a nadar en ríos gélidos cuando los demás no tienen ni siquiera el valor de asomar la nariz. En el campo blanco de los débiles se necesitan mentores espirituales de todo tipo para frenar las caídas al abismo de las tentaciones o el marasmo; pero los individuos del campo azul no necesitan estos mentores: tienen alegrías con las que los demás ni siquiera sueñan.

Observemos ahora el círculo de la perfección, para intentar basar el carácter en hechos. ¿Qué es la perfección? ¿Consiste quizás en poseer las virtudes en su grado más elevado? ¿Y para alcanzar qué? Aquí hay que volver a aclarar una cosa: por carácter, nosotros entendemos el comportamiento de los seres humanos que avanza (aunque en muchos casos casi inconscientemente) hacia el progreso. Esta es la tendencia general: la humanidad y la sociedad deben progresar en la evolución. Existe naturalmente la atracción hacia Dios; pero aquí solo vamos a hablar de un centro de perfección puramente humano: el progreso de la humanidad. Un individuo descubre algo y la sociedad avanza en esa línea. Lo mismo sucede en el campo espiritual: un individuo alcanza un nivel alto e impulsa hacia adelante a la sociedad. Todo lo que nosotros sabemos, espiritualmente hablando, es por obra de alguien. Si observamos la geografía o la historia, vemos este progreso incesante, porque en cada época algún ser humano ha añadido un punto al círculo de la perfección que lo ha fascinado y lo ha empujado a la acción. Este hombre está entre los del campo azul que, seguros de sí mismos, no malgastan su energía combatiendo las tentaciones, sino que la emplean para realizar obras que parecen irrealizables a quienes tienen que luchar contra la miseria del propio yo. El almirante Byrd se sometió a la humillación de pedir dinero para poder explorar el Polo Sur y exponerse a todos los sufrimientos de una expedición polar; él solo sintió la atracción de lograr algo que hasta entonces no se había logrado, y añadió así su punto a los que forman el círculo de la perfección.

Para acabar, podríamos decir que la humanidad, desde el punto de vista del carácter, está demasiado llena de individuos que habitan el círculo blanco. Hay demasiada gente que necesita muletas para sostenerse, y si el mundo sigue manteniendo la educación al nivel actual, el de la humanidad descenderá cada vez más.

Imaginemos un misionero que llegue del campo blanco a predicar a los niños del campo azul y les diga: «Renuncien a la carne o cometerán pecado»; esos niños responderán: «Nosotros no pecaremos, porque la carne no nos atrae». O a otro: «Cúbrete o tendrás frío», y el niño responderá: «No necesito cubrirme, no me da miedo el frío». Entendamos que los maestros procedentes del campo blanco tienden a bajar el nivel del infante, más que a conducirlo al centro de la perfección. Si examinamos los textos educativos, vemos su miseria y su aridez. La educación actual es humillante y conduce a un complejo de inferioridad y a la reducción artificial de la fuerza humana; por su mismo modo de organización, pone unos límites al saber que están por debajo del nivel humano. Brinda a los seres humanos unas muletas, cuando podrían correr sobre piernas fuertes. Es una educación basada en las cualidades inferiores del hombre, no en las superiores; y es culpa de la propia humanidad misma que la masa esté formada por seres humanos inferiores: no pudieron formar su carácter durante el periodo constructivo. Debemos esforzarnos para encontrar de nuevo el verdadero nivel humano permitiendo al infante emplear su poder creativo; entonces, probablemente, el espacio azul, que no es de perfección, pero tiende a ella, que no es de defensa, sino de conquista, invadirá todo espacio blanco. Si en la vida del ser humano solo hay una época de construcción psicológica, y si esta no puede realizarse o se efectúa mal por culpa de un ambiente equivocado, es natural que el resultado sea una masa de seres humanos no desarrollados. Si, en cambio, se permitiese el desarrollo del carácter según la naturaleza y no se dieran exhortaciones, sino se ofrecieran actividades constructivas, el mundo demandaría otro tipo de educación.

Que se supriman las limitaciones artificiales y se pongan ante la humanidad grandes cosas para realizar. Uno puede leer toda la historia y la filosofía y seguir siendo un inepto; pero proporcionemos los medios que promueven los grandes esfuerzos, y los resultados serán distintos. Aunque para hacer esto uno tiene que aferrarse a algo que encuentre en el ser humano una correspondencia. Las cualidades que debemos estimular son las que se forman en el periodo creativo, y si estas no pueden establecerse, no las encontraremos después y será inútil predicar y dar buenos ejemplos para suscitarlas.

Esta es la diferencia entre la vieja y la nueva educación: nosotros deseamos ayudar a la autoconstrucción del ser humano en el periodo oportuno, para darle la oportunidad de ascender hacia algo grande. La sociedad ha erigido muros y barreras: la nueva educación los debe destruir y mostrar el horizonte libre. La nueva educación es una revolución, sin violencias, es la revolución no violenta. Después de ella, si triunfa, serán imposibles las revoluciones violentas.

LA SUBLIMACIÓN DEL INSTINTO DE POSESIÓN

Tras echar una ojeada al fenómeno en general, vamos a observar uno a uno los hechos que acontecieron y cuál fue nuestra interpretación. Los resultados, por la edad, por los infantes y por la intensidad del interés que mostraban, nos proporcionaron mucho material de observación; sobre todo en cuanto a la relación que parecían tener sus acciones con las más altas características de la humanidad.

Al observar los distintos fenómenos se puede ver en ellos un proceso de construcción, comparable a las acciones de las orugas en un cierto estadio: en vez de arrastrarse sobre las ramas como han hecho hasta ese momento, se detienen en un determinado rincón y allí comienza una misteriosa actividad: al cabo de poco tiempo se observará una pequeña nube de hilos finísimos y diáfanos, que son el inicio del capullo. Como en el caso de la oruga, también en las escuelas el primer fenómeno que nos impresionó fue la concentración sobre un punto. En una niña de tres años y medio de nuestra primera escuela, esta concentración fue de una intensidad impresionante: había muchas otras cosas interesantes a su alrededor, pero era imposible distraerla de su labor. Tal grado de concentración se observa solo en algunos adultos, pero en caracteres excepcionales y esa potencia de concentración en adultos es solo propia de los genios. Naturalmente, la concentración de la pequeña de tres años y medio no podía ser de la misma naturaleza; no obstante, tras observarlo en distintos infantes, tenemos que reconocer que debe ser una forma de construcción. Así como en el compás es necesario fijar un punto para que la circunferencia sea exacta, en la construcción del infante la atención es el punto esencial. No está escrito que deba fijarse siempre del mismo modo, pero si no lo hace, no puede empezar la construcción. Sin esta concentración, los objetos poseen al niño, él siente la llamada de todos los estímulos y pasa de una cosa a la otra; pero una vez fijada su atención, llega a ser el dueño de su ambiente y lo controla.

Cuando hallamos en el mundo de los adultos a alguien que cambia mucho de oficio, decimos que tiene un carácter inconstante, y sabemos que nunca podrá asumir una responsabilidad en la vida; mientras que de alguien que tiene un objetivo propio bien delineado y sabe organizar su trabajo con pericia, tenemos la certeza de que logrará algo en el mundo. Nosotros damos tanta importancia a estos hechos, que repetimos a menudo cuánto nos gustaría ver a nuestros estudiantes concentrados en el trabajo, pero, por desgracia, no lo logramos: esto demuestra que es imposible obtener un resultado satisfactorio con medios puramente educativos. Y si no es posible con los jóvenes, ¿cómo podría una maestra hacer que se concentraran niños de tres años y medio? Desde luego, no lo harán usando su propia fuerza de voluntad. El fenómeno ilumina, con un nuevo detalle psicológico, el proceder de la naturaleza en su labor de construcción: la maestra proporciona intereses intensos a los niños, intereses especiales para la creación de cada elemento.

Después de la concentración llega el turno de la constancia. He hablado, en efecto, de la repetición de ejercicios que no tienen un objetivo externo y que, por tanto, deben tener uno interno. La repetición que comienza tras el primer fenómeno de concentración es una especie de entrenamiento que inicia la construcción de este otro elemento del carácter humano. Tampoco aquí la voluntad es la del infante, sino de la naturaleza: con ella se afirma en el individuo el poder que tienen algunos adultos de llevar a cabo lo que han emprendido. En efecto, este es otro fenómeno que se revela en el niño junto con la repetición de los ejercicios: la determinación de llevar a cabo las propias acciones. Los niños de nuestras escuelas eligen libremente su labor y no fallan en la ejercitación de esta determinación. Lo hacen cada día durante años. Cuando nos encontramos con personas que no saben nunca qué desean, decimos que no tienen voluntad. Y de las personas que saben qué quieren y entienden lo que deben hacer, decimos que tienen una voluntad fuerte y que saben dirigir las propias acciones.

Los niños determinan sus acciones según las leyes de la naturaleza; los adultos, según la reflexión. Es obvio que para ejercitar este poder es necesario que el infante no tenga siempre cerca a alguien que le diga lo que debe hacer en cada instante de su vida, porque esta determinación proviene de la posibilidad de acción de las fuerzas internas. Si alguien usurpa el rol de guía interior, el niño no puede desarrollar ni la determinación, ni la concentración. De este modo, si queremos que se afirmen estas cualidades, tenemos, en primer lugar, que hacer al niño independiente del adulto; por lo demás, el instinto más fuerte del infante es, precisamente, el de liberarse del adulto. Esto es lógico si observamos las conclusiones, pero el niño no lo hace por lógica, sino que actúa por naturaleza: es la naturaleza quien, como hemos dicho, ofrece la huella especial que él debe seguir. Se puede observar aquí el paralelismo entre el desarrollo del carácter en el ser humano y en los animales, porque también los animales deben seguir su camino y lo hacen liberándose de la dependencia de adultos de su especie. Existen leyes naturales que guían el crecimiento y la formación, y el individuo debe seguir estas leyes para construir su carácter, su psiquis.

La construcción de la psiquis se puede seguir en cada elemento suyo, y la observación confirma que el carácter del hombre no es solo el resultado de la educación, es un hecho que entra en la compleja guía del universo: es la voluntad de la naturaleza, no es resultado de nuestra imposición; es un elemento de la creación, no de la educación. Lo demuestra otro fenómeno que acompaña al precedente: la desaparición de ciertas actitudes de vida frecuentes en los infantes que no se pueden desarrollar plenamente.

Uno de los defectos más comunes en los infantes que no han podido desarrollarse normalmente es la avidez de poseer. Ahora bien, en el niño normalizado, la posibilidad activa de interesarse por cualquier cosa lo lleva al estudio, donde lo que fija su interés no es el objeto, sino su conocimiento de este; así, el ansia de posesión se transforma. Es curioso que un niño que ha deseado ardientemente un determinado objeto, lo pierda o lo rompa. La avidez de poseer va acompañada de la de destruir, lo que se explica si se considera que el objeto no tiene un interés duradero. Atrae la atención un momento y después se deja de lado. Por ejemplo: un reloj; está hecho para decirnos la hora y este es su verdadero valor. Un niño pequeño no concibe ni siquiera las horas, y no puede interesarse por su verdadera función, cuando se apodera de él, casi siempre lo rompe. El niño más mayor, en cambio, consciente de la función del reloj, podrá desear saber cómo está hecho; lo abrirá con cuidado para ver sus ruedas y los dispositivos que con su movimiento marcan la hora. Esta máquina complicada le interesa por su función.

Esta posesión es de un segundo tipo: el interés por el funcionamiento de los objetos. Podemos observarlo en otros campos. Los infantes recogen las flores para adueñarse de ellas y las destruyen: la manía de la posesión material y la de la destrucción van siempre juntas. En cambio, si el niño conoce las diversas partes de la flor, el tipo de hojas, la curva del tallo, no surge en él un deseo de recoger y destruir, sino de observar. Siente por la planta un interés intelectual y se apodera intelectualmente de ella. Matará una mariposa para apropiarse de ella; pero si su interés lo suscita la vida y la función del insecto, se concentrará en la mariposa, pero para observarla, no para adueñarse de ella y para matarla. Esta posesión intelectual se manifiesta en una atracción tan fuerte que casi podríamos llamarla amor, que lleva al niño a cuidar de las cosas y a tratarlas con extremada delicadeza.

Podemos decir que si esta pasión la dicta un interés intelectual, llega a un nivel superior y hace que el infante progrese en el estudio de la vida. En vez del instinto de posesión, en este interés más elevado existe la aspiración de conocer, amar y servir. Del mismo modo, la curiosidad se sublima en la investigación científica: la curiosidad es un impulso de aprender. Cuando el niño se apasiona por un objeto y lo ama, se llena de pasión por la conservación de todos los objetos. Fue la transformación de los niños en nuestro primer grado lo que nos demostró que ellos pasan del deseo de posesión a un sentido más elevado de amor y compromiso por las cosas que les han sido confiadas. Cuando escribían en sus cuadernos, no los arrugaban, manchaban o tachaban, sino que lo hacían de forma clara e incluso, los adornaban.

Cuando observamos la grandeza de la humanidad, que se revela a través de la historia y de la evolución, vemos que esta aspiración a lo sublime es un instinto del ser humano, que intenta penetrar en todos los campos para proteger y mejorar la vida, y la ayuda mediante esa penetración intelectual. ¿No pasa el agricultor toda su existencia cuidando plantas y animales? ¿Y el científico manejando con mucho cuidado microscopios y lentes? La humanidad empieza agarrando y destruyendo, y termina amando y sirviendo a todo con el intelecto. Los niños que arrancaban las plantas del jardín, observan ahora su crecimiento, cuentan sus hojas, las miden: ya no hablan de su planta, sino de la planta. Esta sublimación y este amor se deben a la conciencia adquirida por la mente. Nunca se podrá evitar la destrucción con prédicas. Si el niño quiere las cosas para sí mismo o para que otro no las tenga, y nosotros intentamos corregirlo dándole un sermón o apelando a sus sentimientos, quizá desista durante cinco minutos, pero luego regresará al punto anterior. Solo el trabajo y la concentración, que primero proporcionan conocimiento y luego amor, lo conducirán a una transformación que es la revelación del ser humano espiritual.

Conocer, amar y servir es el trinomio de todas las religiones; pero el constructor de nuestra espiritualidad es el niño; él ha revelado que la naturaleza tiene un plan para nuestro comportamiento y para nuestro carácter: un plan bien delineado en todas sus particularidades de edad, labor, necesidad de libertad y actividad intensa, según las leyes de la vida. Lo que cuenta no es la física, ni la botánica, ni el trabajo material, sino la voluntad y los elementos del espíritu que se construyen mediante el ejercicio: el infante es el constructor espiritual de nosotros, los adultos, y los obstáculos que pongamos a su libre desarrollo se convertirán en piedras de los muros de la prisión del alma del ser humano.

DESARROLLO SOCIAL

El ambiente

El primer paso que debe dar el niño es encontrar el camino y los medios de concentración que establecen los fundamentos del carácter y preparan el comportamiento social. Resulta evidente enseguida la importancia del ambiente para este propósito, porque nadie puede, desde afuera, proporcionar concentración al infante u organizar su psiquis, sino que deber ser él mismo el que lo haga. En esto radica la importancia de nuestras escuelas: en ellas, el niño encuentra el tipo de labor que le dará esta posibilidad. Un ambiente cerrado (nuestra escuela o un aula) favorece la concentración: todos saben que siempre que se pretende alcanzar este estado en cualquier circunstancia se busca un lugar apartado. Mediante una actividad que promueve la concentración en un lugar recogido se forma el carácter y la completa la creación del individuo. Por lo general, las escuelas habituales admiten a los niños después de cumplir cinco años, es decir, cuando ya ha terminado el primer y más importante periodo de formación; nuestra escuela ofrece a los pequeños un ambiente de protección en el que los primeros elementos del carácter se pueden formar y adquirir su particular importancia.

Cuando se enunció el valor fundamental de un ambiente particularmente adecuado, esto suscitó un gran interés.

Artistas, arquitectos y psicólogos colaboraron para determinar con cuidado el tamaño y la altura de las habitaciones, y los elementos artísticos de una escuela que ofreciera no solo refugio, sino que también contribuyera a la concentración de los pequeños. Era algo más que un ambiente de protección, se podría denominar un «ambiente psicológico». Pero su importancia no residía tanto en la forma ni en la dimensión del edificio (que por sí solas no habrían alcanzado el objetivo), como en los objetos, ya que, sin objetos, el niño no se puede concentrar. Estos objetos, a su vez, fueron determinados en base a la experiencia con los propios infantes.

La primera idea fue la de enriquecer el ambiente con un poco de todo y dejar que los niños eligieran lo que prefirieran. Vimos que solo tomaban algunos objetos, mientras que otros quedaban sin usar; y estos últimos fueron eliminados. Ahora todo lo que tenemos y usamos en nuestras escuelas no es el resultado de experimentos en un solo país, sino en todo el mundo, y se puede decir sin temor a equivocarse que lo han elegido los propios niños. Existen, pues, cosas que todos los infantes prefieren, y que consideramos esenciales; y otras que, en función del país, utilizan rara vez (por más que los adultos pensaran lo contrario). En cada lugar donde nuestros niños normalizados tenían libertad para elegir, sucedía lo mismo, y yo pensaba en los insectos que van solo y siempre hacia determinadas flores que son las que necesitan. Estos objetos, evidentemente, suponen también una necesidad para el infante: son ellos quienes eligen los objetos que los ayudan a la construcción de sí mismos. Al principio, había muchos juguetes, pero los niños no les prestaban atención; había también muchos dispositivos para enseñar los colores, y ellos eligieron solo los de un tipo: las tablillas coloreadas que ahora usamos en todas partes. Esto pasó en todos los países. También para elegir la forma de los objetos y la intensidad de los colores nos basamos en las preferencias del infante. Esto condujo nuestro método a un sistema de determinación de objetos que se refleja también en la vida social del grado escolar; porque si hay demasiadas cosas o más de una serie de materiales para un grupo de treinta o cuarenta niños, se crea confusión: de modo que los objetos son pocos, aunque los niños sean muchos.

En cada grado de muchos niños habrá un solo ejemplar de cada objeto: si un infante desea algo que ya está usando otro, no podrá tenerlo y, si está normalizado, esperará hasta que el otro haya terminado su labor. De este modo, se desarrollan cualidades sociales de gran importancia: el niño sabe que debe respetar los objetos que están siendo empleados por otro, no porque se le ordene, sino porque es una realidad ante la cual se ha encontrado en su vida social. Hay muchos niños y un solo objeto: la única cosa que se puede hacer es esperar. Y como esto sucede todas las horas del día, durante años, las ideas de respeto y espera entran en la vida de cada individuo como una experiencia que madura con el paso del tiempo.

Esto da origen a una transformación, una adaptación, que no es sino la construcción misma de la vida social. La sociedad no se fundamenta sobre las preferencias, sino sobre una combinación de actividades que deben armonizarse. A partir de su experiencia, se desarrolla en los infantes otra virtud social: la paciencia, una serie de abnegaciones en la inhibición de los propios impulsos. Los rasgos del carácter que llamamos virtudes se afirman, así, espontáneamente. No podemos enseñar a los niños de tres años esta forma de moralidad, pero sí lo puede hacer la experiencia; y como la normalización social no podía suceder en otros ambientes, al ver que en el mundo todos los niños luchaban por la posesión de las cosas, mientras que los de nuestras escuelas esperaban, la cuestión cobró aún más importancia a ojos de las personas, que me preguntaban: «¿Cómo han podido conseguir esta disciplina en criaturas tan pequeñas?». Pero no era yo, era el ambiente preparado y la libertad concedida en dicho ambiente lo que permitía la manifestación de cualidades que no se encuentran habitualmente en niños de tres a seis años.

La interferencia de los adultos en esta primera preparación del comportamiento social es casi siempre errónea. En el ejercicio de «caminar sobre el hilo» uno de los niños se equivoca la dirección y parece inevitable un choque: el adulto tiene el impulso de tomar al pequeño y darle la vuelta, pero el niño se las arreglará por sí solo y resolverá el problema, no siempre del mismo modo, pero siempre de forma satisfactoria. Otros problemas surgen a cada momento, y los pequeños están encantados de afrontarlos. Se irritan si los adultos intervienen: dejados a su suerte, los resuelven bien. Este ejercicio es también de experiencia social y estos problemas resueltos pacíficamente constituyen una experiencia continua de situaciones que el enseñante no podría suscitar. En general, cuando un docente interviene, su solución es distinta de la de los niños y altera la armonía social de la clase. Si surge uno de estos problemas, nosotros deberíamos, excepto en casos excepcionales, dejar que los niños se las arreglen solos, y al hacerlo podremos observar con mayor objetividad las manifestaciones y el comportamiento infantil, que el adulto aún desconoce. Mediante estas experiencias diarias se afirma una construcción social.

Los educadores que usan el método de la enseñanza directa no entienden cómo se puede desarrollar el comportamiento social en una escuela Montessori donde, según ellos, se proporcionan materias académicas, pero no para la vida social. Dicen: «Si los pequeños lo hacen todo solos, ¿dónde está la vida social?». Pero, ¿qué es la vida social sino resolver los problemas, comportarse bien y proyectar planes que sean aceptados por todos? Ellos piensan que la vida social consiste en sentarse unos al lado de los otros para escuchar hablar a alguien; pero esto no es vida social.

Las únicas oportunidades de vida social que tienen los infantes en las escuelas comunes suceden en el recreo y las escasas excursiones; mientras que los niños de nuestras escuelas viven siempre en una comunidad trabajadora.

Vida social

Cuando las clases son numerosas, se revelan mejor las diferencias de carácter y es más sencilla la diversidad de experiencias, que escasean cuando hay pocos niños. El mayor perfeccionamiento de los infantes tiene lugar mediante las experiencias sociales.

Observemos ahora la constitución de esta sociedad de niños. Se reunió por casualidad, pero fue una casualidad sabia. Los niños, que se hallaron reunidos en un ambiente cerrado, eran de distintas edades (desde los 3 a los 6 años); generalmente, esto no sucede en las escuelas, a menos que los mayores de edad sean mentalmente retrasados. Los infantes se clasifican por edad; en pocas escuelas encontramos esta agrupación vertical en el mismo grado.

Cuando algunas de nuestras maestras quisieron aplicar el criterio de poner en el mismo grado a niños de la misma edad, fueron ellos mismos quienes mostraron las dificultades derivadas de esto. Y, por lo demás, lo mismo sucede en las familias. Una madre puede tener seis hijos y gestionar la casa fácilmente. Las dificultades llegan cuando hay mellizos o grupos de niños de la misma edad, porque es laborioso tener a pequeños que necesitan las mismas cosas. La mamá con seis hijos de distintas edades está mucho mejor que quienes tienen uno solo. El hijo único siempre es difícil, y no tanto porque a menudo será malcriado, sino porque le falta compañía y sufre más que los demás. Las familias tienen a menudo dificultades con el primogénito, no con los hijos que siguen, y los padres creen que se debe a su mayor experiencia, pero la verdadera razón es que los niños tienen compañía.

La sociedad es por los diversos tipos que la componen. Un asilo de ancianos o de ancianas es una cosa muerta; es inhumano y cruel poner juntas a personas de la misma edad. Lo mismo sucede con los infantes pues, al hacerlo, rompemos el hilo de la vida social, le extirpamos sus nutrientes. En la mayor parte de las escuelas se separa primero por sexo y después por edad de forma más o menos uniforme en los mismos grados. Es un error fundamental que da lugar a muchos otros: supone un aislamiento artificial que impide el desarrollo en el sentido social. Nosotros tenemos clases generalmente mixtas para nuestros niños. Pero no es tan importante poner juntos a varones y mujeres, que pueden estar muy bien en escuelas diferentes, como tener niños de edades diferentes. Nuestras escuelas han demostrado que los infantes de distintas edades se ayudan entre sí; los pequeños ven lo que hacen los mayores y piden explicaciones, que estos les dan con gusto. Es una enseñanza de verdad, pues la mentalidad del niño de cinco años está tan cerca de la del niño de tres, que el pequeño entiende fácilmente de él lo que nosotros no sabríamos explicarle. Existe entre ellos una armonía y una comunicación que es raro que exista entre el adulto y el niño pequeño.

Los maestros son incapaces de hacer entender a un niño de tres años una gran cantidad de cosas que un niño de cinco años sí sabe explicarle muy bien: hay entre ellos una ósmosis mental. Aún más, un infante de tres años se interesará por lo que hace el de cinco, porque no será algo muy alejado de sus posibilidades. Todos los más mayores se convierten en héroes y maestros, y los pequeños los admiran: acuden a ellos en busca de inspiración, y luego trabajan por su cuenta. En las otras escuelas, donde los infantes tienen la misma edad, los más inteligentes podrían muy bien enseñar a los demás, pero, en general, el maestro no lo permite; el resultado es que se limitan a responder cuando los demás no saben la respuesta, y esto acostumbra a provocar envidias. En los niños pequeños no existe la envidia: no les humilla que los mayores sepan cosas que ellos no saben, pues sienten que cuando crezcan les llegará el turno. Hay amor y admiración, y una hermandad auténtica. En las viejas escuelas, el único modo de subir el nivel de la clase es la imitación, pero, lamentablemente, esto se convierte a menudo en envidia, odio y humillación, sentimientos deprimentes y antisociales. El infante inteligente se convierte entonces en vanidoso y adquiere poder sobre los demás, mientras que, en nuestras escuelas, el niño de cinco años se considera un protector del compañero más joven. Cuesta imaginar lo mucho que crece esta atmósfera de protección y admiración mediante la acción: el grado se convierte en un grupo unido por el afecto. Los infantes terminan conociendo los caracteres mutuos y se aprecian los unos a los otros. En las viejas escuelas se acostumbra solo a repetir: «Este ha obtenido el primer premio y aquel otro, ninguno». Así no se puede desarrollar la hermandad y, sin embargo, esta es la edad a la que se constituyen las cualidades sociales y antisociales según el ambiente. Este es el punto de partida.

Algunos temen que el niño de cinco años, si se ocupa de enseñar, no pueda a su vez aprender; pero, en primer lugar, no enseña siempre y se respeta su libertad y, en segundo, al enseñar perfecciona lo que ya sabe, porque debe analizar y remodelar su pequeño caudal de sabiduría para pasarlo a los demás, así que ve las cosas con más claridad y el intercambio le compensa.

El grado de los infantes de tres a seis años ni siquiera está separado rígidamente del de los niños de siete a nueve años, de forma que los de seis años obtienen sugerencias del grado superior. Nuestras paredes divisorias son medias paredes, el acceso siempre es fácil de un grado al otro, y de este modo los pequeños escolares son libres de ir hacia adelante y hacia atrás. Si el infante de tres años entra en la clase de los niños de siete a nueve años, no se queda, porque se da cuenta enseguida de que no puede recabar nada útil para sí mismo. Hay, por tanto, límites, pero no separaciones y todos los grupos se comunican entre sí. Cada grupo tiene su ambiente, pero no está aislado: existe siempre la posibilidad de un paseo intelectual. Un niño de tres años puede ver cómo uno de nueve extrae la raíz cuadrada y puede preguntarle qué está haciendo: si la respuesta no le satisface, volverá a su grado, donde encontrará cosas de mayor interés; en cambio, uno de seis puede entender algo y usarlo. Y con esta forma de libertad se pueden observar los diferentes límites de la inteligencia en edades diversas. Vimos así que los infantes de ocho o nueve años entendían la extracción de la raíz cuadrada siguiendo el trabajo de muchachos de doce a catorce años, y así nos dimos cuenta de que a los niños de ocho años podía interesarles el álgebra. No es solo la edad lo que conduce al progreso, sino también la libertad para mirar alrededor.

Nuestras escuelas son animadas. Los pequeños están llenos de entusiasmo porque entienden lo que hacen los mayores, y estos porque pueden enseñar lo que saben: no hay complejos de inferioridad, sino la normalidad recíproca que proporciona el intercambio de fuerzas psicológicas.

Todo esto, y más, sirve para demostrar que los fenómenos que parecían tan extraordinarios en nuestras escuelas, no son en realidad más que el resultado de leyes naturales.

Mediante el estudio del comportamiento de estos infantes y sus relaciones recíprocas en una atmósfera de libertad, se nos revela el verdadero secreto de la sociedad. Son hechos sutiles y delicados que deben ser examinados con un microscopio espiritual, hechos de enorme interés que revelan la verdadera naturaleza del ser humano. Por eso, nosotros vemos nuestras escuelas como laboratorios de investigación psicológica, aunque no son verdaderas investigaciones, sino observaciones. Existen otros hechos notables que se revelan.

Ya hemos dicho que los niños resuelven solos sus problemas, pero no hemos mencionado cómo. Si los observamos sin intervenir, vemos algo aparentemente extraño: que los niños no se ayudan entre sí como lo hacemos nosotros. Hay muchachitos que llevan objetos pesados y nadie se mueve para ayudarlos. Se respetan los unos a los otros e intervienen solo cuando la ayuda es necesaria. Estos nos iluminan de verdad, porque es evidente que intuyen y respetan la necesidad esencial del infante: la de no ser ayudado inútilmente. Un día, uno de nuestros alumnos pequeños había esparcido por el suelo todo el material geométrico; se oyó de repente desde la calle el sonido de una banda que acompañaba un desfile justo por debajo de las ventanas. Todos los niños corrieron a ver, menos el que había distribuido el material en el suelo, porque no habría soñado siquiera con dejar tantas cosas allí de ese modo. Tenía que devolverlas a su sitio y nadie había ido a echarle una mano, pero sus ojos estaban llenos de lágrimas porque le habría gustado ver el desfile. Los otros se dieron cuenta y, entonces, muchos regresaron para ayudarlo. Los adultos no distinguen con tanta finura los casos de emergencia. Con frecuencia, se ayudan cuando no es necesario. A menudo, un hombre amable, en virtud de sus buenos modales, apartará la silla de la mesa cuando una señora tenga que sentarse, aunque ella puede sentarse perfectamente sin ayuda; o le ofrecerá el brazo para bajar las escaleras, aunque ella puede hacerlo perfectamente sin apoyo. Pero cuando surge la verdadera necesidad, todo cambia. Cuando hace falta ayuda nadie socorre, cuando no hay necesidad de ayuda, ¡ayudan todos! En este campo, el adulto no puede enseñar a los niños. Yo creo que, probablemente, el infante tiene en su inconsciente el recuerdo de su deseo y necesidad primordial de llevar a cabo el máximo esfuerzo: y, por eso, instintivamente, no ayuda a los demás cuando la ayuda podría suponer un obstáculo.

Otra cosa interesante en la conducta de los infantes está relacionada con quienes molestan: por ejemplo, supongamos un niño que ha llegado hace poco a la escuela y todavía no está habituado; es inquieto, molesta y constituye un problema para todos. En general, el docente dirá: «Esto no está bien, no es amable», o bien: «Eres un niño malo». La reacción de los compañeros es, en cambio, muy distinta. Uno de ellos se acercó a un recién llegado y le dijo: «Eres un poco malo, pero no te preocupes, cuando nosotros acabábamos de llegar, también lo éramos». Tenía compasión por él, consideraba su maldad una desgracia, quería consolarlo y extraer, posiblemente, todo el bien que había en él. ¡Cuánto cambiaría nuestra sociedad si el malvado suscitase compasión y si nosotros hiciésemos un esfuerzo por consolarlo, con la misma compasión que sentimos por un enfermo! Por lo demás, hacer el mal es, a menudo, una enfermedad psicológica debida a un mal ambiente, a condiciones de nacimiento o a otras desgracias, y debería suscitar compasión e impulsar a ayudar; nuestra estructura social mejoraría. Así, si sucede un accidente, si se rompe un jarrón, por ejemplo, el niño que lo ha dejado caer generalmente se desespera, porque no le gusta la destrucción y se siente en inferioridad por no haber sabido transportar el objeto. La reacción instintiva del adulto es decirle: «¿Ves? Lo has roto: ¿por qué tocas cosas que te he dicho un montón de veces que no toques?». O, como mínimo, el adulto le ordenará recoger los trozos, pensando que el niño se sentirá más culpable si lo obliga a juntar los pedazos. En cambio, ¿qué hacen nuestros niños? Corren todos a ayudar y, con un tono alentador en sus vocecitas, dicen: «¡No importa! Encontraremos otro jarrón». Y algunos recogerán los trozos y otros secarán el agua que se haya derramado en el suelo. Hay un instinto que los llama a ayudar a los más débiles, a alentarlos y consolarlos: es un instinto de progreso social. La sociedad dio un gran paso en nuestra evolución cuando comenzó a ayudar a los débiles y a los pobres en vez de a oprimirlos y rechazarlos. Toda nuestra ciencia médica se ha desarrollado en base a este principio; y de este instinto ha nacido la voluntad de ayudar no solo a quienes suscitan nuestra compasión, sino a la humanidad entera. No es un error alentar a los débiles y a los inferiores, sino que supone una contribución al progreso de toda la sociedad. Los infantes demuestran estos sentimientos en cuanto se normalizan y no solo los manifiestan entre sí, sino también por los animales.

Se cree que hay que enseñar el respeto por los animales, porque se cree que los niños son naturalmente crueles o insensibles, pero no es así; al contrario, cuando los infantes se normalizan, tienen el instinto de protegerlos. En Laren teníamos una cabrita; yo la alimentaba todos los días y le ponía el alimento en alto, así que ella, para comer, tenía que sostenerse sobre las patas posteriores. Me interesaba verla en esa actitud, y ella parecía divertirse. Pero un día vino un pequeño y le puso las manitas debajo del vientre para sostenerla, y tenía el rostro ansioso porque temía que el animal se cansara al sostenerse sobre las dos patas. Era sin duda un sentimiento muy amable y espontáneo.

Otra característica que se manifiesta en nuestras escuelas es la admiración por los más capaces; no solo los niños no son envidiosos, sino que todo lo que está bien hecho suscita en ellos una admiración entusiasta. Así sucede con la famosa explosión imprevista de la escritura. La primera palabra escrita por uno de ellos fue causa de gran admiración y enseguida sintieron el impulso de seguir el ejemplo: «¡Yo también puedo hacerlo!», exclamaban. El buen trabajo de uno provoca el de todo el grupo. Lo mismo sucedió con el alfabeto, hasta el punto de que, una vez, toda la clase hizo una procesión llevando los carteles de las letras a modo de banderas, tal era la alegría y tantos los gritos, que de los pisos inferiores (la escuela estaba patas arriba) subieron todos para ver qué pasaba: «Están entusiasmados por el alfabeto» dijo la enseñante.

Hay entre los niños una evidente forma de fraternidad, basada en un sentimiento elevado que crea unidad en el grupo. A partir de estos ejemplos podemos darnos cuenta de que en un ambiente donde los sentimientos son elevados y los niños están normalizados, se crea una especie de atracción. Igual que los mayores se dirigen hacia los más pequeños y viceversa, los normalizados atraen a los nuevos y estos sienten atracción por los ya ambientados.

SOCIEDAD POR COHESIÓN

En última instancia, la convivencia social entre las experiencias libres descritas anteriormente conduce a los infantes a sentir y a actuar como grupo. Ellos acaban por formar una sociedad unida de verdad por vínculos misteriosos, que actúa como un solo cuerpo. Estos vínculos estaban formados por un sentimiento común y, sin embargo, individual; pese a ser «individuos independientes», estaban movidos por el mismo impulso. Una sociedad así parece más unida por la mente absorbente que por la conciencia.

Las líneas de construcción que hemos observado son comparables a las del trabajo de las células durante la creación de un organismo. Evidentemente, la sociedad también tiene una fase embrionaria que, en su forma inicial, se puede seguir entre los niños que van desarrollándose.

Es interesante ver cómo, poco a poco, ellos se dan cuenta de que forman una comunidad que se comporta como tal. Se percatan de que pertenecen a un grupo y de que contribuyen a su actividad; no solo comienzan a interesarse por él, sino que se diría que, con su espíritu, trabajan en profundidad. Cuando han alcanzado este nivel, los infantes ya no obran mecánicamente, sino que aspiran a tener éxito y ponen en primer plano el honor del grupo. Este primer paso hacia la conciencia social lo llamo «espíritu de familia o de tribu» remitiéndome a las sociedades humanas primitivas, donde el individuo ama, defiende y aprecia el valor del propio grupo, como objetivo y como finalidad de la actividad individual.

Las primeras manifestaciones de este fenómeno nos sorprendieron porque eran independientes de nosotros y de cualquier influencia nuestra. Se produjeron como testimonios sucesivos de desarrollo, del mismo modo que, a una cierta edad, aparecen los primeros dientes que cortan las encías. Esta asociación, formada a partir de una necesidad espontánea, dirigida por un poder interior, animada por un espíritu social, yo la llamo «sociedad por cohesión».

Llegué a esta idea mediante las manifestaciones espontáneas de los infantes, que nos sorprendieron sobremanera. Pondré un ejemplo: cuando el embajador de Argentina oyó hablar de nuestra escuela, donde los niños de cuatro y cinco años trabajaban con plena autonomía, leían y escribían espontáneamente, y seguían una disciplina no impuesta por la autoridad del maestro, se mostró incrédulo. En vez de anunciar su visita, decidió aparecer por sorpresa. Por desgracia, llegó un día de vacaciones y la escuela estaba cerrada. La escuela se llamaba «Casa de los niños» y estaba situada en un edificio de viviendas populares, donde los niños vivían con sus familias. Un pequeño estaba por casualidad en el patio y, al oír al embajador expresar su contrariedad al entrar, entendió que era un visitante y le dijo: «No importa que la escuela esté cerrada, el portero tiene las llaves y nosotros estamos todos en casa». Se abrió la puerta y los niños entraron al aula y se pusieron a trabajar. Sintieron el deber de hacer las cosas bien por el honor de su grupo: nadie esperaba una ventaja personal, ninguno quería distinguirse, todos colaboraban por su comunidad. El docente no supo lo sucedido hasta el día siguiente.

Esta conciencia social no instilada por la enseñanza, completamente extraña a cualquier forma de imitación o de interés personal, era un don de la naturaleza. Era precisamente una meta que estos niños habían alcanzado mediante su esfuerzo. Como dice Coghill: «La naturaleza determina la conducta, pero esta se desarrolla solo por medio de la experiencia en el ambiente circundante».[50] Es evidente que la naturaleza proporciona un esquema para la

---

50. Coghill, George E.; *Anathomy and the Problem of Behaviour*, Cambridge University Press, Cambridge, 2015.

construcción de la personalidad y de la sociedad, pero este esquema se realiza solo mediante la actividad del infante cuando se pone en condiciones de llevarlo a cabo. Al hacerlo así, nos ilustra las fases sucesivas del desarrollo social. Este espíritu de cuerpo, que domina a la sociedad y la une, se parece mucho a lo que el educador estadounidense Washburne llama integración social. Él sostiene que esta es la llave de la reforma social y que debería constituir la base de toda la educación. La integración social se lleva a cabo cuando el individuo se identifica con el grupo al que pertenece. Cuando esto sucede, el individuo piensa más en el éxito del grupo que en el suyo personal. Washburne ilustra su idea tomando como ejemplo las competiciones náuticas de Oxford y Cambridge: «Cada individuo lleva a cabo el máximo esfuerzo por el honor de sus colores, a sabiendas de que no obtendrá ningún beneficio, ni una gloria especial. Si sucediera lo mismo en todas las empresas sociales, desde las grandes, que abarcan la nación entera, hasta las de la industria, etc., y si todos se dejaran arrastrar por el deseo de honrar la comunidad a la que pertenecen y no a sí mismos, la humanidad entera se regeneraría. En las escuelas debería cultivarse el desarrollo de este sentimiento de integración del individuo en la sociedad, porque es precisamente esto lo que falta por todos lados, y es esta ausencia lo que lleva a la sociedad al fracaso y a la ruina».[51]

Se puede dar un ejemplo de sociedad donde existe una integración social: es la sociedad de los niños pequeños guiados por los poderes mágicos de la naturaleza. Debemos apreciarla y atesorarla, porque ni el carácter, ni los sentimientos se pueden formar a través de la enseñanza: son el producto de la vida.

La sociedad cohesiva no se identifica, sin embargo, con la sociedad organizada que gobierna el destino del ser humano: se trata simplemente de la última fase en la evolución del infante, es casi la divina y misteriosa creación de un embrión social.

---

51. Washburne, Carleton, *A Living Philosophy of Education*, John Day Company, Nueva York, 1940.

Sociedad organizada

Inmediatamente después de los seis años, cuando el niño comienza otra fase de desarrollo que marca el paso desde el embrión social al neonato social, empieza claramente otra forma de vida espontánea, que muestra una asociación organizada, del todo consciente. Los niños intentan entonces conocer los principios y las leyes establecidos por el ser humano; buscan un jefe que dirija la comunidad. La obediencia al líder y las reglas forman evidentemente el tejido conectivo de esta sociedad. Esta obediencia, nosotros lo sabemos, ha sido preparada en el estadio embrionario que precede el periodo de desarrollo. McDougall describe este tipo de sociedad que los pequeños de seis a siete años ya comienzan a constituir. Se someten a los niños mayores que ellos como impulsados por un instinto que él denomina «instinto gregario».[52] A menudo los niños desatendidos y abandonados organizan bandas o grupos que se rebelan contra los principios y la autoridad de los adultos. Estas exigencias naturales, que casi siempre conducen a una actitud rebelde, han sido sublimadas en el movimiento de los Boy Scouts, que responde a una verdadera exigencia social de desarrollo, propia de la naturaleza de los jovencitos y adolescentes.

Este «instinto gregario» es distinto de la fuerza de cohesión que estaba en la base de la sociedad de los infantes. Las sociedades siguientes, que evolucionan hasta alcanzar el nivel de la sociedad de los adultos, están organizadas conscientemente y necesitan reglas dictadas por un ser humano y un jefe que las haga respetar.

La vida en sociedad es un hecho natural y, como tal, pertenece a la naturaleza humana. Se desarrolla como un organismo que, durante su evolución, muestra distintas características. Me gustaría compararla con la confección de la tela, con el hilado y el tejido, que tan importantes son en la industria de la India. Naturalmente,

52. McDougall, William, *An introduction to Social Psychology*, Dover Pubblications, Nueva York, 2003.

es necesario partir desde el inicio y observar en primer lugar el penacho blanco que la planta de algodón crea alrededor de su semilla. Así, cuando queremos observar la construcción de la sociedad humana, tenemos que partir del niño pequeño y observarlo en el ambiente en el que ha nacido. Lo primero que se hace con el algodón (que es también la primera labor en las escuelas rurales de Gandhi) es purificarlo, justo después de recogerlo, quitando semillas negras pegadas al capullo. Esta primera operación se corresponde, entonces, con la nuestra cuando recogemos a los infantes de las diversas familias y corregimos sus defectos ayudándolos a concentrarse y normalizarse. Pasamos al hilado. En nuestra comparación esto es la formación de la personalidad del niño, que se logra mediante el trabajo y las experiencias sociales. Esta es la base de todo: el desarrollo de la personalidad. Si el hilo es fuerte, el tejido resultante también lo será: la calidad del paño depende del hilado. Esto es lo verdaderamente importante que debemos tener en cuenta, porque el tejido que tiene hilos sin resistencia carece de valor.

Llega después el momento en el que los hilos se ponen en el telar, se estiran en el mismo sentido y se fijan a los lados a pequeños ganchos. Son todos paralelos y del mismo largo, y se separan para que no se toquen: forman la trama de una pieza de tela, sin ella, no se podría tejer. Si los hilos se rompen o quedan fuera de lugar porque no están bien fijados en la misma dirección, la lanzadera no puede atravesarlos. Esta trama representa la cohesión de la sociedad. La preparación de la sociedad humana se basa en la actividad de los niños, que actúan impulsados por las exigencias de la naturaleza en un ambiente limitado, que en nuestra comparación es el telar. Al final, todos se asocian, porque todos tienden al mismo objetivo.

Comienza entonces el verdadero proceso de tejer, cuando la lanzadera pasa por entre los hilos y los une fijándolos sólidamente en su lugar mediante hilos transversales. Este estadio corresponde a la sociedad organizada por los seres humanos, que está regida por leyes y está bajo la dirección de un gobierno al que todos obedecen.

Cuando hablamos de una pieza de tela de verdad, esta queda intacta después de salir del telar: existe de forma independiente y, una vez separada, se puede usar. Se puede producir una cantidad sin límites. Los seres humanos forman una sociedad por el solo hecho de que cada individuo se ha orientado a un objetivo especial en su ambiente y ha emprendido una labor particular, como el infante en su grupo: la forma última de la sociedad humana se basa en la organización.

Pero ambas cosas se compenetran. La sociedad no depende solo de la organización, sino también de la cohesión y, de los dos, el segundo elemento es el fundamental y sirve de base para la construcción del primero. Las buenas leyes y un buen gobierno no pueden juntar a las masas y hacerlas actuar si los individuos no están orientados hacia algo que los compacte y los convierta en un grupo. Las masas, a su vez, son más o menos fuertes y activas según el grado de desarrollo de la personalidad de los individuos y de su orientación interna.

Los griegos tenían como base de su constitución social la formación de la personalidad. Alejandro Magno, uno de sus líderes, conquistó con pocos hombres todo Persia. También los musulmanes son una unión formidable, no tanto por sus leyes y sus jefes, como por su ideal común. Periódicamente, parten en grandes grupos de peregrinos hacia la Meca. No se conocen entre sí, no tienen intereses privados ni ambiciones; son individuos que se dirigen hacia la misma meta. Nadie los empuja, nadie los manda y, sin embargo, son capaces de llevar a cabo inmensos sacrificios para cumplir su promesa. Estos peregrinajes son un ejemplo de cohesión.

En la historia de Europa, durante la Edad Media, vemos algo que, en nuestros tiempos lacerados por las guerras, los líderes han intentado lograr en vano: la verdadera unión de las naciones europeas. ¿Y cómo fue? El secreto de este triunfo era la fe religiosa que había conquistado a todos los individuos de los distintos imperios y de las distintas naciones europeas, y los unía con su formidable fuerza de cohesión. Entonces había reyes y emperadores (cada uno guiando a su pueblo según las propias leyes), todos sujetos y dependientes de las fuerzas de la cristiandad. Pero la cohesión no basta para construir una sociedad que actúe de forma práctica en el mundo y cree una civilización a base de trabajo e inteligencia: en la actualidad, podríamos hablar de los judíos, que están unidos por una fuerza de cohesión milenaria, pero que solo ahora empiezan a organizarse como nación. Son como la trama de un pueblo.

Hay que hacer hincapié en que en los últimos tiempos hemos asistido a un nuevo ejemplo histórico. Mussolini y Hitler fueron los primeros en entender que quienes pretenden una conquista segura tienen que preparar a los individuos desde su primera infancia. Así, adiestraron a niños y jóvenes durante muchos años y les impusieron desde fuera un ideal que los une. Fue un nuevo procedimiento lógico y científico, fuera cual fuera su valor moral. Estos jefes sintieron la necesidad de tener una «sociedad cohesionada» como base de sus planes y la prepararon desde la raíz.

La sociedad cohesionada, sin embargo, es un hecho natural y debe construirse espontáneamente bajo los estímulos creativos de la naturaleza. Nadie puede ocupar el lugar de Dios, y quien lo intenta se convierte en un demonio, como el adulto que oprime con su orgullo la energía creativa de la personalidad infantil. También la fuerza de cohesión en los adultos se enlaza a las directrices ideales, superiores al mecanismo de la organización. Deberían existir dos sociedades entrelazadas entre sí: una, por así decirlo, tendría las raíces en la inconsciente zona creativa de la mente; la otra, dependería de los seres humanos que actúan conscientemente. En otras palabras: una comienza en la infancia y la otra se superpone por parte del adulto porque, como hemos visto al principio de este volumen, es la mente absorbente del niño la que absorbe las características de la raza. Las características que presenta el niño cuando vive como «*embrión espiritual*» no las descubre en el intelecto, ni en el trabajo humano, sino en los caracteres que se encuentran en la parte cohesiva de la sociedad. El infante las recoge, las encarna y, por medio de ellas, construye la propia personalidad; así, llega a ser un hombre con un lenguaje concreto, una religión concreta y una serie de costumbres concretas. Lo que es estable y fundamental, es decir, lo que es «basal» (por usar un término de moda) en la sociedad siempre en revolución, es su parte cohesiva. Cuando dejamos que el infante se desarrolle y construya lo que será el adulto a partir de las raíces invisibles de la creación, podemos aprender los secretos de los que depende nuestra fuerza individual y social.

En cambio (y nos basta mirar alrededor para darnos cuenta), los seres humanos juzgan, actúan y se regulan solo en base a la parte organizativa y consciente de la sociedad; quieren reforzar y asegurar la organización como si ellos fueran los únicos creadores; no tienen consideración por las bases indispensables para ella, sino que solo se preocupan por la directiva humana, y su aspiración tiende hacia el descubrimiento de un jefe.

¡Cuántos esperan un nuevo Mesías, un genio que tenga la fuerza de conquistar y de organizar! Después de la Primera Guerra Mundial se propuso fundar escuelas para la preparación de jefes, porque se vio que los existentes no estaban lo suficientemente preparados y no eran aptos para dirigir los sucesos. Se hicieron grandes intentos de descubrir, mediante «test» mentales, personas superiores, jóvenes que en la etapa escolar se hubieran mostrado especialmente aptos, para encaminarlos a puestos de dirección. Pero, ¿quién los formaría, si no había maestros superiores, adecuados para tal necesidad?

No son jefes lo que falta: o, al menos, la cuestión no se limita a este particular. La cuestión es mucho más vasta: lamentablemente, son las masas las que están muy poco preparadas para la vida social de nuestra civilización. El problema, por tanto, es educar a las masas, reconstruir el carácter de los individuos, recoger los tesoros escondidos en cada uno de ellos y desarrollar sus valores. Ningún jefe puede hacer esto, por más grande que sea su genio. Con multitudes de personas no preparadas no podrá resolverse nunca este vasto problema.

Este es el problema más urgente y agobiante de nuestra época; las masas humanas son inferiores a lo que podrían ser. Ya hemos visto el diagrama de las dos fuerzas de atracción, una que partía del centro y, la otra, de la periferia. La gran tarea de la educación tiene que consistir en tratar de salvar la normalidad que, con su fuerza, tiende hacia el centro de perfección. Ahora, en cambio, no se hace más que preparar artificialmente seres humanos anormales y débiles, predispuestos a enfermedades mentales, necesitados de incesantes cuidados para no resbalar hacia la periferia en la que, una vez caídos, se convertirán en seres extrasociales. Lo que sucede hoy es de verdad un delito de lesa humanidad, que repercute sobre todos nosotros y podría destruirnos. La masa de los iletrados, que cubre la mitad de la superficie de la tierra, no pesa de verdad sobre la sociedad; lo que pesa es que nosotros, sin darnos cuenta, ignoremos la creación del ser humano y pisoteemos los tesoros depositados por Dios mismo en cada niño, porque allí se encuentra la faceta de los valores morales e intelectuales que pueden llevar al mundo entero a un plano más elevado. Nosotros lloramos ante la muerte y aspiramos a salvar a la humanidad de la destrucción, pero no es la salvación de los peligros, sino nuestra elevación individual y nuestro destino mismo de seres humanos lo que debemos tener en mente. No es la muerte, sino el paraíso perdido lo que nos debería afligir.

El mayor peligro reside en nuestra ignorancia: sabemos buscar perlas en las valvas de las ostras, oro en la piedra, carbón en las vísceras de la tierra, pero ignoramos el germen espiritual, la nébula de la creación que el infante esconde en sí cuando viene a nuestro mundo a renovar la humanidad.

Si se admitiera en las escuelas comunes la organización espontánea ya descrita, comportaría una notable mejora. Los docentes, en cambio, creen que los niños no son activos frente al aprendizaje; y los empujan y alientan, o los castigan y premian para estimularlos, alientan la competición para animarlos a que se esfuercen. Se diría que los impulsan a todos a buscar el mal por el gusto de combatirlo: y esta actitud de descubrir el vicio para suprimirlo es propia del adulto. Pero la corrección del error es a menudo humillante y desalentadora, y como es lo que está ahora en la base de la educación, el resultado general es una reducción del nivel de vida. En las escuelas no se permite copiar; y se considera una negligencia ayudar a un alumno más débil; el alumno que ayuda al compañero que no sabe hacer su tarea se considera tan culpable como el que acepta la ayuda, y así no se crea la unión sino que se impone un principio de moralidad que rebaja el nivel normal. Constantemente se repite: «no te entretengas», «no te emociones», «no ayudes», «no hables si no te preguntan». Todo adquiere un tono negativo. ¿Qué tenemos que hacer frente a esta situación? También cuando el docente intente elevar el nivel de su clase, lo hará siempre de forma distinta a como lo harían los niños. Probablemente, en el mejor de los casos, dirá: «no seas envidioso si alguien es mejor que tú» o «no te vengues si alguien te ofende». Como la educación corriente está plagada de negativas, la idea general es que todos se equivocan y que nuestra tarea es mejorarlos en cuanto sea posible. Pero los niños hacen a menudo cosas que el docente ni siquiera imagina: admiran a quien es mejor que ellos y, por tanto, no se limitan a «no ser envidiosos». Ciertas actitudes del espíritu no pueden ser suscitadas si no existen; pero si existen y son instintivas (como lo son en realidad), ¡es más importante que nunca alentarlas y cultivarlas! Lo mismo se podría decir sobre el «no te vengues»: a menudo sucede que un niño se hace amigo de quien lo ha ofendido; pero nadie puede obligarlo. Se puede sentir simpatía y amor también por quien hace el mal, pero otro no puede imponer esta simpatía. Es bello ayudar al compañero de mente más débil, pero no por obligación. Estos sentimientos naturales deberían, como he dicho, alentarse. En cambio, y por desgracia, a menudo se esterilizan, y toda la labor de las escuelas se desarrolla en la zona blanca inferior (véase la figura 8 de la página 221) que tiende hacia la periferia de lo antisocial y de lo extrasocial. El enseñante piensa primero que el niño es capaz y debe ser instruido, luego cree que hace bien decir: «no hagas esto o aquello» o, en otras palabras: «no te deslices hacia la periferia». En cambio, los niños normalizados presentan una clara inclinación hacia el bien y no sienten la necesidad de «evitar» el mal. Otro acto negativo es la interrupción del trabajo a determinadas horas según un horario. Se dice al niño: «No dediques demasiado tiempo a un objeto determinado o te cansarás de él», aunque él muestre de forma evidente que quiere hacer el máximo esfuerzo. Las escuelas de hoy en día no pueden contribuir al instinto creativo de los infantes, que tienen ante sí casi una exaltación de la actividad: exaltación del trabajo intenso, de hallar la belleza en el trabajo, de consolar a los afligidos y ayudar a los débiles. Quiero comparar la relación entre escuelas ordinarias y escuelas normalizadas con la relación que existe entre el Antiguo y el Nuevo Testamento. Los diez mandamientos del Antiguo Testamento: «No matarás», «No robarás», y todas las demás fórmulas negativas de una ley necesaria solo para hombres con la mente aún a oscuras y confusa; pero, en el Nuevo Testamento, Cristo, de forma similar a los niños, nos da mandamientos positivos, como «Ama a tu enemigo». A quienes parecían superiores que los demás, que seguían las leyes y querían ser admirados por ello, Cristo les dijo: «Yo he venido para los pecadores». Pero no basta enseñar a los hombres estos principios; es inútil repetir «Ama a tu enemigo», porque se dice en la iglesia y no en la batalla, donde sucede lo contrario. Cuando se dice: «No matarás», se llama la atención solo sobre el mal para protegerse a uno mismo, como si el bien fuese impracticable para nosotros. Amar a un enemigo parece imposible, hasta el punto de que se convierte en un ideal vano.

¿Y por qué? Porque la raíz de la bondad no existe en el corazón del ser humano; puede ser que existiera durante un tiempo, pero ahora está ya muerta y sepultada. Si durante todo el periodo educativo se ha alentado la rivalidad, la imitación y la ambición, ¿cómo esperar que la gente que ha crecido en esa atmósfera sea buena a los veinte o treinta años, solo porque alguien predica la bondad?

Yo digo que es imposible, pues no se ha preparado en ningún caso la vida del espíritu.

Lo importante no son las prédicas, sino los instintos creativos, porque son una realidad: los infantes actúan según la naturaleza, y no porque el docente los exhorte. El bien debería proceder de la ayuda recíproca, de la unión derivada de la cohesión espiritual: esta sociedad creada por cohesión, tal como nos ha sido revelada por los niños, es la base de todas las organizaciones; por eso yo sostengo que no podemos enseñar a los infantes de tres a seis años. Podemos observarlos con inteligencia y seguir su desarrollo, cada hora y cada día de sus incesantes ejercicios. Lo que la naturaleza concede, se desarrolla con la labor constante: la naturaleza ofrece una guía, pero muestra también que, para desarrollar cualquier cosa en cualquier campo, se necesita un esfuerzo continuo y experiencia. Si no existe la posibilidad, no habrá prédicas que valgan. El crecimiento viene de la actividad, no de la comprensión intelectual: por tanto, la educación de los pequeños es importante sobre todo entre los tres y los seis años, porque este es el periodo embrionario para la formación del carácter y de la sociedad (igual que el periodo desde el nacimiento a los tres años es el de la formación de la psiquis, y el periodo prenatal es el de la formación de la vida física). Lo que el infante lleva a cabo entre los tres y los seis años no depende de la doctrina, sino de una directiva divina que guía el espíritu a la construcción. Es el germen del «comportamiento humano» y solo puede desarrollarse en un ambiente de libertad y de orden.

EL ERROR Y SU CONTROL

Los niños de nuestras escuelas son libres, pero es necesaria la organización más cuidada que en las demás escuelas para que los niños sean libres de trabajar. El infante que lleva a cabo sus experiencias en un ambiente preparado se perfecciona, pero es indispensable que disponga de un material de trabajo especial. Una vez alcanzada la concentración, la podrá mantener en cualquier tipo de actividad; y cuanto más activo sea el niño, menos lo será el enseñante, hasta que el segundo quedará casi de perfil.

Nos hemos referido aquí al hecho de que, mediante ejercicios repetidos en libertad, los niños se unen en una sociedad especial que es tanto más perfecta que la nuestra que nos ha convencido de que deberíamos dejarlos siempre libres de cualquier interferencia nuestra. Es un fenómeno de vida tan delicado como el de la vida del embrión, que no debería rozarse siquiera: una vez creadas las condiciones necesarias, cada objeto correspondiente a la necesidad del desarrollo bastará para suscitarlo.

En este ambiente nuestro existe una relación precisa entre el enseñante y el niño. Ilustraremos la tarea del docente en otro capítulo, pero una de las cosas que, en todo caso, no tiene que hacer el enseñante es interferir para alabar, para penalizar o corregir errores. Esto parece un principio equivocado a muchos docentes, que se muestran siempre contrarios a nuestro método en este punto. Dicen: «¿Cómo pueden hacer progresar al niño si no corrigen los errores?». En la educación común, la tarea fundamental del docente es la de corregir, tanto en el ámbito moral como en el intelectual; la educación se rige por dos directivas: dar premios o dar castigos; pero si un niño recibe premios y castigos significa que no tiene la energía de guiarse y que se remite siempre a la guía del enseñante. Los premios y los castigos, al ser extraños al trabajo espontáneo del desarrollo del infante, suprimen y ofenden la espontaneidad del espíritu. No pueden, por tanto, tener espacio en escuelas como las nuestras, donde se quiere hacer posible y defender la espontaneidad. Los niños dejados libres son absolutamente indiferentes a premios y castigos.

La abolición de los premios no suscitaría protestas: en el fondo, sería una medida de ahorro y, en cualquier caso, los premios solo tocan a unos pocos y, en general, a fin de año. ¡Pero los castigos! Ese es otro tema, porque se dan cada día. ¿Qué suponen las correcciones en los cuadernos de tareas? ¡Suponen sacar un diez o un cero! ¿Por qué es una corrección el «cero»? Porque el docente dice: «Siempre cometéis los mismos errores; no escucháis cuando os hablo; vais a suspender los exámenes». Todas las notas en los cuadernos y las observaciones de las maestras reducen la energía y el interés. Decir: «eres malo» o «eres tonto» es humillante: es un insulto y una ofensa, pero no una corrección, porque el infante para corregirse debe mejorar, ¿y cómo puede mejorar si está ya por debajo de la media y, además, lo humillan? Antiguamente, los enseñantes acostumbraban a poner orejas de asno a los niños cuando parecían tontos y les pegaban en los dedos cuando escribían mal. Aunque hubiesen malgastado todo el papel del mundo para hacer orejas de asno y reducido a papilla sus pobres deditos, no habrían corregido nada: solo la experiencia y el ejercicio corrigen los errores, y la adquisición de las diversas capacidades requieren largo ejercicio. Si un infante carece de disciplina, la puede adquirir trabajando en sociedad con los demás niños, no oyendo decir que es indisciplinado. Si decimos a un alumno que no sabe hacer una cosa, este puede fácilmente respondernos: «¿Por qué me lo dices? ¡Ya lo sé!». Eso no es una corrección, sino una presentación de hechos. Corrección y perfeccionamiento solo se dan cuando el niño puede ejercitarse a voluntad durante un tiempo largo.

El niño puede cometer errores y no percatarse de ello, pero el docente también puede equivocarse sin saber que lo hace. Por desgracia, el enseñante suele partir de la idea de que no se equivoca nunca y de que es un ejemplo, de modo que si cae en un error, seguramente no se lo dirá al niño: su dignidad se basa en tener siempre razón. El enseñante tiene que ser infalible. Y esto no es culpa de los docentes que se ven obligados por las circunstancias a comportarse del modo descrito, sino de la educación reglada que se apoya sobre premisas falsas.

Pensemos en el error en sí mismo. Hay que admitir que todos podemos equivocarnos; es una realidad de la vida, y admitirlo es un gran paso hacia el progreso. Si tenemos que recorrer el sendero de la verdad y de la realidad, debemos admitir que todos podemos equivocarnos, de lo contrario, seríamos todos perfectos. Así que es mejor mostrar una actitud amigable frente al error y considerarlo un compañero que convive con nosotros y tiene un objetivo propio, porque así es. Muchos errores se corrigen espontáneamente a lo largo de la vida. El pequeño de un año empieza a caminar con incertidumbre, vacila, se cae, pero acaba caminando bien. Corrige su error creciendo y ganando experiencia. Nosotros nos ilusionamos con que caminamos a lo largo del sendero de la vida hacia la perfección: en realidad, cometemos un error tras otro y no los corregimos, no los reconocemos y vivimos engañados, ajenos a la realidad. El enseñante que parte de la idea de ser perfecto y no reconoce los propios errores, no es un buen enseñante. Desde cualquier punto de vista, ¡hallamos siempre al Señor Error! Si queremos avanzar hacia la perfección, conviene estar atentos a los errores, porque la perfección solo llegará corrigiéndolos, y hay que mirarlos a la luz del sol, hay que recordar que existen, como la vida misma.

Las ciencias exactas (matemática, física, química, etc.) señalan el error porque son su cometido el evidenciarlo. El estudio científico del error comenzó con las ciencias positivas, que se consideran inmunes a él porque miden con exactitud y pueden evaluar las equivocaciones. Hay dos cosas importantes: 1) alcanzar una cierta exactitud, 2) evaluar el error con exactitud. Todo lo que nos proporciona la ciencia, lo hace con una aproximación, no de forma absoluta, y esta aproximación se tiene en cuenta en el resultado. Por ejemplo, una inyección antimicrobiana es eficaz en el 95 por ciento de los casos, pero es importante saber que existe un 5 por ciento de incertidumbre. También una medida se considera correcta hasta un cierto punto de milésimas. En la ciencia nada es anuncia ni se acepta sin añadir la probabilidad de error, y lo que proporciona importancia a los elementos es su cálculo de errores. Ningún dato se considera serio si el resultado no va acompañado de la inexactitud probable, tan importante como el resultado en sí. Si el cálculo de errores es tan importante para la ciencia exacta, lo será todavía más para nuestro trabajo, donde el error presenta un interés especial y debemos conocerlo para corregirlo o controlarlo.

Así, nosotros llegamos a un principio científico que es también un principio de verdad: el «control del error». Sea lo que sea lo que hagan en la escuela los docentes, los infantes u otros, siempre hay errores. En la vida escolar debe incorporarse el principio de que no es importante la corrección, sino el control individual del error, que nos indica si tenemos razón o no. Yo tengo que saber si he trabajado bien o mal y si antes había considerado el error con ligereza, ahora me resultará interesante. En las escuelas comunes un alumno se equivoca sin saberlo, inconscientemente y con indiferencia, porque no es él quien debe corregir sus errores, sino el enseñante que de él se ocupa. ¡Qué alejado está este procedimiento del campo de la libertad! Si yo no tengo la capacidad de controlar mis errores, tengo que recurrir a alguien que quizá no sepa más que yo. ¡Es mucho más importante, en cambio, entender los propios errores y saberlos controlar! Una de las mayores conquistas de la libertad psicológica es darse cuenta de que podemos cometer un error, y podemos reconocer y controlar el error sin ayuda. Si hay una cosa que convierte el carácter en indeciso, es no saber controlar algo sin tener que recurrir a la ayuda de otro. Nace un sentido de inferioridad desalentador y una falta de confianza en nosotros mismos. El control del error llega a ser una guía que dice si vamos por buen camino.

Pongamos que yo deseo ir a un determinado sitio, pero no conozco el camino, algo que sucede a menudo en la vida. Para estar segura tomaré un mapa, leeré también las señales a lo largo del camino que me digan dónde me encuentro, quizá vea un cartel con esta indicación: «Ahmedabad a dos millas»...; y si veo de repente un cartel que dice: «50 millas hasta Bombay», sabré que me he equivocado. El mapa y las señales me han ayudado: si no hubiese tenido el mapa, tendría que haber preguntado y habría obtenido indicaciones contradictorias. Si no hay una guía o un control es imposible avanzar.

Lo que es necesario en la ciencia positiva y en la vida práctica, debe ser admitido desde el principio como necesario en la educación: la posibilidad de controlar el error. Así, junto con la enseñanza y el material, es esencial el control del error. La posibilidad de proceder se basa en gran medida en tener libertad y una vía segura, y los medios para decirnos a nosotros mismos cuándo erramos. Cuando logramos seguir este principio en la escuela y en la vida práctica, da igual que el docente o la madre sean perfectos o no. Los errores cometidos por parte de los adultos tienen algo interesante y los niños simpatizan con ellos, pero de forma completamente separada. Se convierte para ellos un aspecto de la naturaleza, y el hecho de que todos podamos equivocarnos genera un gran afecto en su corazón; es un nuevo motivo de unión entre madre e hijo. Los errores nos acercan y nos hacen más amigos: la hermandad nace mejor en el sendero de los errores que en el de la perfección. Si uno es perfecto, ya no puede cambiar: dos personas perfectas puestas juntas, por lo general combaten entre sí porque no existe la posibilidad de cambiar ni de entenderse.

Veamos, por ejemplo, uno de los primeros ejercicios prácticos que hacen los niños con el material. Hay unos cilindros todos de la misma altura, pero de diámetros diferentes, que se encastran en pequeños zócalos con los correspondientes agujeros. El primer ejercicio consiste en reconocer que difieren entre sí; el segundo, agarrarlos con tres dedos. El infante empieza a encajarlos en su zócalo, pero cuando termina se da cuenta de que ha cometido un error, porque le queda un cilindro demasiado grande para la pequeña cavidad que falta por llenar, mientras que hay cilindros que bailan en el encastre, así que los mira de nuevo y los observa con más atención. Se halla ante el problema del cilindro que quedó como evidencia de la equivocación. Y es justamente esto lo que le acrecienta el interés por el ejercicio y le empuja a repetirlo muchas veces. Así, el material citado responde a dos objetivos: 1) aguzar los sentidos del infante, 2) darle la posibilidad de controlar los errores.

Nuestro material tiene la particularidad de ofrecer un control del error muy visible y tangible; un pequeño de dos años puede usarlo y adquirir la idea del control de las faltas y encaminarse al perfeccionamiento. Con la práctica diaria de estos ejercicios, adquiere la posibilidad de corregir los errores y ganar seguridad en sí mismo. Esto no significa alcanzar la perfección, sino conocer las propias posibilidades y, por tanto, llegar a ser capaz de hacer algo. Él podría decir: «No soy perfecto, no soy omnipotente, pero sé hacer algo y conozco mi fuerza y sé también que puedo equivocarme y corregirme… así conozco mi camino». Hay en ello prudencia, certeza y experiencia: camino seguro hacia la perfección. Alcanzar esta certeza no es tan sencillo como podría parecer, ni es tan simple tomar la vía de la perfección. Decir a alguien que es tonto, estúpido, valiente, bueno o malo es una forma de traición: el infante tiene que darse cuenta por sí mismo de lo que hace y hay que darle, junto con la posibilidad de desarrollarse, la de controlar los propios errores.

Observemos un poco más adelante a un niño que haya sido educado de este modo. Hará ejercicios de aritmética, pero se le ofrecerá siempre la posibilidad de comprobar las operaciones y el muchachito se acostumbrará a controlar por sí mismo la propia labor. Este control es más atractivo que el ejercicio mismo. Lo mismo con la lectura. El infante debe hacer un ejercicio que consiste en relacionar unos cartelitos escritos con los objetos pertinentes; aparte, hay otros cartones donde se representan los mismos objetos con los nombres correspondientes, para el control. El gran placer del niño consiste en el verificar si se ha equivocado o no.

Si en la práctica de la vida escolar permitimos siempre este control de los errores, estaremos en la vía de la perfección. El interés por la mejora y las continuas pruebas y controles son muy importantes para el niño, porque aseguran su progreso. Por naturaleza él tiende a la exactitud y el modo de ejercerla lo atrae. En una de nuestras escuelas, una niña vio una orden escrita expresada así: «Ve afuera, cierra la puerta y vuelve». La estudió atentamente y luego se movió para obedecer, pero a mitad de camino volvió atrás y se dirigió al enseñante: «¿Cómo hago para volver atrás si cierro la puerta?». «Tienes razón» dijo el maestro «me he equivocado», y corrigió lo escrito; y la niña, con una sonrisa, dijo: «Sí, ahora puedo hacerlo».

De este control de los errores surge una forma de fraternidad: las faltas dividen a los seres humanos, pero su control es un modo de unirlos. Corregir las equivocaciones, en cualquier campo, puede llegar a ser algo de interés general. El error mismo se vuelve interesante: llega a ser un vínculo y, ciertamente, un medio de cohesión entre los seres humanos, pero sobre todo entre niños y adultos. Encontrar un pequeño error en el adulto no supone una falta de respeto del infante ni una disminución de la dignidad en el adulto: el error se vuelve una cosa en sí, que puede ser sometida a control.

Así, los pequeños pasos conducen a grandes cosas.

LOS TRES GRADOS DE LA OBEDIENCIA

Las principales preocupaciones en la educación habitual del carácter se relacionan con la voluntad y la obediencia, y generalmente constituyen dos conceptos antagonistas en la mente de los seres humanos. Uno de los objetivos principales de la educación sigue siendo hoy en día plegar la voluntad del infante y sustituirla por la del adulto que pretende obediencia.

Quiero aclarar estas ideas, basándome no en una opinión, sino en la experiencia. Antes que nada debemos admitir que en esta materia hay una gran confusión. Los estudios biológicos nos sugieren que la voluntad del hombre forma parte de un poder universal (horme) y que esta fuerza universal no es física, sino que es la fuerza de la vida en curso de evolución. Toda forma de vida es empujada irresistiblemente hacia la evolución y lo que le da impulso es el horme. La evolución está gobernada por leyes fijas y no por la fortuna o la casualidad: estas leyes de vida nos dicen que la voluntad del ser humano es una expresión de aquella fuerza, de la que plasma el comportamiento. En la infancia esta fuerza llega a ser en parte consciente en cuanto el niño lleva a cabo una acción deliberada por sí mismo y la desarrolla, pero solo mediante la experiencia. Así comenzamos a decir que la voluntad es algo que debe desarrollarse y que, al ser natural, obedece a leyes naturales.

La confusión en este campo procede también de la idea de que las acciones voluntarias de los niños son por naturaleza desordenadas y, a veces, violentas, lo que en general se debe al hecho de que la gente ve este tipo de acciones en el niño y cree que son expresión de su voluntad; pero no es así: estas acciones no pertenecen al campo de la fuerza universal (horme). Sería evidentemente absurdo, al observar el comportamiento de los adultos, que se consideraran las convulsiones de un hombre como manifestaciones voluntarias o los actos realizados durante un acceso de ira como dirigidos por su voluntad. En efecto, nosotros entendemos la voluntad como algo que implica un fin que hay que alcanzar y dificultades que vencer. Si, en cambio, se considerase que las acciones voluntarias son movimientos casi siempre desordenados, entonces se sentiría la necesidad de domar la voluntad, como se decía antiguamente, de «despedazar la voluntad» y, una vez se hallara esto necesario, el resultado lógico sería reemplazar la voluntad del niño por la nuestra obligándolo a «obedecernos».

La realidad de los hechos es que la voluntad no lleva al desorden ni a la violencia, que son señales de desviación y de sufrimiento. La voluntad en su campo natural es una fuerza que empuja a acciones beneficiosas para la vida. La tarea que la naturaleza impone al infante es la de crecer, y su voluntad es precisamente una fuerza que impulsa al crecimiento y al desarrollo.

Una voluntad que quiere lo que el individuo hace, emprende el camino del desarrollo consciente. Nuestros niños eligen espontáneamente su labor y, al repetir el ejercicio elegido, desarrollan la consciencia de sus acciones. Lo que al principio era solo un impulso vital (horme) deviene acción de la voluntad; antes, el niño actuaba instintivamente, ahora actúa consciente y voluntariamente: y este es un despertar del espíritu.

El niño ha entendido esta diferencia y la expresa en un modo que será siempre un recuerdo precioso de nuestra experiencia. Una señora de la alta sociedad visitó un día nuestra escuela y, con su mentalidad anticuada, dijo a un niño: «¿Así que este es un lugar donde hacéis lo que queréis, no?». Y el pequeño respondió: «No, señora, nosotros no hacemos lo que queremos, queremos lo que hacemos». El niño percibía la sutil diferencia entre hacer aquello que a uno le gusta y amar lo que uno hace.

Hay que dejar una cosa bien clara: la voluntad consciente es un poder que se desarrolla con el ejercicio y con el trabajo. Nuestro objetivo es cultivar la voluntad, no quebrarla. La voluntad se puede quebrar casi en un momento; su desarrollo es un proceso lento que se desarrolla mediante una actividad continua en relación con el ambiente. Es fácil destruir: la devastación de un edificio puede darse en pocos segundos con un bombardeo o con un terremoto; pero ¡qué difícil es, en cambio, la construcción! Hay que conocer las leyes del equilibrio, de la resistencia de los materiales y también del arte, para que la construcción resulte armoniosa.

Si todo ello es necesario para llevar a cabo una construcción material inanimada, ¡cuánto más requerirá la construcción del espíritu humano! Esta última tiene lugar en lo íntimo. El constructor no puede, por tanto, ser ni la madre, ni el enseñante: ellos son los arquitectos, pero solo pueden ayudar en la obra de creación que procede del infante mismo. Ayudar debería ser su tarea y su objetivo, pero ellos tienen también el poder de destruir y de romper con la represión. Este punto, oscurecido por tantos prejuicios, merece ser aclarado.

El prejuicio más común en la educación ordinaria supone que se puede obtener todo con la enseñanza (es decir, dirigiéndose al oído del niño), o proponiéndose como ejemplo para ser imitado (una especie de educación visual); mientras que la personalidad solo puede desarrollarse con el ejercicio propio. Por lo general, el niño se considera un ser receptivo y no un individuo activo; y esto sucede en todos los campos: hasta el desarrollo de la imaginación se trata según este punto de vista. Se narran al niño cuentos de hadas, historias encantadoras de príncipes y princesas, y se cree así que se desarrolla la imaginación; pero escuchando estas u otras historias, lo único que hace él es recibir impresiones, no desarrolla en absoluto las propias posibilidades de imaginación, una de las más altas cualidades de la inteligencia. En el caso de la voluntad, este error es aún más serio, porque la educación habitual no solo impide a la voluntad la ocasión de desarrollarse, sino que obstaculiza este desarrollo y directamente inhibe su expresión. Toda tentativa de resistencia por parte del infante se reprime como una forma de rebelión: se diría que el educador hace todo lo posible para destruir la voluntad del alumno. Por otro lado, el principio educativo de la enseñanza mediante el ejemplo lleva al docente, dejando de lado el mundo de la fantasía, a presentarse a sus alumnos como modelo. Y así, imaginación y voluntad permanecen inertes, y la actividad de los niños se reduce a seguir al maestro, da igual que cuente historias o que actúe.

En la educación tradicional el maestro razona en un modo que puede parecer bastante lógico. Piensa: «Para poder educar, yo debo ser bueno y perfecto. Sé qué se tiene que hacer o no hacer: por eso bastará que los niños me imiten y me obedezcan». La obediencia es la base secreta de la enseñanza. No recuerdo qué famoso educador pronunció esta máxima: «Todas las virtudes del niño se resumen en una: la obediencia».

Así, la tarea del maestro llega a ser fácil y exaltante. Dice: «Ante mí hay un ser vacío, o lleno de errores: yo lo transformaré recreándolo a mi imagen y semejanza». Se atribuye así los poderes expresados en las palabras de la Biblia: «Y Dios creó al hombre a su imagen y semejanza».

El adulto, naturalmente, no se da cuenta de que se está poniendo en el lugar de Dios: olvida sobre todo otra historia bíblica, en la que se narra cómo el diablo llegó a serlo precisamente por el orgullo que lo empujó a tomar el puesto del Creador.

El infante lleva en sí la obra de un creador más grande que el docente, el padre o la madre, y no obstante tiene que someterse. En otros tiempos, los maestros empleaban el bastón para conseguir su objetivo, y también recientemente, en una nación en otros aspectos altamente civilizada, los maestros han declarado: «Si debemos renunciar a la fusta, renunciamos a educar». Hallamos también en la Biblia, entre los proverbios de Salomón, aquel famoso en el que se dice que son malos los padres que no usan el bastón, ya que condenan a sus hijos al infierno. La disciplina se apoya sobre amenazas y miedo. Y así se llega a concluir que el niño desobediente es malo y que el obediente es bueno.

En nuestra época de teorías democráticas y de libertad, si se reflexiona sobre esta actitud, se debe concluir que la educación aún vigente condena al enseñante a ser un tirano. Solo que los tiranos, de por sí muy inteligentes, asocian a la fuerza de voluntad también un poco de originalidad y una cierta dosis de imaginación, mientras que los docentes del viejo estilo tienen a menudo solo ilusiones y prejuicios y apoyan normas poco razonables. Existe esta diferencia entre el tirano y el maestro: mientras el primero utiliza medios duros para construir, el segundo usa los mismos medios para llegar al fracaso de su objetivo. Es un error fundamental creer que la voluntad de los individuos debe destruirse para que puedan obedecer, es decir, aceptar y ejecutar lo que otro decide. Si nosotros aplicáramos este razonamiento a la educación intelectual, deberíamos decir que es hay que destruir la inteligencia del infante para hacerle aprender nuestra cultura.

Obtener obediencia por parte de individuos que ya han desarrollado sus voluntades, pero que han decidido libremente seguir la nuestra, es muy diferente. Este tipo de obediencia es un acto de homenaje, un reconocimiento de superioridad del docente, al que debería resultarle muy satisfactoria.

Voluntad y obediencia están conectadas, porque la voluntad es el fundamento y la obediencia señala una segunda fase del proceso de desarrollo. Solo entonces la obediencia adquiere un significado superior al que el educador en general imagina: puede considerarse sublimación de la voluntad individual.

La obediencia puede también interpretarse como un fenómeno de la vida y se puede considerar una característica de la naturaleza. Hemos visto, en efecto, el desarrollo de la obediencia en nuestros niños como una especie de evolución; se revela espontánea y sorpresivamente, supone el punto de llegada de un largo proceso de perfeccionamiento.

Si en el alma humana no existiese esta cualidad, si los seres humanos no adquirieran a través de un proceso evolutivo la capacidad de obedecer, la sociedad no podría existir. Basta una mirada superficial a lo que sucede en el mundo para entender hasta qué punto obedece la gente. Este tipo de obediencia es precisamente la razón por la que enormes grupos de seres humanos caen en un abismo de destrucción: una obediencia sin control, que conduce a naciones enteras al desastre. No falta obediencia en el mundo, ¡al contrario! La obediencia, como consecuencia natural del desarrollo del alma humana, es muy evidente; lo que falta, por desgracia, es el control de la obediencia.

Lo que hemos podido observar en los niños en un ambiente que tiende a contribuir a su desarrollo natural, nos ha mostrado con claridad el progreso de la obediencia como uno de los coeficientes más sobresalientes del carácter. Esta observación arroja mucha luz sobre la cuestión.

En el curso de nuestra experiencia, hemos visto muy bien cómo la obediencia se desarrolla en el infante en forma análoga a las demás cualidades del carácter: al principio, está comandada por el horme y luego sube al nivel de la conciencia, donde se desarrolla y asciende grado a grado hasta poder ser controlada por la voluntad consciente.

Vamos a intentar definir qué significa de verdad la obediencia para algunos; en el fondo, es lo que ha significado siempre: docentes y padres ordenan a los niños lo que tienen que hacer, y los niños responden obedeciendo la orden.

El desarrollo natural de la obediencia puede dividirse en tres grados. En el primer grado el infante obedece solo a veces, no siempre. Este hecho, que se podría atribuir a un comportamiento caprichoso, debe ser analizado.

La obediencia no está conectada solo con lo que nosotros denominamos habitualmente «buena voluntad». Más bien, durante el primer periodo de la vida, las acciones del infante obedecen al horme. Esto es claro para todos, hasta el final del primer año; entre un año y seis, el fenómeno pasa a ser menos obvio a medida que el niño desarrolla la conciencia y el control de sí mismo. Durante este periodo, la obediencia depende de hechos de formación. Se necesita una cierta habilidad y una cierta madurez para poder llevar a cabo la acción ordenada. Por eso, la obediencia debería ser juzgada en relación con el desarrollo y las condiciones vitales. Es absurdo ordenar a alguien que camine con la nariz, porque es fisiológicamente imposible; ni se puede decir «escribe una carta» a alguien que no sabe escribir. Es necesario, pues, establecer la posibilidad material de la obediencia en relación con el desarrollo alcanzado. Por eso, un infante no puede ser obediente antes de los tres años si la orden recibida no corresponde al impulso vital. No lo puede cumplir, porque aún no se ha construido: está todavía implicado en la elaboración inconsciente de los mecanismos de la propia personalidad y aún no ha alcanzado el punto en el cual ha establecido dichos mecanismos de modo que puedan servir a sus intenciones y los pueda dominar conscientemente. El dominio supone un progreso en el desarrollo. De hecho, los usos y el modo en el que niños y adultos viven juntos presuponen que el adulto no espera obediencia por parte de un niño de dos años. A esta edad, el adulto, por intuición y lógica, o quizás por una convivencia más que milenaria, solo podrá impedir, más o menos violentamente, las acciones que él reprueba del pequeño.

Pero la obediencia no es solo inhibición; consiste sobre todo en actuar conforme a la voluntad de otra persona. Por más que la vida de un niño más mayor no esté en la fase de preparación primitiva del infante de cero a tres años, en este periodo sucesivo nos encontramos frente a hechos análogos. También el pequeño, después de los tres años, tiene que haber podido desarrollar ciertas cualidades para ser apto para obedecer: no puede actuar de repente según la voluntad de otro individuo, ni comprender de un día a otro la lógica y la razón de hacer lo que se le requiere. Ciertos progresos son el resultado de una formación interior que atraviesa varios estadios. Mientras dura este periodo de formación, puede suceder que el infante lleve a cabo de vez en cuando una acción comandada, pero esta corresponderá a una adquisición de madurez interior recién hecha; solo si la adquisición llega a ser sólida y permanente, la voluntad puede disponer de ella. Algo parecido sucede cuando el infante se esfuerza por adquirir los primeros elementos mecánicos de las funciones motrices. Con un año aproximadamente se arriesga a dar los primeros pasos, pero a menudo se cae y durante un tiempo no repetirá el experimento: cuando, en cambio, el mecanismo de caminar sea completamente estable, podrá ejercitarlo en cualquier momento. Este es otro punto importante. La obediencia del niño en este segundo estadio dependerá sobre todo del desarrollo de sus capacidades. Puede pasar, por ejemplo, que pueda obedecer una vez, pero no una segunda: esta incapacidad de repetir el acto de obediencia se atribuye a «mala voluntad». Si es así, el enseñante, con su insistencia y sus críticas, puede obstaculizar el desarrollo interno que se está llevando a cabo. En la historia de Pestalozzi, el famoso educador suizo, aún muy influyente en escuelas de todo el mundo, encontramos un elemento muy importante. Pestalozzi fue el primero en introducir una nota paternal en el tratamiento de los escolares: le animaba la simpatía hacia ellos y estaba dispuesto a perdonarlos. Pero una cosa quedaba excluida del perdón, el comportamiento caprichoso: el infante que obedecía a veces sí y a veces no. Si había cumplido una orden una vez, quería decir que tenía la posibilidad de hacerlo; y si rechazaba hacerlo una segunda vez, Pestalozzi no aceptaba excusas: era este el único caso en el que carecía de indulgencia. Si esto lo hacía Pestalozzi, ¡con qué frecuencia incurrirán en el mismo error otros docentes!

Por otro lado, no hay nada más dañino que causar desaliento justamente cuando está en curso un desarrollo concreto: si el infante no es aún dueño de sus acciones, si no logra obedecer a su propia voluntad, menos podrá obedecer a otra persona. Y esto no solo puede suceder en la infancia: cuántas veces un principiante que toca un instrumento, ejecutará bien una partitura la primera vez y si al día siguiente le piden de tocarla de nuevo, no podrá hacerlo tan bien; no le falta voluntad, sino la habilidad consumada y segura.

Así, lo que nosotros llamamos primer grado de obediencia es el periodo en el que el infante puede obedecer, pero no siempre: es el momento en el que obediencia y desobediencia van a la par.

El segundo grado se alcanza cuando el infante puede obedecer siempre (o sea, cuando ya no existen obstáculos dependientes de su grado de desarrollo). Sus habilidades bien consolidadas pueden ahora ser dirigidas, no solo por su voluntad, sino también por la de otra persona. Esto, en el campo de la obediencia, es un gran paso: se podría comparar con la capacidad de traducir de una lengua a otra. El infante puede absorber la voluntad de otra persona y actuar en consecuencia: este es el nivel más alto al que apunta la educación. El docente común no aspira a ningún estadio de obediencia que vaya más allá del ser obedecido siempre. El niño, en cambio, cuando recibe la posibilidad de seguir las leyes de la naturaleza, va mucho más allá de nuestras expectativas.

El infante no se detiene aquí, sino que prosigue hacia el tercer grado de la obediencia. Aquí, la obediencia sobrepasa la relación con la habilidad adquirida, que la pone al alcance del niño; se dirige hacia una personalidad que él siente como superior. Es como si el infante se diese cuenta de que el enseñante es capaz de hacer cosas superiores a las que él puede hacer; es como si se dijera: «Esta persona, que está por encima de mí, puede penetrar en mi inteligencia con un poder suyo especial y hacerme tan grande como él. ¡Actúa dentro de mí!». Este sentimiento parece dar al infante una gran y profunda alegría. Poder recibir directivas de esta vida superior es un descubrimiento imprevisto que va acompañado de una nueva forma de entusiasmo: y el niño se vuelve impaciente y ansioso por obedecer. ¿Con qué podríamos comparar este fenómeno natural y maravilloso? Quizás, en otro plano, con el instinto del perro que ama a su dueño y que, con su obediencia, pone en marcha la voluntad de este último. Cuando el dueño le muestra una pelota, él la mira intensamente, y cuando el dueño la lanza lejos, corre y la trae triunfalmente y espera una nueva orden. El perro está ansioso por recibir órdenes y, agitando la cola lleno de alegría, corre a obedecer. El tercer grado de la obediencia en el niño es, más o menos, parecido a esto. Es cierto que él obedece siempre con sorprendente prontitud y parece impaciente por hacerlo.

Las experiencias de una maestra, después de una década de práctica, nos ofrecen pruebas interesantes; esta docente tenía un grado de niños y lo conducía muy bien, pero no sabía abstenerse de hacer sugerencias a menudo. Un día dijo: «Guardadlo todo antes de iros a casa esta tarde». Los niños no esperaron a que ella terminara de hablar, sino que al oír: «Guardadlo todo....» se apresuraron a hacerlo con cuidado y rápidamente. Luego, oyeron con sorpresa: «....antes de iros a casa esta tarde». Su obediencia se había vuelto tan instantánea que la enseñante tenía que estar muy atenta a cómo se expresaba; en efecto, esa vez tendría que haber dicho: «Antes de iros a casa esta tarde, guardadlo todo». Casos similares, decía, sucedían siempre que ella se expresaba sin pensar demasiado, y se sentía responsable dada la reacción inmediata de los niños. Para ella era una experiencia extraña, porque las órdenes parecían atributos naturales de la autoridad: en lugar de sentir el peso, ella sentía la responsabilidad de su posición de autoridad. Podía obtener el silencio tan fácilmente que bastaba que escribiera la palabra «silencio» en la pizarra para que todos se callasen antes de que hubiera terminado de escribir la letra «s».

También mi experiencia, que me llevó a introducir la «clase del silencio», prueba esta aptitud para la obediencia, que en aquel caso era un fenómeno de obediencia colectiva: prueba una correspondencia maravillosa e inesperada de un grupo entero de infantes que casi se identificaban conmigo.

Para obtener el silencio absoluto hace falta que todos estén de acuerdo: si uno no lo está, el silencio se rompe; por ello es necesario tener la consciencia de actuar juntos para llegar a un resultado. De aquí nace un acuerdo social consciente.

A partir de este ejercicio del silencio se podría medir la fuerza de voluntad de estos infantes; repitiendo el ejercicio, esta fuerza aumentaba y los periodos de silencio se alargaban. A este ejercicio agregamos una especie de llamada, en la cual el nombre de cada niño se murmuraba apenas y quien se sentía llamar venía adelante en silencio mientras los demás seguían inmóviles; porque cada niño convocado se separaba del grupo lentamente tratando de no hacer ningún ruido; ¡se puede imaginar cuánto tenía que esperar inmóvil su turno el que era llamado último! Esos niños habían desarrollado increíblemente su voluntad. La inhibición de los impulsos es uno de los grandes resultados de este ejercicio, como también el control de las propias acciones. De esto derivó una parte de nuestro método: de un lado, la voluntad de elegir y de actuar libremente; del otro, la inhibición. En este ambiente, ellos podían ejercitar la propia voluntad, sea para actuar, sea para abstenerse de actuar, y formaban un grupo verdaderamente admirable. La obediencia se había desarrollado en los niños porque se habían preparado todos los elementos.

El poder de obedecer es la última fase del desarrollo de la voluntad; la cual, a su vez, hace posible la obediencia. En nuestros niños, el grado de desarrollo alcanzado es tal que la obedecen a la maestra enseguida sea lo que sea que ella ordena. Ella siente entonces que debe ser cauta para no aprovecharse de tanta dedicación y se da cuenta de la cualidad de carácter que un jefe debería tener. No es jefe quien tiene un sentido de gran autoridad, sino más bien quien tiene un sentido de gran responsabilidad.

LA MAESTRA MONTESSORIANA Y LA DISCIPLINA

Una maestra inexperta, llena de entusiasmo y de fe en los resultados de esta disciplina interior, que debería desarrollarse en una pequeña comunidad, se encuentra de frente a problemas que no son leves. Comprende y cree que los niños deberían ser libres de elegir sus ocupaciones, y que nunca deberían ser interrumpidos en sus actividades espontáneas. No se permiten ni instrucciones, ni amenazas, ni premios, ni castigos. La maestra tiene que permanecer silenciosa y pasiva en una expectativa paciente, casi retrayéndose para anular la propia personalidad, de modo que el espíritu del infante pueda tener campo para expandirse libremente. Ella ha puesto a disposición de los niños una cantidad de material, casi todo el material, pero he aquí que el desorden no disminuye, sino que está a punto de alcanzar proporciones alarmantes.

¿Están tal vez equivocados los principios que ha aprendido? No. Entre la teoría y los resultados falta algo, y es la experiencia práctica. En este punto, la principiante inexperta necesita guía y aclaraciones. Algo semejante a lo que le sucede al joven médico o a todo aquel que, tras haberse adentrado mediante el estudio en el reino de las ideas y de los principios, se queda solo después frente a los hechos de la vida, que son más misteriosos que la incógnita en los problemas no resueltos de la matemática.

Debemos tener presente que el fenómeno de la disciplina interior es algo que tiene que llevarse a cabo, no algo ya preexistente. Nuestra tarea es guiar en el camino de la disciplina. La disciplina nacerá cuando el infante haya concentrado su atención sobre el objeto que lo atrae y le permite, no solo un ejercicio útil, sino también el control del error. Gracias a estos ejercicios se crea una maravillosa coordinación de la individualidad infantil, por lo que el niño se vuelve calmo, radiosamente feliz, ocupado, se olvida de sí mismo y, en consecuencia, llega a ser indiferente a los premios o a las recompensas materiales. Estos pequeños conquistadores de sí mismos y del mundo que los rodea son, de hecho, unos superhombres, que nos revelan el alma divina que existe en el ser humano. La feliz tarea de la maestra es mostrar el camino a la perfección, proporcionando los medios y eliminando los obstáculos, comenzando por el que puede suponer ella misma: porque la docente puede ser un grandísimo obstáculo. Si la disciplina fuese preexistente, nuestra labor no sería necesaria; el infante tendría un instinto seguro que lo volvería capaz de sobrepasar cualquier dificultad.

Pero el niño de tres años que llega a la escuela es un combatiente a punto de ser superado por las represiones; ya ha desarrollado una actitud defensiva que esconde su naturaleza más profunda. Las energías más altas que podrían guiarlo a una paz disciplinada y a una sabiduría divina están dormidas: todo lo que queda activo es una personalidad superficial que se agota a sí misma en movimientos descoordinados, en ideas vagas, al tratar de combatir contra la represión de los adultos o de evitarlos.

Sin embargo, sabiduría y disciplina están a la espera de ser despertadas en el infante. Las represiones han trabajado en su contra, pero él no está del todo dañado y fijado en sus desviaciones, y nuestros esfuerzos no serán vanos. La escuela debe dar al espíritu del niño espacio y la posibilidad de expandirse. Al mismo tiempo, la maestra tiene que recordar que las reacciones de defensa y, en general, las características inferiores que el niño ha adquirido son obstáculos que evitan la apertura de la vida espiritual y que es el infante quien debe liberarse de ellos.

Este es «el punto» de partida de la educación. Si el maestro no sabe distinguir el puro impulso de la energía espontánea que nace de un espíritu reposado, su acción no dará fruto. El auténtico fundamento de la eficiencia del enseñante consiste en poder distinguir entre dos géneros de actividad, ambos con apariencia de espontaneidad, porque en ambos casos el niño actúa por propia voluntad, pero que tienen un significado completamente opuesto. Solo cuando el docente ha adquirido la capacidad de distinguirlos puede llegar a ser observador y guía. La preparación necesaria no es distinta de la del médico: debe, ante todo, aprender a distinguir los hechos fisiológicos de los patológicos. Si no es capaz de distinguir la salud de la enfermedad, si solo es capaz de distinguir al hombre vivo del muerto, nunca podrá observar las diferencias cada vez más sutiles entre fenómenos patológicos y le resultará imposible hacer un diagnóstico preciso de la enfermedad. Este poder de distinguir el bien del mal es la luz que nos descubre la oscura vía de la disciplina que conduce a la perfección. ¿Es posible individualizar síntomas o combinaciones de síntomas, suficiente, clara e implícitamente, para lograr reconocer también en teoría los distintos estadios por los que pasa el ánimo infantil en su ascenso hacia la disciplina? Es posible, el docente puede poner una piedra angular como guía.

El infante en estado de caos

Pensemos en el niño de tres o cuatro años como todavía no tocado por los elementos que operan sobre él para crear una disciplina interior. Hay tres tipos y características que pueden ser fácilmente reconocidos con la ayuda de una simple descripción:

1. Los movimientos voluntarios son desordenados. No hablo de la intención de los movimientos, sino de los movimientos en sí. Falta una coordinación fundamental; este síntoma, que debería tener mayor significado para un especialista de enfermedades nerviosas que para un filósofo, es de gran importancia. El médico observa los más pequeños detalles de los

movimientos voluntarios de un paciente seriamente enfermo; de un paralítico, por ejemplo, en los primeros estadios de lenta parálisis. El médico sabe que estos detalles tienen una importancia fundamental y que basará su diagnóstico en estos datos, más que en aberraciones mentales o en el comportamiento desordenado que se incluyen en los síntomas de esta enfermedad. El niño torpe en sus movimientos mostrará otras características evidentes, como acciones descompuestas, comportamiento descontrolado, contorsiones y gritos, pero estas manifestaciones tienen menor nivel indicativo. Una educación que coordine con delicadeza los primeros movimientos disminuirá de por sí todo desorden de los movimientos voluntarios. Más que intentar corregir las miles de manifestaciones externas de una desviación respecto de la vía recta, bastará al docente ofrecer un medio interesante de desarrollo inteligente de los movimientos más armónicos.

2. Otra característica que acompaña siempre al desorden mencionado es la dificultad o incapacidad del niño de detener la atención objetos reales. Su mente prefiere vagar en el reino de la fantasía. Jugando con piedras o con hojas secas, habla como si estuviese preparando banquetes deliciosos sobre mesas magníficas y su imaginación caerá quizás en los excesos más ásperos cuando sea adulto. La mente se agota cuanto más se escinde de su función normal y se convierte en un inútil instrumento del espíritu que necesita, para su finalidad, del desarrollo de la vida interior. Desgraciadamente, muchos creen que esta fuerza desintegradora de la personalidad es la fuerza que desarrolla la vida espiritual. Sostienen que la vida interior es creativa de por sí; sin embargo, por sí misma no es nada, o es solamente sombras, pedruscos u hojas muertas. La vida sucesiva se construye, en cambio, sobre la base fundamental de una

personalidad unificada, bien organizada en el mundo exterior. La mente vagante que se separa de la realidad se aleja de su función normal, se aleja, hay que decirlo, de la salud normal. En este mundo fantástico hacia el que tiende no hay control del error, nada que coordine el pensamiento. La atención a las cosas reales, con las futuras aplicaciones que derivan de ella, se vuelve imposible. Esta vida de la imaginación (como se denomina falsamente) es una atrofia de los órganos cuyas funciones son esenciales para la vida espiritual. El docente que trata de concentrar la atención del infante sobre algo real convirtiendo la realidad en interesante y atractiva (y que logra interesar al niño en la preparación de una mesa de verdad, sirviendo comida de verdad), habla con una voz que llama como el sonido de una tromba a la mente que vaga lejos de la vía del propio bien. Y la coordinación de movimientos perfeccionados, junto con la llamada a esta atención alejada de la realidad, es el único remedio necesario. No debemos pensar en corregir uno a uno los aspectos de una desviación fundamental: en cuanto se adquiere la capacidad de fijar la mente en cosas reales, esta retorna al estado de salud y funciona normalmente.

3. El tercer fenómeno, que acompaña a los otros dos, es la tendencia a la imitación, que cada vez es más pronta y rápida. Es signo de profunda debilidad, es una exageración de las características normales en los niños de dos años. (La imitación en los niños pequeños es de otro tipo, no podemos tratarla ahora). Esta tendencia es indicativa de una voluntad que no ha preparado sus instrumentos, ni ha encontrado su curso, sino que sigue las huellas de los demás. El infante no ha emprendido el camino de la perfección, está a merced de los vientos como un barco sin timón. Cualquiera que observe a un niño de dos años, con un orden limitado de ideas sugeridas por la imitación como

suma de sus conocimientos, reconocerá la forma degenerada de imitación de la que estoy hablando; que está conectada al desorden, a la inestabilidad mental y tiende a llevar al infante hacia abajo, como quien desciende los escalones de una escalera. Basta que un niño en una clase haga algo mal hecho o ruidoso, por ejemplo, tirándose al suelo riendo o gritando, para que muchos, o quizás todos los niños, sigan su ejemplo o hagan algo todavía peor. El acto insensato se multiplica en un grupo de infantes y casi fuera de la clase misma. Esta especie de instinto gregario lleva al desorden colectivo, antítesis de la vida social, que está fundada sobre el trabajo y sobre el orden. El espíritu de imitación propaga y exalta en la multitud los defectos del individuo: es el punto de menor resistencia donde comienza la degeneración. Cuanto más sucede esta especie de degeneración, más difícil es para los infantes obedecer a quien los llama a cosas mejores. Pero pongámoslos de nuevo en la vía recta, y se pondrá fin a las variadas consecuencias de un error.

La llamada

La maestra que, al ser convocada a dirigir un aula de niños así, no disponga de más armas que la idea fundamental de ofrecer a los infantes los medios de desarrollo y dejarlos expresarse libremente, se puede encontrar en una situación angustiante. El pequeño infierno que ha comenzado a desencadenarse en estos niños arrastrará todo lo que esté a su alcance, y la maestra, si es pasiva, se verá abrumada por una confusión y un ruido casi inconcebibles. La maestra que, por inexperiencia, o por excesiva rigidez, o por excesiva simplicidad de ideas, se encuentra ante una situación semejante, debe recordar las fuerzas que yacen adormecidas en estas pequeñas almas divinamente puras y generosas. Debe ayudar a volver a subir a estas criaturitas, que están corriendo precipitadamente a lo largo de un camino descendente. Tiene que llamarlos, despertando a los durmientes con la voz y con el pensamiento. Una llamada firme y vigorosa es el único y verdadero acto de bondad hacia estas pequeñas almas. No debemos temer destruir el mal: solo debemos temer destruir el bien. Igual que debemos llamar a un infante por su nombre antes de que él pueda responder, hay que llamar con vigor para despertar el alma. La maestra debe tomar sus materiales de la escuela y sus principios de lo que ha aprendido y luego debe afrontar prácticamente, sola, la cuestión de la llamada. Solo su inteligencia puede resolver el problema que será diferente para cada caso individual. La enseñante conoce los síntomas fundamentales y los claros remedios, la teoría del tratamiento; corresponde a ella el resto. El buen médico, como la docente, es un individuo, no una máquina para suministrar medicina o aplicar métodos pedagógicos. Las particularidades deben dejarse al juicio de la maestra, que está también dando los primeros pasos en la nueva vía: le toca a ella juzgar si sirve más alzar la voz en el desorden general o susurrar a unos pocos niños, de modo que surja en los demás una curiosidad que reconduzca la quietud. Una cuerda del piano golpeada vigorosamente apaga el desorden como un latigazo.

Orden aparente

Una maestra experta no tendrá nunca desórdenes graves en su clase porque, antes de ponerse a un lado para dar libertad a los infantes, estará un tiempo atenta, dirigiéndolos, para «prepararlos» en sentido negativo, es decir, en el sentido de reprimir los movimientos descontrolados. Existen, para ello, una serie de ejercicios preparatorios que la maestra debe tener en mente, y los niños cuya mente divaga respecto de la realidad sentirán la gran ayuda que la maestra les puede ofrecer. Calmada, firme y paciente, su voz alcanzará a los niños elogiando o exhortando. Algunos ejercicios son particularmente útiles, por ejemplo, volver a ordenar sillas y mesas sin hacer ruido; disponer una fila de sillas y sentarse; correr de una punta a la otra del aula de puntillas. Si la maestra está realmente segura de sí misma, le bastará esto para poder decir: «Ahora están tranquilos», y la calma se producirá como por arte de magia. Los ejercicios más simples de la vida práctica reconducirán sobre la tierra firme del trabajo real a los pequeños espíritus errantes y los atraerán. Poco a poco, la maestra ofrecerá el material, pero sin dejar nunca a los niños la libre elección hasta que ellos hayan comprendido su uso.

Ahora nosotros vemos un grado tranquilo. Los infantes entran en contacto con la realidad; su ocupación tiene una finalidad concreta, como quitar el polvo de una mesa, quitar una mancha, ir al armario y tomar algo de material y usarlo correctamente, y así sucesivamente.

Se ve que la capacidad de libre elección se refuerza con el ejercicio. En general, la maestra está satisfecha, pero le parece que el material establecido por el método Montessori es insuficiente, y se encuentra frente a la necesidad de añadir otro. En una semana, un niño ha empleado y ha vuelto a emplear todo el material. La mayoría de las escuelas, quizás, no va más allá de este punto.

Un factor, solo uno, revela la fragilidad de este orden aparente y amenaza con el colapso de toda la labor: los niños pasan de una cosa a otra, hacen cada ejercicio una vez, luego toman otra cosa del armario. El ir y venir al armario no tiene fin. Ninguno de estos infantes ha encontrado, sobre la tierra a la cual ha descendido, un interés capaz de volver a despertar en él la divina y fuerte naturaleza: su personalidad no se ejercita, no se desarrolla, no se fortalece. En estos contactos fugaces, el mundo exterior no puede ejercer sobre él la influencia que pone al espíritu en equilibrio con el mundo. El niño es como una abeja que vuela de flor en flor, pero que no encuentra sobre cuál posarse, extraer el néctar y satisfacerse: no se empeña en la labor en profundidad hasta sentirse despertar dentro de esa estupenda actividad instintiva destinada a construir su carácter y su mente.

La maestra siente que su tarea es difícil cuando la atención, distraída, ha llegado a este punto: por si fuera poco, corre de un niño a otro, comunicando su angustia y su agitación agotadora. Muchos de estos infantes, en cuanto ella les vuelve la espalda, juegan con el material, cansados y aburridos, y hacen un uso insensato de él. Mientras la maestra está ocupada con un niño, los demás cometen errores. El progreso moral e intelectual, tan confiadamente esperado, no se produce.

Esta aparente disciplina es una cosa verdaderamente frágil, y la docente que advierte el desorden en el aire está siempre en estado de tensión. La gran mayoría de las maestras no suficientemente preparadas ni expertas termina por creer que el «niño nuevo» tan ardientemente esperado, del cual se ha hablado, es solo una ilusión, un ideal; que en realidad un grado unido por un esfuerzo de energía nervioso es agotador para la docente y no es provechoso para los niños.

Es necesario que la maestra sea capaz de entender las condiciones de los niños. Estos pequeños espíritus están en un periodo de transición, no encuentran una puerta abierta y están tocando y esperando que alguien les abra. De todos modos, ¡en cuestiones de progreso hay poco que observar! Este estado de cosas se aproxima más al caos que a la disciplina. La labor de estos infantes será imperfecta, los movimientos elementales de coordinación carecerán de fuerza y gracia, y los actos serán caprichosos. En comparación con el primer periodo, donde estaban fuera del contacto con la realidad, apenas han progresado. Es una convalecencia después de una enfermedad. Es un periodo crucial en el desarrollo, y la maestra debe ejercer dos funciones distintas: controlar a los niños e impartir clases individuales; es decir, presentar el material regularmente demostrando su uso exacto. Control general y clases individuales, impartidas con exactitud son dos medios con los cuales la maestra puede ayudar al desarrollo del niño. En este periodo deberá tener cuidado de no dar nunca la espalda al grado mientras se ocupa de cada infante por separado. Su presencia tiene que ser sentida por todas estas pequeñas almas vagantes en busca de vida. Las lecciones exactas y atrapantes se dan en la intimidad a cada niño, por separado, como una oferta que la maestra hace a la profundidad del espíritu infantil. Luego, un día, un pequeño espíritu se despertará, el yo de algún niño se apoderará de algún objeto, la atención se concentrará en la repetición de algún ejercicio, la ejecución perfeccionará la capacidad y la expresión radiante del niño, su comportamiento satisfecho, indicarán que su espíritu ha renacido.

Disciplina

La libre elección es la actividad más alta: solo el infante que conoce lo que necesita para ejercitarse y desarrollar su vida espiritual puede, en realidad, elegir libremente. No se puede hablar de libre elección cuando cada objeto externo reclama por igual al niño y él, al carecer de poder volitivo, sigue cada reclamo y pasa de una cosa a otra sin pausa. Esta es una de las distinciones más importantes que la maestra debe saber hacer. El infante que no sabe aún obedecer a una guía interior, no es el niño libre que emprende el largo y estrecho camino de la perfección. Es aún esclavo de sensaciones superficiales que lo dejan a merced del ambiente; su espíritu rebota de un objeto a otro como una pelota. El ser humano nace cuando su alma se siente a sí misma, se fija, se orienta, elige.

Este fenómeno sencillo y grande se revela en cada ser creado. Todos los seres vivos tienen el poder de elegir, en un ambiente complicado y con muchos aspectos, aquello, y solo aquello que es necesario para mantener la vida.

Las raíces de cada planta buscan entre los muchos elementos del suelo los que necesitan; un insecto elige determinadamente y se fija sobre la flor hecha para recibirlo. En el ser humano, el mismo maravilloso discernimiento no es simple instinto, sino algo que debe conquistarse. Los infantes tienen, especialmente en los primeros años, una íntima sensibilidad como necesidad espiritual, que la educación orienta mal o que las represiones pueden desvanecer y sustituir con una especie de esclavitud de los sentidos externos hacia cada objeto del ambiente. Nosotros mismos hemos perdido esta profunda y vital sensibilidad y, ante los niños, en quienes la vemos resurgir, nos sentimos como frente a un misterio revelado. Se manifiesta en el acto delicado de la libre elección, que una maestra no preparada para la observación habría pisoteado antes de que se hubiese delineado; igual que un elefante puede pisotear el capullo de una flor que se está abriendo en un prado.

El infante que ha fijado su atención en el objeto elegido y que está del todo concentrado en la repetición de un ejercicio es un alma salvada en el sentido de la salud espiritual de la que hablamos. A partir de este momento, ya no hay necesidad de ocuparnos del niño de otro modo que no sea preparando el ambiente para que satisfaga sus necesidades y eliminando los obstáculos que pueden crear un impedimento en la vía de la perfección.

Antes de que atención y concentración se confirmen, la maestra debe reprimirse para que el espíritu del infante sea libre de expandirse y expresarse: la importancia de su tarea está en no interrumpir al niño en su esfuerzo. Es el momento en el que se muestra la delicadeza moral de la maestra, adquirida durante su preparación. Ella debe aprender que no es fácil asistir, o simplemente dedicarse a observar. También al asistir y al servir, ella debe observar, porque el nacimiento del fenómeno de la concentración en el infante es delicado como el de un brote que está a punto de florecer. Ella no observará con el fin de hacer notar su presencia ni de asistir a los más débiles con su fuerza: observará para reconocer al infante que ha llegado a concentrar su atención y para contemplar el glorioso renacimiento del espíritu.

El niño que se concentra es inmensamente feliz; ignora al vecino o a quien tiene alrededor. Por un instante, su espíritu es como el del eremita en el desierto; ha nacido en él una nueva conciencia, la de su propia individualidad. Cuando sale de su concentración, parece advertir por primera vez el mundo que lo rodea como un campo ilimitado para nuevos descubrimientos; percibe también a sus compañeros, a quienes demuestra un interés afectuoso. Se despierta al amor por las personas y por las cosas, gentil y afectuoso hacia todos, dispuesto a admirar cada cosa bella. El proceso espiritual es evidente: se separa del mundo para adquirir el poder de unirse a él. Nosotros salimos de la ciudad para admirar el vasto paisaje; cuando volamos en avión la tierra nos muestra mejor sus lineamientos. Así de bello es el espíritu humano. Para existir y para entrar en sociedad con los compañeros debemos retirarnos en soledad y fortalecernos, solo después miraremos con amor a las criaturas que nos acompañan. El santo se prepara en soledad para valorar con sabiduría y justicia las exigencias sociales que son ignoradas por la masa de los hombres. La preparación en el desierto prepara la gran misión de amor y de paz.

El infante asume simplemente una actitud de profundo aislamiento y de él resulta también la formación de un carácter fuerte y calmado, que irradia amor a su alrededor. De esta actitud nacen el sacrificio de uno mismo, el trabajo regular, la obediencia, junto con una alegría de vivir, clara como un manantial que proporciona, en medio de un terreno rocoso, alegría y ayuda para todas las criaturas que viven alrededor.

El resultado de la concentración es el despertar del sentido social y la maestra debería estar preparada para seguirlo; ella será una criatura amada por los corazones de los niños recién despiertos. Ellos la «descubrirán», del mismo modo que descubren entonces el azul del cielo y el más imperceptible perfume de las flores que se esconden en la hierba.

Las exigencias de estos infantes, ricos de entusiasmo y explosivos en su estupendo progreso, pueden confundir a una maestra inexperta que, así como en la primera fase no debe detenerse a considerar los múltiples actos confusos del niño, sino solo los indicios de las exigencias fundamentales, ahora no debe dejarse abrumar por las innumerables señales de esta riqueza y belleza morales. Tiene que mirar siempre a algo simple y central, que es como el gozne sobre el que gira una puerta, necesariamente escondido, pero independiente e indiferente a toda riqueza ornamental del objeto al que proporciona y del cual regula el funcionamiento. Su misión apunta siempre a algo constante y preciso. Para empezar, ella debe sentirse innecesaria, porque el progreso del infante es desproporcionado respecto del rol que ella ha tenido y de lo que ha hecho. Ella ve continuamente a los niños, que cada vez son más independientes en la elección de sus ocupaciones y en su rica capacidad de expresarse: su progreso, a veces, le parece milagroso. Solo siente que sirve con la humilde tarea de preparar el ambiente y retirarse en la sombra. Tiene presentes en su mente las palabras de Juan Bautista después de que se le revelara el Mesías: «Es necesario que Él crezca y que yo disminuya».

Sin embargo, en este momento es cuando más necesita el infante su autoridad. Cuando un niño con su actividad inteligente ha hecho algo (un dibujo, una palabra escrita o cualquier otro pequeño trabajo) se dirige a la maestra y quiere que ella le diga si está bien. El infante no va a preguntar qué debe hacer, ni cómo debería hacerlo, y se resiste a obtener cualquier ayuda: la elección y la ejecución son prerrogativas y conquistas del alma liberada.

Pero cuando la labor está hecha, quiere la sanción de su maestra.

El mismo instinto que lleva a los niños a defender enérgicamente su secreto espiritual (su misteriosa obediencia a la voz que los guía y que cada uno parece escuchar dentro de sí) los lleva luego a someter sus actos a la autoridad externa como para estar seguros de avanzar por el buen camino. Hay que pensar en los primeros pasos tambaleantes del niño, cuando necesita ver los brazos de una persona mayor extendidos y preparados para prevenir una caída, por más que él tenga el poder de comenzar y perfeccionar el acto del caminar. La enseñante debe entonces responder con una palabra de aprobación, alentar con una sonrisa, como la mamá que sonríe a los primeros pasos del niño. Porque perfección y seguridad deben desarrollarse en el niño de fuentes internas con las que el maestro no tiene nada que ver.

El niño, en efecto, una vez seguro, no buscará ya continuamente la aprobación de la autoridad a cada paso. Seguirá acumulando trabajo finalizado del que los demás no saben nada, obedeciendo simplemente a la necesidad de producir y perfeccionar los frutos de su labor. Lo que le interesa es terminar su trabajo, no saberlo admirado, ni atesorarlo como su propiedad: el noble instinto que lo mueve está lejos de orgullo o avaricia. Muchos visitantes de nuestras escuelas recordarán que las maestras han mostrado los mejores trabajos de los niños sin indicar quién los ha hecho. Esta aparente negligencia deriva del saber por costumbre que eso no importa a los infantes. En cualquier otro tipo de escuela, un maestro se sentiría culpable si, al mostrar la bella labor de un niño, no se encargara luego de presentar al pequeño autor. Si se olvidara de hacerlo, se oiría la infantil protesta: «Lo hice yo». En nuestras escuelas, el niño que ha hecho el trabajo admirado, probablemente está ocupado en un rincón del aula en un nuevo y admirable esfuerzo y solo desea no ser interrumpido. Este es el periodo en que se establece la disciplina: una forma de paz activa, de obediencia y de amor, en la cual el trabajo se perfecciona y se multiplica, igual que en primavera las flores adquieren color y preparan con mucha antelación los dulces y refrescantes frutos.

PREPARACIÓN DE LA MAESTRA MONTESSORIANA

El primer paso para una maestra montessoriana es la autopreparación. Ella debe mantener viva su imaginación, porque en las escuelas tradicionales la maestra conoce el comportamiento inmediato de los pequeños escolares y sabe de qué debe ocuparse y qué debe hacer para instruirlos; mientras que la enseñante montessoriana tiene ante sí un niño que, por decirlo de alguna manera, todavía no existe. Esta es la principal diferencia. Las maestras que vienen a nuestras escuelas deben tener una especie de fe en que el niño se revelará mediante el trabajo. Deben separarse de toda idea preconcebida sobre el nivel en el que se encuentran los infantes. Los diversos tipos más o menos desviados no tienen que distraerla: ella en su imaginación debe ver ese tipo diferente de niño que vive en un campo espiritual. La maestra debe tener fe en que el niño que tiene delante mostrará su verdadera naturaleza cuando encuentre un trabajo que lo atraiga. ¿Qué buscar entonces? Que uno u otro niño comience a concentrarse. A esto es a lo que debe dirigir sus energías; y sus actividades cambiarán de estadio en estadio como en una evolución espiritual. En general, los aspectos de su comportamiento son tres.

Primer estadio. La maestra llega a ser la guardiana y la encargada del ambiente; por tanto, se concentra en el ambiente en vez dejarse distraer por la inquietud de los niños. Se concentra en el ambiente porque a partir de él llegará la cura y la atracción que polarizará la voluntad de los infantes. En nuestros pueblos, donde cada mujer tiene su casa, ellas las hacen lo más atractivas posible para sí mismas y para sus maridos, y en vez de preocuparse mucho de ellos, se preocupan primero por la casa, para crear un ambiente donde pueda florecer una convivencia normal o constructiva; intentan hacer que sean tranquilas, cómodas y llenas de intereses diversos. La limpieza y el orden son atracciones esenciales de una casa: todo en su sitio, limpia, brillante y alegre. Este es el primer cuidado de la mujer. En la escuela, el primer cuidado de la maestra debería ser el mismo: orden y cuidado del material para que esté siempre bello, reluciente y en perfecto estado, y que nada falte, de modo que al infante todo le parezca siempre nuevo y esté completo y listo para el uso. Esto significa también que la docente misma debe ser atractiva: agradable por su limpieza cuidadosa, serena y llena de dignidad. Este es un ideal que cada uno puede realizar como quiera, pero recordemos siempre, al presentarnos a los niños, que ellos son criaturas elegidas. La apariencia de la docente es el primer paso de comprensión para el infante y de respeto por él. La enseñante debería estudiar sus movimientos y hacerlos amables y lo más bonitos posibles. El niño, a esta edad, idealiza a su mamá; no sabemos qué tipo de madre es, pero, a menudo oímos decir a los niños, cuando ven una señora bella: «¡Qué guapa es, como mi mamá!». Puede ser que la madre no sea para nada guapa, pero lo es para su niño, y toda persona que él admira es guapa como su mamá. De modo que el cuidado de la persona debe formar parte del ambiente que rodea al niño: la docente constituye lo más vivo del ambiente.

La primera tarea de la maestra es, por tanto, el cuidado del ambiente, que debe preceder a todos los demás cuidados; este es un trabajo indirecto y, si no es cuidadoso, no habrá resultados eficaces y persistentes en ningún campo: físico, mental o espiritual.

Segundo estadio. Una vez abordado el ambiente, pasemos al comportamiento con los niños. ¿Qué podemos hacer con estos seres desordenados, con estas mentes confusas e inciertas que deseamos atraer y concentrar en el trabajo? Yo uso a veces una palabra que no siempre se entiende: la maestra debe ser seductora, debe atraer al niño. Si el ambiente está descuidado; los muebles, polvorientos; el material ajado y en desorden; y, sobre todo, si la maestra tiene una apariencia y unos modales descuidados (y es maleducada con los niños) falta la base esencial de la tarea que se propone. La docente, en el periodo inicial, cuando la primera concentración aún no ha aparecido, debe ser como la llama cuyo calor activa, revitaliza e invita. No debe temer molestar ningún proceso psicológico importante, porque estos procesos aún no se han iniciado.

Antes de que empiece la concentración, la maestra puede hacer más o menos lo que quiera: donde sea necesario, puede intervenir en la actividad del infante.

He leído sobre un santo que trató de recoger niños abandonados en las calles, en una ciudad donde las costumbres eran poco rectas. ¿Qué hizo? Intentó hacer que se divirtieran. He aquí lo que la docente debe hacer en este punto: usar poesías, rimas, canciones, cuentos. La enseñante que fascina a los niños hace se interesen en ejercicios diversos que no son muy importantes por sí mismos, pero tienen la gran ventaja de atraer al niño. La práctica ha demostrado que una maestra vivaz atrae más que otra que no lo es, y todas pueden ser vivaces si quieren. Cada una puede decir, por ejemplo, con tono alegre: «¿Por qué no cambiamos hoy los muebles de sitio?», y trabajar con los niños alentando a todos y valorando a todos, comportándose con alegría placentera. O bien: «¿Y si pulimos ese bonito jarrón de latón?». O incluso: «¿Queréis ir al jardín a recoger unas cuantas flores?». Cada acción de la maestra llegará a ser una llamada y una invitación para los niños.

Este es el segundo aspecto del comportamiento de la docente. Si durante este periodo hay algún niño que persiste en molestar a los demás, lo más práctico será interrumpirlo. Aunque hemos dicho y repetido que, cuando un infante está concentrado en su labor, no se tiene que intervenir para no interrumpir su ciclo de actividad e impedir su plena expansión, en este caso la técnica es precisamente la opuesta: romper el curso de la actividad perturbadora. La interrupción puede consistir en una exclamación cualquiera o en mostrar un interés concreto y afectuoso hacia el niño turbulento. Las demostraciones de afecto distractor, que crecen proporcionalmente al número de acciones perturbadoras del niño, serán para él como una serie de electroshock, que, con el tiempo, tendrán su efecto. Las intervenciones de la maestra pueden traducirse en un: «¿Cómo va, Juan? Ven conmigo: tengo algo para que hagas». Probablemente, él no querrá saber nada y la maestra dirá: «¿No te gusta? Bien, no importa, vamos juntos al jardín», y la maestra irá con él o pedirá a la asistente que lo acompañe; así, el niño, con sus caprichos, pasará directamente al cuidado de la asistente y los demás no serán molestados.

Tercer estadio. Por último llega el momento en el que los infantes comienzan a interesarse en algo: en general, en ejercicios de vida práctica, porque la experiencia demuestra que es inútil y dañino dar material de desarrollo sensorial y cultural antes de que puedan obtener los beneficios que se derivan de ellos.

Para introducir este material es necesario esperar el momento en el que los infantes se han concentrado en algo: como he dicho, esto sucede con los ejercicios de vida práctica. Cuando el niño empieza a interesarse en alguno de ellos, la enseñante no debe interrumpirlo, porque este interés responde a leyes naturales y abre un ciclo de actividad. Pero el inicio es tan frágil, tan delicado, que basta un toque para hacerlo desaparecer como una pompa de jabón, y hacer desaparecer toda la belleza de ese momento.

La enseñante tendrá que estar muy atenta: no interferir significa no interferir de ninguna forma. Es en este momento cuando las maestras más se equivocan. El infante que hasta hace un instante ha causado muchas molestias por fin se ha concentrado en un trabajo; basta con que la maestra al pasar diga «¡Bien!» para que el problema recomience. Probablemente, el niño no se interesará por ninguna otra labor durante dos semanas. También si otro niño encuentra dificultades y la maestra interviene para ayudarlo, él dejará que ella lo haga y se alejará. El interés de los niños no se concentra solo en el trabajo, sino más a menudo en el deseo de superar las dificultades. «Si la maestra las supera en mi lugar, que lo haga ella, ya no me interesa». Así, si el infante levanta objetos pesados y la docente interviene para ayudarlo, sucederá a menudo que él deje a la maestra con el objeto y se vaya. Elogios, ayuda o también solo una mirada, pueden bastar para interrumpirlo o para destruir la actividad. Suena raro, pero esto también puede ocurrir si el niño se da cuenta de que lo observan. Por lo demás, también nos sucede a nosotros, que no podemos seguir con nuestra labor si alguien viene a ver qué estamos haciendo. El gran principio que conduce al éxito de la docente es este: en cuanto empieza la concentración, hacer como si el niño no existiese. Naturalmente, puede mirar qué está haciendo, con una rápida ojeada, sin que se note. Después de esto, el infante, que ya no es presa del aburrimiento que lo hacía pasar de una cosa a la otra sin concentrarse nunca, guiado por un propósito, comenzará a elegir su trabajo, cosa que puede presentar algunos problemas cuando todos desean el mismo material. Tampoco hay que intervenir para solucionarlos si ellos no lo piden: los niños los resolverán por sí mismos. El deber de la maestra es solo presentar nuevos objetos cuando se dé cuenta de que el infante ha agotado toda posible actividad con los que usaba antes.

La habilidad de la enseñante en la no interferencia llega con la práctica, como todas las demás, pero con la misma facilidad. Tendrá que alcanzar altura espiritual. La verdadera espiritualidad es darse cuenta de que también la ayuda puede ser soberbia.

La verdadera ayuda que una docente puede dar no está en la obediencia a un sentimiento impulsivo, sino que derivará de disciplinar la caridad, usarla con discernimiento, porque la caridad da mayores satisfacciones a quien la hace que a quien la recibe. La verdadera caridad sirve a los necesitados sin descubrirse o, cuando se descubre, asume el aspecto, no de ayuda, sino de un acto natural y espontáneo.

Si bien la relación entre niño y docente está en el campo del espíritu, la maestra puede encontrar un buen ejemplo en la forma de comportarse de un empleado doméstico capaz. Este mantiene en orden los cepillos del amo, pero no le dice cuándo los debe usar; prepara con cuidado su comida, pero no le ordena que coma: presenta el almuerzo sin comentarios y luego desaparece. Así es como uno se tiene que comportar con el espíritu en formación del niño. El amo al que sirve es el espíritu del infante: cuando este manifiesta un deseo, la enseñante debe estar dispuesta a satisfacerlo. El empleado no molesta a su jefe cuando está solo; pero si él lo llama, corre a saber qué desea y responde: «Sí, señor». Admira si le piden que admire y dice: «¡Qué bello es!», aunque no vea belleza alguna. Así, cuando un niño hace un trabajo con gran concentración, no debemos interponernos, pero si demuestra que desea nuestra aprobación, se la tenemos que dar generosamente.

En el campo psicológico de relación entre la maestra y el niño, plan y técnica son paralelos a los del servidor doméstico: atender y atender bien, servir al espíritu. Es algo nuevo, sobre todo en el campo de la educación. No se trata de lavar al infante si está sucio, de arreglar o limpiar sus vestiditos: nosotros no servimos al cuerpo del niño, sabemos que, si el niño tiene que desarrollarse, debe hacer estas cosas por sí mismo; la base de nuestra enseñanza es que el infante no sea servido en este sentido. El infante debe adquirir independencia física siendo suficiente para sí mismo; independencia de voluntad, tomando decisiones libres y auténticas; independencia de pensamiento, desarrollando la labor solo y sin interrupción. Conocer que el desarrollo del niño sigue un camino de sucesivos grados de independencia debe ser la guía de nuestro comportamiento con él; debemos ayudar al niño a actuar, querer y pensar por sí mismo. Este es el arte del servidor del espíritu, un arte que puede expresarse perfectamente en el campo de la infancia.

Si el comportamiento de la docente corresponde a las exigencias del grupo de niños que le ha sido confiado, la docente verá florecer en su grado las cualidades sociales de un modo sorprendente, y disfrutará al observar estas manifestaciones del espíritu del infante. Verlas es un gran privilegio; es el privilegio del peregrino que llega al oasis y escucha las aguas que brotan del seno arenoso de ese desierto que parecía áridamente encendido, sin esperanza; pues, en general, las cualidades superiores del alma humana están, en el infante desviado, tan ocultas que, cuando aparecen, la maestra, que las había presentido, las recibe con la alegría de la fe recompensada. Y en las cualidades del niño ve al hombre tal como debería ser: el trabajador que no se cansa nunca porque lo que lo empuja es el entusiasmo perenne; quien busca el máximo esfuerzo porque su aspiración incesante es superar las dificultades; quien verdaderamente busca ayudar al más débil, porque siente la caridad verdadera que sabe cómo respetar a los demás; porque el respeto del esfuerzo espiritual de cada individuo es el agua que riega las raíces de su ánimo. En estas características, ella reconocerá al niño verdadero, padre del ser humano verdadero.

Pero esto llegará poco a poco: la maestra empezará a poder decirse: «He visto al niño como debería ser y lo he encontrado superior a cuanto podía suponer». Esto quiere decir comprender la infancia: no basta con saber que el niño es Juan; que su padre es carpintero, o cosas semejantes: la docente debe reconocer y vivir el secreto de la infancia. Cuando se penetra allí, se logra, junto con un conocimiento más profundo, un amor de naturaleza nueva, que no se aferra al individuo en sí, sino a cuanto está escondido en la obscuridad de este secreto. Se comprende, quizás por primera vez, qué es verdaderamente el amor cuando los niños manifiestan su espíritu. Este espíritu transforma, en su revelación, a la enseñante.

Nos sentimos conmovidos y, de a poco, transformados. No se puede cesar de hablar y de escribir de los hechos vistos. Se olvida el hombre de los niños, pero no se puede cancelar la impresión de las manifestaciones de su espíritu y el amor que saben suscitar.

Existen dos niveles de amor. A menudo, cuando alguien dice amar a los niños, se refiere a los cuidados, a las caricias que se prodigan a dichos niños, que conocemos y que suscitan ternura en nosotros, y si una relación espiritual nos une a ellos, se expresa solo en la enseñanza de la plegaria.

Pero el nivel del que yo hablo es otro. Aquí el amor ya no es ni personal, ni material: quien sirve a los niños siente que sirve al espíritu del ser humano, el espíritu que debe liberarse. La diferencia de nivel ha sido verdaderamente colmada, no por la maestra, sino por el niño: es la enseñante quien ha sentido que llegaba a un nivel que no conocía. El infante la ha hecho crecer hasta llevarla a su esfera.

Antes ella sentía que su tarea era noble, pero estaba contenta cuando tenía vacaciones y aspiraba, como todos los seres humanos que trabajan para los demás, a menos horas de trabajo y a una mejor retribución. Sus satisfacciones eran, quizás, la autoridad y el sentimiento de ser el ideal al que los niños aspiraban y que seguían, y su felicidad, la de llegar a ser directora o tal vez inspectora. Pero quien pasa de este nivel al otro, comprende que esa felicidad no es verdadera. Quien ha bebido de la fuente de la felicidad espiritual, deja espontáneamente las satisfacciones que da el grado superior en la jerarquía de la enseñanza; lo demuestra el hecho de muchas directoras e inspectoras que han abandonado sus carreras para dedicarse a los niños pequeños y convertirse en lo que otros llamaban, despectivamente, «maestras de guardería». Conozco a dos médicos en París que dejaron su profesión para dedicarse a nuestro trabajo y entrar en la verdad de estos fenómenos, y sentían que habían pasado de un nivel más bajo a otro superior.

¿Cuál es el mayor indicio de éxito para una docente así transformada? El poder decir: «Los niños trabajan como si yo no existiese».

Antes de la transformación sentía lo contrario; sentía que era ella quien enseñaba y llevaba a los niños de un nivel inferior a otro superior; pero ahora, frente a las manifestaciones del espíritu del niño, el valor más grande que puede dar a su contribución está expresado en las palabras: «He ayudado a esta vida a alcanzar su creación», y esta es verdadera satisfacción. La maestra de niños de hasta seis años sabe que ha ayudado a la humanidad en un periodo esencial de su formación. Puede no saber nada de los hechos materiales que conciernen a los niños, aunque conocerá algunos porque los propios niños se los dirán hablando libremente; puede también no interesarse por lo que les pueda pasar a esos niños más adelante, si asistirán a escuelas secundarias y universidades o si abandonarán antes sus estudios; pero está contenta de saber que en el periodo formativo ellos han podido alcanzar lo que debían. Dirá: «He servido al espíritu de esos infantes y ellos han alcanzado su desarrollo, y los he acompañado en sus experiencias». La maestra, más allá de las autoridades a las que debe rendir cuenta de su obra, siente su trabajo y la labor cumplida en su vida espiritual satisfecha, que es vida perpetua y es en sí misma plegaria de una mañana a la otra. Es difícil entenderlo para quien no ha entrado en esta vida. Muchos creen que se debe a una virtud de sacrificio y dicen: «Qué humildes son estas maestras, no se interesan ni siquiera por sus autoridades», y muchos dicen: «¿Cómo puede tener éxito su método, si pretenden que las enseñantes renuncien a los actos más espontáneos y comunes?». Lo que casi nadie comprende es que no se trata de sacrificio, sino de satisfacción; que no es renuncia, sino una vida nueva en la cual los valores son diferentes, donde existen verdaderos valores de la vida, antes desconocidos. Además, todos los principios son diferentes; tomemos, por ejemplo, el de la justicia: en las escuelas, como en la sociedad humana y también en los países democráticos, la justicia a menudo significa solo que hay una ley para todos, para el hombre rico y potente, y para quien se muere de hambre. La justicia está generalmente conectada con procesos, prisiones y sentencias. Los tribunales se llaman Palacios de Justicia, y decir «Yo soy un hombre honesto» implica no tener cuentas pendientes con la justicia (policía o tribunal).

También en las escuelas, la docente no debería acariciar a un niño o tendría que acariciarlos a todos: debe ser justa. Esta es una justicia que pone a todos en el nivel más bajo, como si, en un sentido espiritual, nosotros cortáramos la cabeza de los más altos para ponerlos a todos a la misma altura.

En el nivel educativo superior, la justicia es verdaderamente espiritual, trata de hacer que cada niño alcance el máximo de sus posibilidades. Justicia es dar a cada ser humano la ayuda que puede llevarlo a alcanzar su plena estatura espiritual, y quien sirve al espíritu en todas las edades debe ayudar a esas energías que llevan a alcanzarla. Esta será, quizás, la organización de la sociedad futura. Nada debería perderse de estos tesoros espirituales, frente a los cuales los tesoros económicos pierden su valor. Que yo sea rica o pobre no importa: si puedo alcanzar mi personalidad plena, el problema económico se situará en su lugar por cuenta propia. Cuando la humanidad pueda perfeccionar plenamente su espíritu, llegará a ser más productiva, y el aspecto económico perderá su valor preponderante. Los seres humanos no producen con los pies y con el cuerpo, sino con el espíritu y con la inteligencia, y cuando espíritu e inteligencia tengan el desarrollo que deberían tener, todos los problemas sociales irresolubles se resolverán.

Los infantes construyen sin ayuda una sociedad ordenada. Nosotros, los adultos, necesitamos policía, prisiones, soldados, cañones. Los infantes resuelven sus problemas en paz; nos han demostrado que la libertad y la disciplina son dos caras de la misma moneda, porque la libertad científica lleva a la disciplina. Por lo común, las monedas tienen dos caras, una más bella, finamente grabada con una cabeza o una imagen alegórica; la otra, menos adornada, solo con un escrito o con una cifra. La parte plana se puede comparar con la libertad y la otra, finamente grabada, con la disciplina. Esto es tan verdad que, cuando su clase se vuelve desordenada, la maestra ve, en el desorden, el control de algún error que ella ha cometido, lo busca y lo corrige. La docente de la escuela tradicional consideraría esto como una humillación; pero no es así, es una de las técnicas de la nueva educación. Atendiendo a los niños se sirve a la vida; ayudando a la naturaleza, se asciende al siguiente escalón de la supernaturaleza, ya que es ley de la naturaleza subir continuamente. Y son los infantes quienes han fabricado esta bella construcción que se eleva hacia lo alto. El orden es una ley natural, y cuando el orden surge espontáneamente, nosotros sabemos que estamos entrando en el orden universal. Evidentemente, entre las misiones que ha confiado a los infantes, la naturaleza ha incluido la de empujar a la humanidad adulta hacia un nivel superior. Los niños nos llevan hacia un nivel espiritual más alto y resuelven los problemas del nivel material.

Les pido que me dejen que les diga como despedida, algunas palabras que nos han ayudado a tener en mente las cosas de las que he hablado. No es una plegaria, sino más bien un memorándum y, para nuestras docentes, una invocación, una especie de programa, nuestro único catálogo: «Ayúdanos, oh, Dios, a penetrar en el secreto del niño para que podamos conocerlo, amarlo y servirlo según Tus leyes de justicia y siguiendo Tu divina voluntad».

EL MANANTIAL DEL AMOR – EL NIÑO

En nuestras reuniones recibimos siempre a trabajadores típicamente montessorianos. A menudo traen consigo a parientes, amigos, o conocidos, de modo que en nuestros grupos puede suceder que veamos sentados juntos a niños, muchachos, jóvenes, personas adultas, profesionales y no profesionales, gente culta e inculta, sin que entre nosotros haya nadie que los dirija o discipline. Nuestras reuniones son aparentemente heterogéneas y distintas de los cursos culturales comunes. Los estudiantes que las siguen deben tener un cierto nivel de cultura, y esta es la única condición: por lo demás, pueden encontrarse juntos jóvenes recién inscriptos en la universidad y profesores; abogados, doctores y quienes podrían ser sus clientes. En Europa teníamos gente de todos los países; en Estados Unidos, una vez, hasta un anarquista. A pesar de esta mezcla, nunca hubo conflictos entre los estudiantes. ¿Cómo pudo ser? Porque todos estaban unidos por un ideal común. En Bélgica, un país tan pequeño que podría entrar en un rinconcito de la India, hay dos lenguas, el francés y el flamenco; el pueblo está políticamente dividido y esta división está acrecentada por las diferencias entre católicos y socialistas, y otras corrientes políticas. Por eso es muy raro que personas tan divididas, y al mismo tiempo tan estrechamente unidas cada una al propio grupo, participen juntas en congresos: pero en los cursos «Montessori» sucedía. Era un hecho tan fuera de lo común que se comentó en los diarios: «Durante años hemos intentado que personas de distintos partidos intervinieran en las mismas reuniones culturales, y he aquí que esto sucede en estos cursos en los que se estudian a los niños». Tal es el poder del infante: todos están cerca de él, sea cual sea su sentimiento religioso o político, y todos lo aman. De este amor procede la fuerza que tiene el infante de unir a las personas. Los adultos tienen fuertes y, a veces, feroces convicciones que los dividen en grupos y, cuando discuten, es fácil que peleen. Pero respecto de un punto, el niño, todos tienen el mismo sentimiento. Pocos se dan cuenta de la importancia social que de esto deriva en relación con el niño.

Es evidente que hace falta meditar e investigar sobre esto si se quiere crear una armonía en el mundo. Es el único punto donde convergen, por parte de todos, sentimientos de delicadeza y de amor: cuando se habla del niño, todos se vuelven más dulces; la humanidad entera comparte la emoción profunda que procede del infante. El niño es un manantial de amor; alguien lo toca, se toca el amor. Es un amor difícil de definir; todos lo sienten, pero nadie sabe describir sus raíces o evaluar las consecuencias de su inmensidad, o analizar su potencial de unión entre los seres humanos. Pese a nuestras diferencias de raza, de religión y de posición social, a medida que hemos hablado de él nos hemos sentido y nos sentimos unidos por sentimientos fraternos; que vencen desconfianzas y defensas siempre despiertas entre hombre y hombre, y entre grupos de hombres en la práctica de la vida.

Junto con el niño, la desconfianza se disipa: nos volvemos dulces y amables porque, reunidos en torno a él, sentimos el calor de la llama de la vida que está allí donde la vida tiene su origen. En los adultos coexisten el sentido de la defensa y el impulso del amor. De los dos sentimientos, el fundamental es el amor; el otro se ha superpuesto. El amor, tal como nosotros lo sentimos por el niño, debería poder existir también entre hombre y hombre, porque se ha formado una unión humana y no hay unión sin amor.

Tratemos de darnos cuenta de la naturaleza del amor. Consideremos lo que han dicho sobre él profetas y poetas, porque son ellos quienes han sabido dar forma y expresión a esta gran energía que nosotros llamamos amor. Ciertamente, no hay nada más bello y edificante que las expresiones poéticas que, cantando el amor (base de toda existencia), hacen vibrar incluso el corazón de los bárbaros y de los violentos. También ellos, que llevan muerte y destrucción a pueblos enteros, se sienten tocados por la belleza de estas palabras; señal de que, a pesar de la práctica de sus vidas, han conservado en sí esta energía que, despertada por la palabra, comunica una vibración a sus espíritus. Si no fuese así, ellos no percibirían la belleza de las expresiones: las considerarían vanas o insensatas.

Si sienten su belleza es porque, aunque el amor no parezca formar parte de sus vidas, ellos padecen su influencia y, sin darse cuenta, tienen sed de él.

Es curioso observar que en tiempos como los nuestros, en los que la guerra ha sido destrucción sin ejemplo y ha alcanzado las tierras más remotas, cuando se podría pensar que hablar de amor es mera ironía, la gente aún habla de esto con insistencia. Se hacen proyectos para unirse, lo que significa no solo que el amor existe, sino que el amor es una fuerza básica. Así, hoy, cuando parecería que todo tendría que llevar a los seres humanos a decir: «Basta de esta fantasía que llamamos amor: pongámonos ante la realidad que, como vemos, solo es destrucción. ¿No han destruido ciudades, bosques, mujeres, niños?»; hoy se habla todavía de reconstrucción y de amor: se habla también mientras las destrucciones están en curso. Hablan de él políticos eminentes, habla la Iglesia y quienes están contra la Iglesia, la radio, los periódicos, los discursos de quienes pasan por nuestro lado, cultos e iletrados, ricos y pobres, seguidores de todo tipo de credo y de teología; todos, todos dicen «amor». Y si es así (no podría existir mayor prueba de esta fuerza del amor) ¿por qué la humanidad no tendría que estudiar este gran fenómeno? ¿Por qué solo se habla de él mientras el odio comete estragos? ¿Por qué el amor no debería ser estudiado y analizado siempre, de forma que su fuerza pueda llegar a ser benéfica? ¿Y por qué no nos preguntamos cómo es que no nos hemos preocupado por estudiar esta energía antes y por unirla a otras fuerzas que ya conocemos? El ser humano ha empleado mucha inteligencia en el estudio de otros hechos naturales, los ha analizado y eviscerado, y ha hecho muchos descubrimientos; ¿por qué no usar un poco de esta virtud suya en el estudio de una fuerza que podría unir a la humanidad? Cualquier contribución orientada a arrojar luz sobre el valor del amor y sobre el amor en sí mismo debería ser acogida con avidez y considerada como un interés preeminente. He dicho que poetas y profesores han hablado de él a menudo como si fuese un ideal, pero no es un ideal, es una realidad: que ha existido siempre y que existirá.

Debemos darnos cuenta de que, si nosotros hoy sentimos esta realidad del amor, no es porque nos la hayan enseñado en la escuela.

Aunque nos hubiesen hecho aprender de memoria las expresiones de poetas y profetas, sus palabras son pocas, y las habríamos olvidado en los sucesos de la vida. Si la gente pide amor con vehemencia, no lo hace porque haya oído hablar o haya leído sobre él: amar y el deseo de que nos amen no son cosas aprendidas, forman parte del legado de la vida. Es la vida la que habla, no los poetas y los profetas.

El amor puede, en efecto, considerarse desde otro punto de vista aparte de la religión y la poesía. Debemos considerarlo desde el punto de vista de la vida misma: y entonces no es solo imaginación o aspiración, sino la realidad de una energía eterna que nada puede destruir.

Me gustaría decir algunas palabras sobre esta realidad y también sobre las cosas que poetas y profetas han dicho. Esta fuerza que nosotros llamamos amor es la mayor energía del universo. Pero esta expresión no es adecuada, porque es más que una energía: es la creación misma. Sería mejor decir: «Dios es amor».

Querría poder citar a todos los poetas y a todos los profetas y santos, pero no los conozco a todos, ni me sería posible citarlos en sus diferentes lenguas, que no conozco. Déjenme mencionar las palabras de uno que conozco y que, cuando habló del amor, se expresó con una fuerza tan grande que hoy, después de dos mil años, aún resuenan en todos los corazones cristianos con vehemencia: «Aunque hable las lenguas de los hombres y de los ángeles, si no tengo amor, no soy más que una campana que toca o unos platillos que resuenan. Aunque tenga el don de la profecía y conozca todos los misterios y toda la ciencia, y aunque tenga tanta fe que traslade las montañas, si no tengo amor, no soy nada. Aunque reparta todos mis bienes entre los pobres y entregue mi cuerpo a las llamas, si no tengo amor, de nada me sirve» (Primera carta de san Pablo a los Corintios 13, 1-3).

Se podría decir al apóstol: «Tú que tienes un sentimiento tan profundo, sabes ciertamente qué es el amor; debe de ser algo formidable: revélanoslo». Porque cuando tratamos de explicarnos este altísimo sentimiento, nos damos cuenta de que no es tan simple. Las palabras que él ha usado podríamos encontrarlas materializadas en nuestra civilización actual, que puede mover montañas y hacer también los más grandes milagros, porque de una punta del mundo a la otra podemos hacernos oír hablando en voz baja; pero todo eso no es nada si no hay amor. Hemos creado grandes instituciones para nutrir a los pobres y vestirlos, pero si no ponemos amor en ello es como si tocáramos un tambor que hace ruido porque está vacío. ¿Qué es entonces este amor? San Pablo, que nos ha dado esta descripción de su grandeza, prosigue pero no nos da una teoría filosófica; él escribe: «El amor es paciente, es servicial; el amor no tiene envidia, no es presumido ni orgulloso; no es grosero ni egoísta, no se irrita, no toma en cuenta el mal; el amor no se alegra de la injusticia, se alegra de la verdad. Todo lo excusa, todo lo cree, todo lo espera, todo lo tolera». (Primera carta de san Pablo a los Corintios 13, 4-7).

Es una larga enumeración de hechos, una larga descripción de imágenes, pero todas ellas nos recuerdan extrañamente las cualidades de los infantes: parecen describir la potencia de la mente absorbente. Esta mente que recibe todo, que no juzga, no rechaza, no reacciona. Absorbe todo y todo encarna en el hombre. El infante cumple la encarnación para llegar a ser igual a los demás seres humanos, para adaptarse a la vida con ellos. El niño lo soporta todo: entra en el mundo, en cualquier ambiente en el que nazca, se forma en él y se adapta a vivir, y el adulto que llegará a ser un día, será feliz en ese ambiente. Si le toca asomarse al mundo en una región tórrida, se construirá de modo tal que no podrá vivir y ser feliz en otro clima. Si lo reciben el desierto o las llanuras bordeadas por el mar, o las pendientes de las altas montañas, o los terrenos glaciales de las regiones árticas, de todo disfrutará, y solo allí donde ha nacido y crecido alcanzará el máximo bienestar.

La mente absorbente acoge todo, espera todo; acepta la pobreza como la riqueza, acepta cualquier fe y los prejuicios y costumbres de su ambiente: encarna todo en sí misma.

¡Este es el niño!

Y si no fuese así, la humanidad no alcanzaría la estabilidad en todas las distintas partes de la tierra, ni llevaría a cabo el continuo progreso de la civilización si tuviese que recomenzar siempre desde el principio.

La mente absorbente forma la base de la sociedad creada por el ser humano, y se nos muestra en los rasgos del delicado y pequeño infante que resuelve las misteriosas dificultades del destino humano con las virtudes del amor.

Si estudiamos al niño mejor de lo que lo hemos hecho hasta hoy, descubrimos amor en todos sus aspectos. El amor no lo analizan poetas y profetas, sino la realidad que cada niño revela en sí.

Si consideramos la descripción de san Pablo y luego observamos al niño, debemos decir: «En él se encuentra cuanto él ha descrito: aquí está personificado el tesoro que encierra todas las formas de la caridad».

Originariamente este tesoro se encuentra no solo en los pocos que se personificaron en la poesía o en la religión, sino en cada ser humano. Es un milagro ofrecido a todos; por todas partes encontramos la personificación de esta inmensa fuerza. El ser humano crea un desierto de discordia y de lucha, y Dios sigue mandando esta lluvia fecunda. Así es fácil entender cómo todo lo que el adulto crea, aunque pueda llamarse progreso, no lleva a nada sin amor. Pero si este amor presente en cada pequeño niño, traído entre nosotros, se materializa en su potencialidad o en sus valores desarrollados, nuestras conquistas, ya grandes, serán inconmensurables. El adulto y el niño tienen que unirse; el adulto debe volverse humilde y aprender del infante a ser grande. Es extraño que, entre los milagros llevados a cabo por la humanidad, haya solo uno que ella no ha tenido en cuenta: el milagro que Dios ha hecho desde el inicio, el niño.

Pero el amor es mucho más de lo que hasta ahora hemos tenido en cuenta. En la humanidad se exalta mediante la fantasía, pero en nosotros no es más que un aspecto de una energía muy compleja que, descrita con las palabras «atracción» y «afinidad», sostiene el universo, mantiene a las estrellas en su curso, une los átomos entre sí para formar nuevas sustancias, retiene las cosas sobre la superficie de la tierra. Es la energía que regula y ordena lo animado y lo inanimado; y que se incorpora en la esencia de todo y de todos, como guía que lleva hacia la salvación y hacia la eternidad de la evolución. Generalmente es inconsciente; en la vida asume a veces aspectos conscientes y, penetrada en la conciencia del ser humano, ha recibido de parte de él un nombre: «amor».

Todos los animales tienen en un cierto momento el instinto de la reproducción, que es una forma de amor. Esta forma de amor es una orden de la naturaleza, porque sin ella no habría continuidad de vida. Así, un pequeño átomo de esta energía universal se les presta por un momento para que la especie no se extinga.

La sienten un instante y luego desaparece de su conciencia. Esto demuestra lo económica y mesurada que es la naturaleza a la hora de dispensar el amor: lo preciosa, por ello, que es esta energía que otorga en pequeñas dosis, casi como una orden. Cuando los pequeños vienen al mundo se renueva el don del amor para los progenitores; un amor especial que los lleva a nutrir a quienes de ellos han nacido, a calentarlos, a defenderlos, hasta el punto de afrontar peligros y muerte. La unión de la madre con sus pequeños hace que esté constantemente cerca de ellos día y noche. Es esta la forma de amor que asegura la supervivencia, la salvación y el bienestar de los pequeños. La tarea de la energía en este aspecto especial es precisa: «La especie debe ser protegida y tú te dedicarás a esta protección hasta que los seres a ti confiados no tengan más necesidad de ayuda». Y he aquí que, en cuanto los hijos crecen, de un momento al otro, el amor desaparece. Los que antes parecían unidos por un sentimiento inextinguible, se separan. Si luego se vuelven a ver, actúan como si no se hubiesen conocido nunca; y si el hijo se atreve a probar un bocado del alimento de la madre, esta, que antes le cedía todo, lo ataca con ferocidad.

¿Qué quiere decir esto? Que el pequeño rayo de la energía penetra a través de las tinieblas de la conciencia que se presta a cada ser, y se retira en cuanto se cumple su objetivo.

En el ser humano no es así: el amor no desaparece cuando los hijos crecen, no solo eso, sino que se extiende más allá de los límites de la familia. Lo hemos sentido dispuesto a aparecer y a unirnos cuando un ideal nos ha tocado el corazón.

En la humanidad el amor permanece y sus consecuencias van más allá de la vida individual: porque ¿qué es la organización social que va extendiéndose para abrazar a toda la humanidad sino la consecuencia de amor que los demás sintieron en los siglos pasados?

Si la naturaleza proporciona esta energía con objetivos precisos; si la proporciona de manera tan ajustada a otras formas de vida; no debe de ser sin objeto la generosidad que demuestra respecto del ser humano.

Si en cada aspecto suyo esta energía lleva hacia la salvación, es fatal que, cuando no se tenga en cuenta, se proceda a su destrucción. El valor de esta porción de energía que se nos concede está mucho más allá de todas las conquistas materiales de civilización a las que el ser humano está tan ligado. Estas no son más que expresiones temporáneas de la misma energía y, después de un tiempo, sobrepasadas por nuevas conquistas, desaparecerán; pero la energía misma seguirá llevando a cabo su tarea de creación, de protección y de salvación también después de que no quede traza del ser humano en el universo.

El amor se concede al ser un humano como un don orientado a un fin dado y para un especial diseño, así como cada cosa se presta a los seres humanos por la conciencia cósmica. Debe atesorarse, desarrollarse y aumentarse al máximo de sus posibilidades. El ser humano, único entre los seres, puede sublimar esta fuerza que se le ha dado y desarrollarla más y más, su tarea es convertirla en un tesoro: precisamente porque es fuerza, mantiene unido al universo.

Con ella, también el ser humano podrá unir cuanto él crea con sus manos y con su inteligencia: sin ella, todo lo que crea estará orientado (como casi siempre está) a traer desorden y destrucción; sin ella, con el aumento de la propia potencia, nada suyo podrá subsistir, todo se derrumbará.

Ahora podemos comprender la palabra del santo: todo es nada si no existe el amor. Más que la electricidad, que hace la luz en la tiniebla; más que las ondas etéreas, que permiten a nuestra voz atravesar el espacio; más que cualquier energía que el ser humano haya descubierto y utilizado, cuenta el amor: de todas las cosas, es la más importante. Todo lo que el hombre puede hacer con sus descubrimientos depende de la conciencia de quien los usa. Esta energía del amor, en cambio, se nos da para que cada uno la tenga en sí. Ella, aunque se ha donado al ser humano en medida limitada y difusa, es la mayor fuerza de la que dispone. La parte de ella que poseemos conscientemente se renueva cada vez que un niño nace y, aunque más tarde las circunstancias la hagan adormecer, nosotros sentimos por ella un deseo conmovedor; por ello debemos estudiarla y usarla más que cualquier otra fuerza que nos rodea, porque no se presta al ambiente como las otras fuerzas, sino que se nos presta a nosotros. El estudio del amor y su utilización nos llevarán al manantial de donde emana: el niño.

Este es el camino que el ser humano tendrá que recorrer en su afán y en sus tareas, si, como aspira, quiere alcanzar la salvación y la unión de la humanidad.